Günter Lossa

Schach lernen

Ein Leitfaden für Anfänger des königlichen Spiels

Der entscheidende Zug zum zwingenden Mattangriff

JOACHIM BEYER VERLAG

4. Auflage 2021

ISBN 978-3-95920-065-3

Ein Imprint des Schachverlag Ullrich, Zur Wallfahrtskirche 5, 97483 Eltmann

Herausgeber: Robert Ullrich

Inhaltsverzeichnis

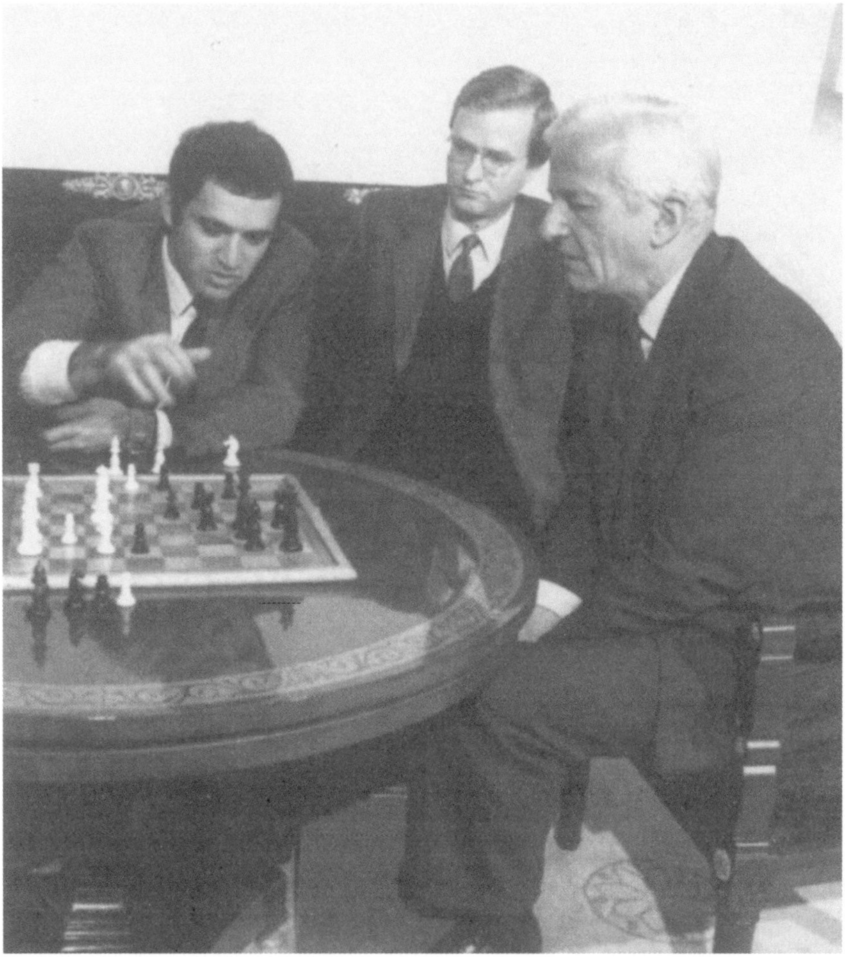

Faszination Schach: Auch der erste Mann im Staat ist begeisterter Schachspieler. Anlässlich eines Empfangs im Jahre 1988 in Bonn lässt sich der damalige Bundespräsident Richard von Weizsäcker (rechts) von Schachweltmeister Garri Kasparow (links) eine sehenswerte Kombination erläutern. Dazwischen verfolgt das Geschehen auf dem Schachbrett fachkundig der Sohn Robert von Weizsäcker, der selbst Turnierschach spielte und lange Präsident des Deutschen Schachbundes war.

I. Teil

So lernt man Schach

Vorwort

Wohl bei jedem, der einmal Gelegenheit hat, eine Schachpartie zu verfolgen, regt sich der Wunsch, dieses schöne, aber schwierige Spiel zu erlernen. Sicher gibt es verschiedene Möglichkeiten, nämlich sich von einem Freund die Regeln erklären zu lassen, einen Schachkurs zu besuchen oder sich gar das Spiel im Selbststudium nach einem Buch anzueignen. Ohne Zweifel ist die letztgenannte Art die einfachste, weil zeitungebundenste. Eine Vielzahl an Büchern steht zur Auswahl. Doch immer wieder musste ich hören, dass alle diese Anfängerbücher zwar umfassend vermitteln, aber ein Erlernen im Sinne einer Unterrichtung kaum möglich ist. Es fehle eben eine richtige Anleitung, das komplizierte Spiel sozusagen spielerisch zu erlernen. Nach Jahrzehnten Schachunterrichts an einer Volkshochschule weiß ich um die Nöte des Anfängers. Er verlangt nach einem Wegweiser, der ihm das Spiel mit seiner Vielfalt an Bewegungsmöglichkeiten der verschiedenen Steine und das zwingende Zusammenspiel der Schachfiguren so verständlich macht, dass er in die Lage versetzt wird, bald schon selbst eine Schachpartie zu spielen.

Aus meiner langjährigen Erfahrung und den im Laufe der zahlreichen Kurse entstandenen typischen Lehrbeispielen von Schachpositionen, die das Verständnis des Schachspiels fördern und schnell verständlich machen, habe ich mit diesem Buch eine Anleitung zum Erlernen des Schachspiels gegeben, die es m. E. jedem ermöglicht, die Zusammenhänge des königlichen Spiels schnell und spielend zu verstehen. Selbstverständlich kann man nicht mit vollem Brett, sprich mit allen 32 Figuren, beginnen, weil zunächst dem Anfänger der Überblick fehlt. Es kann nicht gleich jeder Heerführer einer ganzen Armee sein, sondern er muss sich die Fähigkeiten der Spielführung erst an wenigen Figuren aneignen, bevor er ein größeres Kommando übernimmt. Schrittweise werden deshalb die Gangarten und Eigenheiten jeder Figurenart und das Mattsetzen erlernt, bis sich schließlich der Lernende mit allen Figuren auf dem Schachbrett zurechtfinden kann. Anders in diesem Buch ist sicher die Methode, dass nicht nur bestimmte Stellungen erklärt werden, sondern zusammen mit dem Leser diese Positionen am Brett auch durchgespielt werden. Der Inhalt entspricht praktisch einem Schachkurs von etwa zehn Lektionen, so dass dieses Buch sich auch als Anleitung für die Durchführung eines Lehrgangs besonders eignet.

Zunächst muss jeder auf den ersten Seiten die Schachnotation verstehen lernen, um die verschiedenen Spielzüge richtig auf das Brett übertragen zu können. Eine Vielzahl von bildlichen Schachstellungen (Diagrammen) hilft dabei. Und nun frisch ans Werk, das Schachbrett aufgestellt und die Lehrbeispiele langsam und überlegt mitgespielt. Dabei wünsche ich allen Freunden des königlichen Spiels, dass Freude und Begeisterung an der Schachpartie von Seite zu Seite dieses Buches wachsen; denn wer einmal von diesem schönen Spiel eingefangen wird, den lässt es nicht mehr los.

Günter Lossa

Erläuterungen zur Schachnotation:

König .... K .... ♔
Dame .... D .... ♕
Turm .... T .... ♖
Läufer .... L .... ♗
Springer .... S .... ♘

Kleine Rochade 0-0
Große Rochade 0-0-0
Schachgebot .... +
Doppelschachgebot .... ++
Schlagfall (Kurznotation) x
Matt .... ≠

1. Einleitung

Schach ist das faszinierendste und vollkommenste Brettspiel, das wir kennen. Wer einmal mit diesem Spiel in Berührung kommt, wird schnell eingefangen von den abwechslungsreichen Spielzügen und den raffinierten Manövern auf den 64 Feldern des Schachbretts. Das Spiel stellt den Kampf zweier Kriegsheere dar, in dem alle Arten der Kampfesführung wie z. B. Mobilmachung, Angriff, Verteidigung, Strategie, Taktik u. v. m. zum Ausdruck kommen. Jeder Spieler ist sein eigener Heerführer und kann nach Belieben und Können seine Streitkräfte erfolgreich oder erfolglos operieren lassen. Die unterschiedliche Gangart der verschiedenen Figuren (schwerfällig, leichtfüßig, wendig, schnell, hinterhältig usw.) macht das Schachspiel wirklichkeitsnah und interessant, aber auch schwieriger als andere Brettspiele.
Das Schachspiel ist – wie neuere Forschungen ergaben – in der zweiten Hälfte des siebten nachchristlichen Jahrhunderts in Indien entstanden. Bis heute hat es eine lange Entwicklungsperiode durchgemacht und sich über fast alle Länder der Erde ausgebreitet. So wie es heute nach den internationalen Regeln des Weltschachbundes in der ganzen Welt gespielt wird, darf es wohl als das vollkommenste Unterhaltungsspiel bezeichnet werden.
Als man sich um die Jahrhundertwende mit dem Gedanken trug – weil man glaubte, das Spiel habe sich erschöpft – das Schachbrett auf hundert Felder zu erweitern, konnte noch keiner ahnen, welchen ungeheuren Fortschritt das Spiel in den folgenden Jahrzehnten bis heute vor allem in der Eröffnungstechnik machen sollte. Trotzdem, oder vielleicht gerade deshalb, weiß man heute, dass sich das Schachspiel niemals erschöpfen wird und auch von keinem menschlichen Geist vollkommen beherrscht werden kann. Das bedeutet, dass es immer Spiel bleiben wird, weil der Mensch, auch wenn er noch so gut Schach spielt, immer wieder durch falsche Einschätzung Fehler macht. Das ist aber der Reiz an diesem faszinierenden Spiel.
Seit nun schon vielen Jahren sind auch Schachmaschinen (Computer) dabei, dem Menschen in der vollkommenen Beherrschung des Schachspiels nachzueifern. Ohne Zweifel haben die Computer eines dem Menschen voraus, nämlich, dass sie sich nicht ablenken lassen und durch Unaufmerksamkeit grobe Fehler machen. Doch der Reiz einer Schachpartie liegt eben im Kampf Mensch gegen Mensch, wenn es gilt, wer die beste strategische Weitsicht hat, taktische Varianten schneller erkennt, kombinatorische Wendungen weiter vorausberechnen kann, positionell günstigere Aufstellung

für seine Figuren finden und dynamische Angriffsstellungen druckvoll und zwingend fortsetzen bzw. gedrückte Positionen geschickt verteidigen kann. Alle diese Fähigkeiten muss der Mensch am Schachbrett einsetzen, während eine Schachmaschine eine von menschlichen Gehirnen gefütterte und gespeicherte Datenflut in Sekundenbruchteilen abrufen kann. Einen fairen Wettkampf zwischen Mensch und Maschine kann es deshalb nicht geben.

2. Schachbrett – Figuren – Notation

Zum Spielen benötigt man ein Schachbrett und Figuren. Das Schachbrett besteht aus 64 abwechselnd hellen und dunklen, gleichgroßen, quadratischen Feldern. Der gesamte Schachfigurensatz enthält 16 helle (weiße) und 16 dunkle (schwarze) Steine; im einzelnen für jede Partei: einen König, eine Dame, zwei Türme, zwei Läufer, zwei Springer und acht Bauern. In der folgenden Abbildung werden alle Steine und ihre Symbole bei bildlichen Schachdarstellungen (Diagrammen) vorgestellt:

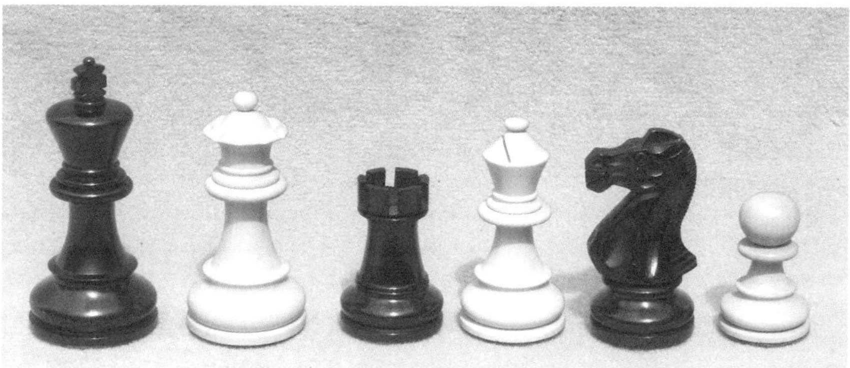

König	**Dame**	**Turm**	**Läufer**	**Springer**	**Bauer**
♔	♕	♖	♗	♘	♙

Das Schachbrett wird nun zwischen den beiden Parteien aufgestellt. Dabei muss jeweils eine Brettseite so vor den Spielern liegen, dass das linke Eckfeld dunkel und das rechte Eckfeld hell ist. Die acht Felder, die zwischen den beiden Schachspielern parallel verlaufen, bilden eine **Reihe,** somit also acht Reihen. Die acht Felder, die von einem Partner zum anderen Partner verlaufen, ergeben eine **Linie,** also ebenfalls acht Linien.

2. Schachbrett – Figuren – Notation

	a	b	c	d	e	f	g	h	
8	a8	b8	c8	d8	e8	f8	g8	h8	8
7	a7	b7	c7	d7	e7	f7	g7	h7	7
6	a6	b6	c6	d6	e6	f6	g6	h6	6
5	a5	b5	c5	d5	e5	f5	g5	h5	5
4	a4	b4	c4	d4	e4	f4	g4	h4	4
3	a3	b3	c3	d3	e3	f3	g3	h3	3
2	a2	b2	c2	d2	e2	f2	g2	h2	2
1	a1	b1	c1	d1	e1	f1	g1	h1	1
	a	b	c	d	e	f	g	h	

Durch die Bezeichnung der Reihen von 1 bis 8 und der Linien von a bis h, kann jedes einzelne Feld benannt werden, indem zuerst der Buchstabe und dann die Ziffer, welche das jeweilige Feld kreuzen, genannt werden. Damit kann jedes einzelne Feld schriftlich festgehalten werden; Züge ergeben sich dann dadurch, dass die großen Anfangsbuchstaben der einzelnen Figuren der Felderbezeichnung vorangestellt werden (z. B. Ka1 im Gegensatz zur bildhaften Darstellung in der Literatur ♔a1).

Die Notation ist sehr wichtig, weil damit das Schachspiel nach einem Buch erlernt werden kann, aber auch, weil damit gespielte Partien schriftlich festgehalten werden können und eine umfassende Schachliteratur eine Fortbildung ermöglicht. Damit sind wir in der Lage, jeden Standort einer Figur auf dem Schachbrett und deren Veränderung durch Zug oder Schlag genau zu bestimmen.

3. König und Turm

Die wichtigste Figur ist der König. Eine Schachstellung ohne die beiden Könige ist undenkbar. Beide Könige werden nämlich im Verlauf einer Schachpartie – im Gegensatz zu allen anderen Steinen – nicht geschlagen. Das Ziel jedes Spielers ist es, den gegnerischen König mit Hilfe seiner eigenen Figuren mattzusetzen. Dann ist die Partie gewonnen. Wenn es keiner Partei gelingt, den gegnerischen König mattzusetzen, dann ist das Spiel unentschieden (remis).

Eine solche Stellung ist z. B. entstanden, wenn im Laufe einer Partie alle Figuren geschlagen werden und nur noch die beiden Könige auf dem Brett verblieben sind. Mit einer solchen Stellung wollen wir beginnen:
Wir stellen den weißen König auf das Feld d2 und den schwarzen König auf das Feld d8.

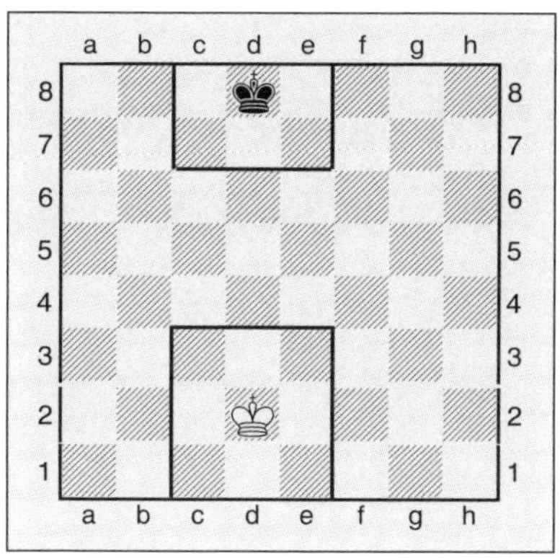

Die Gangart des Königs:

Er kann sich nach allen Seiten bewegen (vertikal und diagonal), aber in jedem Zug nur um ein Feld. Ein wichtiger Unterschied zu anderen Figuren, die wir später kennenlernen, die mehr Felder in einem Zug zurücklegen können. Der König ist also beweglich, aber schwerfällig, er kommt nur langsam voran.

Von seinem Standfeld d2 aus beherrscht der weiße König insgesamt (einschließlich seines Standfeldes d2) neun Felder, nämlich, c1, d1, e1, c2, d2, e2, c3, d3, e3; damit hat der König abzüglich seines Standfeldes acht

Felder, die er im folgenden Zug besetzen kann, er hat also acht Zugmöglichkeiten. Führen wir nun einen Zug aus: Der weiße König zieht von d2 nach d3. In der Notation lautet dieser Zug:

1. ♔d3 (Kd3) ...

(Die Punkte deuten den noch fehlenden schwarzen Zug an.)

Mit diesem Zug hat der weiße König die Herrschaft über die Felder c1, d1, e1 aufgegeben und hat dafür die Felder c4, d4, e4 in Besitz genommen, so dass er nun zusammen mit den Feldern c3, d3, e3 und c2, d2, e2 wieder neun Felder beherrscht und für den nächsten Zug wiederum acht Zugmöglichkeiten (ausschließlich seines Standfeldes d3) und auch acht Schlagfälle – d. h. er könnte gegnerische Figuren auf diesen Feldern schlagen – hat.

Da abwechselnd gezogen werden muss, ist nun Schwarz an der Reihe. Da der schwarze König am Brettrand steht, hat dieser nur sechs Felder in seinem Besitz, nämlich c8, d8, e8, c7, d7, e7. Man erkennt also deutlich – und das gilt für alle Figuren – dass eine Figur am Brettrand weniger stark wirkt, als in der Brettmitte; denn die Stärke einer Figur drückt sich neben der Dynamik vor allem darin aus, wieviele Felder von ihr beherrscht werden. So steht z. B. ein König in einem Eckfeld wie auf a1 noch schwächer, weil er hier nur vier Felder (a1, b1, a2, b2) beherrscht.

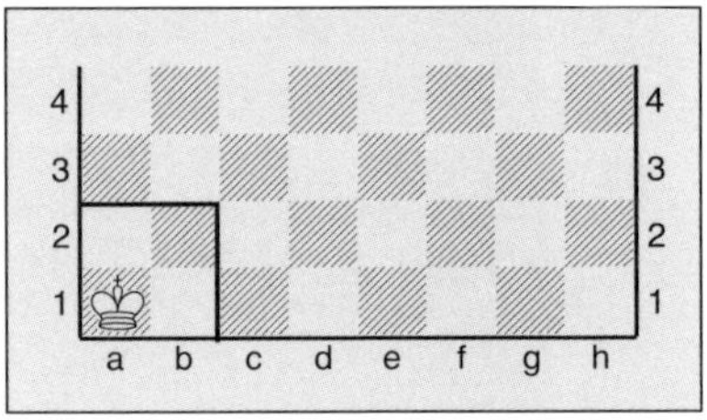

Fahren wir nun in der begonnenen Partiestellung fort und führen den folgenden Zug mit dem schwarzen König nach d7 aus:

1. ... ♔d7 (Kd7)

(Die Punkte stehen für den bereits ausgeführten weißen Zug.)

Auch mit diesem Zug ist eine Veränderung über die Herrschaft der Felder vorgegangen. Der schwarze König hat aber im Gegensatz zum weißen Königszug keine Felderherrschaft verloren (wegen der Ausgangsstellung am Brettrand), sondern mit c6, d6, e6 nur welche hinzugewonnen. Damit beherrscht, weil er sich vom Brettrand entfernt hat, jetzt auch der schwarze König insgesamt neun Felder. Es ist folgende Partiestellung entstanden:

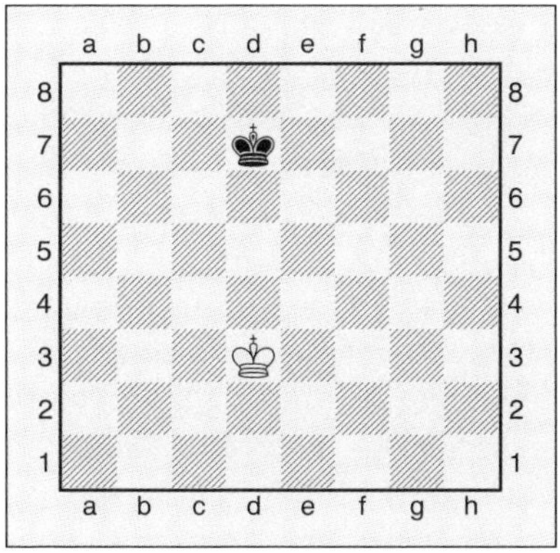

Mit dem nun folgenden Zug von Weiß und Schwarz wiederholt sich das bisher Beschriebene: Der weiße König zieht von d3 nach d4, der schwarze König von d7 nach d6, wobei wieder beide Könige die Herrschaft über bestimmte Felder aufgeben und gleichzeitig neue hinzugewinnen. Prüfe die veränderte Situation und benenne die einzelnen Felder. In der Notation lautet der Zug:

2. ♔**d4** (Kd4) ♔**d6** (Kd6)

Jetzt ist eine Situation entstanden, die für das Zusammenspiel der beiden Könige wichtig ist: Der weiße König hat mit dem letzten Zug die Felder c2, d2, e2 aufgegeben und dafür die Felder c5, d5, e5 in Besitz genommen. Der schwarze König hat die Felder c8, d8, e8 aufgegeben und beherrscht dafür seinerseits jetzt die Felder c5, d5, e5. Beide Könige üben also auf diese drei zwischen den beiden Königen liegenden Felder gemeinsam ihre Macht aus.

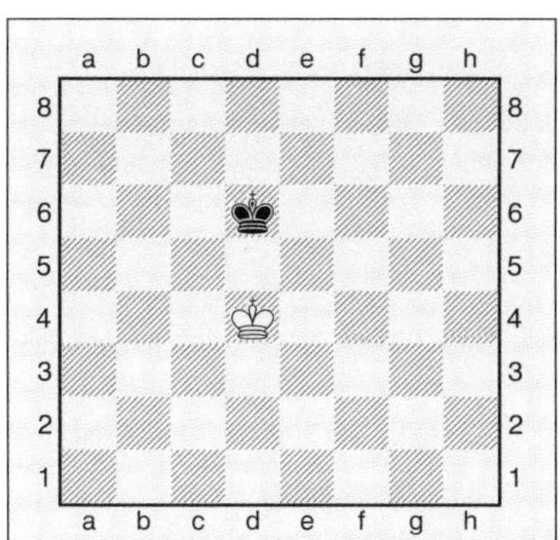

Beide Könige könnten also auf den Feldern c5, d5, e5 stehende gegnerische Figuren schlagen (wenn jeweils der andere König nicht da stünde). Es können zwar alle Figuren von allen Figuren geschlagen werden – mit Ausnahme der Könige. Greift eine Figur einen König an, d. h. zieht eine Figur so, dass sie im nächsten Zug diesen schlagen könnte, dann wird dieser Angriff auf den König mit dem Ausruf „Schach“ begleitet. **Schach** bedeutet also nichts anderes, als einen Angriff auf den König. Der angegriffene König muss dann im nächsten Zug dieses Schachgebot aufheben, d. h. er muss auf ein Feld ziehen, das nicht von einer gegnerischen Figur angegriffen ist. Daraus ergibt sich, dass ein König auch nicht in ein Schachgebot ziehen darf, also er darf kein Feld betreten, das von einer gegnerischen Figur bedroht ist. In der obigen Diagrammstellung kann deshalb weder der weiße König noch der schwarze König die jeweils vom gegnerischen König beherrschten Felder c5, d5, e5 betreten.
In dieser Position setzen wir, da uns die Gangart des Königs geläufig ist, zu Übungszwecken einen weißen Turm ins Spiel ein, um mit dessen Bewegungsart bekannt zu werden. Wir stellen den Turm auf a1 und erhalten nun folgende Stellung:

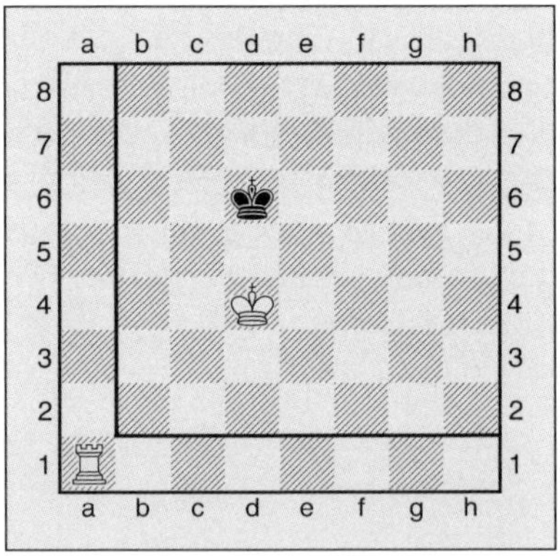

Der Turm ist eine langschrittige Figur, das bedeutet, er zieht nicht wie der König in einem Zug nur ein Feld weiter, sondern kann beliebig weit gespielt werden, bis an den Brettrand, aber nur auf den geraden Feldern, also nur in Reihen oder Linien (vertikal) und nicht diagonal. In der vorstehenden Diagrammstellung kann also der Turm von a1 bis a8 oder von a1 bis h1 auf jedes Feld ziehen, hat also 14 Zugmöglichkeiten. Er ist eine schnelle Figur, aber nicht so wendig wie der König; denn ein König z. B. auf dem Feld a1 könnte in einem Zug nach b2 ziehen, der Turm müsste zwei Züge über

a2 oder b1 nach b2 ausführen. Stehen auf den vom Turm beherrschten beiden Felderreihen eigene oder gegnerische Figuren, dann kann der Turm diese Steine nicht überspringen (das ist von allen Schachfiguren nur dem Springer gestattet), sondern er kann nur bis auf das Feld vor einer eigenen Figur ziehen oder bis auf das Feld vor einer gegnerischen Figur ziehen bzw. auf das Feld einer gegnerischen Figur schlagen (und muss dabei diese entfernen).
Unsere bisherige Stellung mit nur zwei Königen auf dem Brett (ohne Turm) konnte nur unentschieden sein, weil kein König den anderen mattsetzen kann. Mit dem nun eingesetzten Turm ist die Situation anders. Diese Stellung, in der Weiß mit König und Turm gegen den schwarzen König gewinnen, d. h. diesen mattsetzen kann, wollen wir im folgenden Kapitel zu Ende spielen.

4. Das Matt

Wie erzwingen wir nun eine Mattstellung gegen den schwarzen König? Eine **Mattstellung** ist dann erreicht, wenn der König auf seinem Standfeld von einer gegnerischen Figur angegriffen ist und die angrenzenden Fluchtfelder des mattgesetzten Königs auch alle vom Gegner beherrscht werden. Zunächst muss man sich in der vorliegenden Stellung überlegen, wo auf dem Schachbrett das Matt theoretisch erreicht werden kann. In der gegebenen Situation ist das auf keinen Fall in der Brettmitte möglich, weil König und Turm alleine die vom gegnerischen König in der Brettmitte beherrschten neun Felder nicht unter Kontrolle bringen können, sondern bestenfalls sechs davon. Prüfen Sie selbst:
Der weiße König steht bereits optimal, nämlich in Opposition, so dass dem schwarzen König drei Felder (c5, d5, e5) verwehrt sind. Damit verbleiben dem schwarzen König noch sechs Felder, die bei einem Matt unter Kontrolle gebracht werden müssten. Der weiße Turm kann nun den schwarzen König entweder über eine Reihe oder eine Linie angreifen. Hier sind die beiden Möglichkeiten:

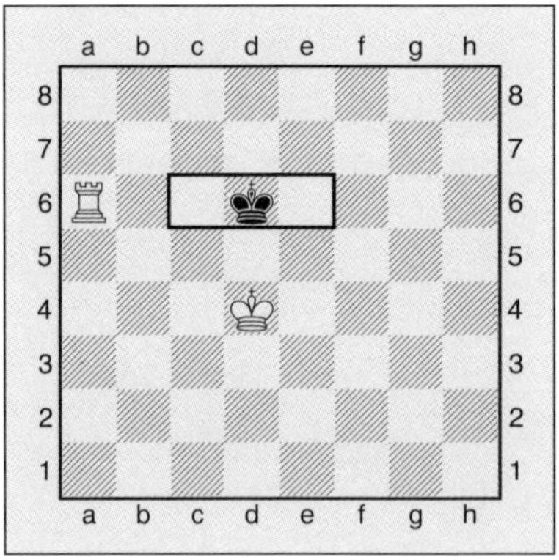

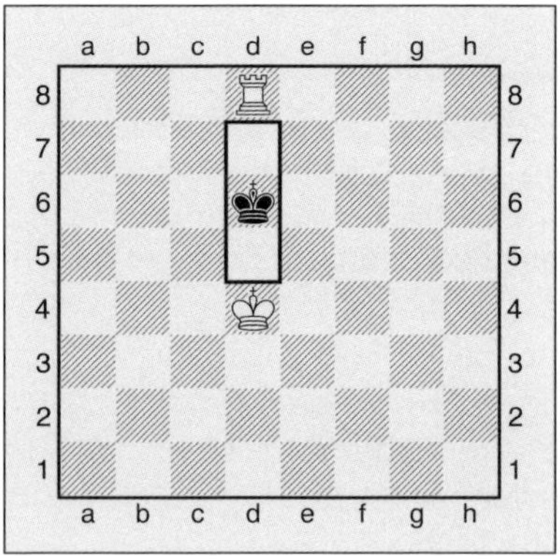

Der Turm kann also dem schwarzen König ebenfalls nur drei Felder angreifen. Damit blieben bei einem Mattangriff in Brettmitte dem schwarzen König immer noch drei Fluchtfelder übrig, die Weiß nicht unter Kontrolle bringen kann. Somit ist ein Matt bei dem vorliegenden Spielmaterial in Brettmitte nicht möglich, so dass der schwarze König nur am Brettrand mattgesetzt werden kann; denn dort hat er nur sechs Felder in seinem

Besitz. Bekommt Weiß diese sechs Felder unter seine Kontrolle, dann ist der schwarze König matt.
Zur Mattführung wiederholen wir deshalb noch einmal die erreichte Ausgangsstellung:

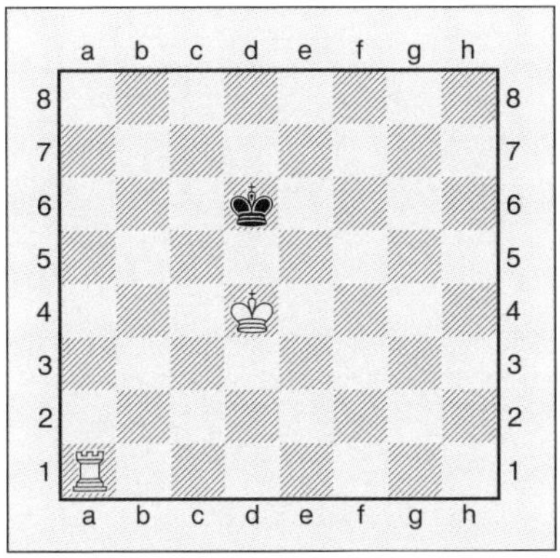

Wir ziehen nun den weißen Turm von a1 nach a6 und bieten dem schwarzen König Schach (Notation: +), also:

1. ♖a6+ (Ta6+) ...

Mit diesem Zug bewegt sich der Turm auf der a-Linie und beherrscht auf dieser alle Felder, egal wo er steht. Er hat aber mit der Ausführung dieses Zuges alle vorher beherrschten Felder der ersten Reihe aufgegeben (mit Ausnahme des Feldes a1) und dafür die Felder auf der sechsten Reihe in Besitz genommen. Damit greift er u. a. auch das Standfeld des schwarzen Königs, nämlich d6, und die beiden angrenzenden Felder, c6 und e6, an. Der schwarze König ist somit vom weißen Turm angegriffen und steht im Schach. Er muss nun in seinem Antwortzug ausweichen und sich diesem Schach entziehen. Das geht in dieser Stellung nur durch Flucht. Er hat hierfür nur noch die Felder der siebten Reihe, nämlich c7, d7, e7 zur Verfügung; denn die Felder der 5. Reihe (c5, d5, e5) sind vom weißen König bedroht, so dass ein Ausweichen dorthin nicht möglich ist. Wäre die nun vorliegende Stellung am Brettrand, d. h. stünden alle Figuren auf dem Brett zwei Reihen weiter hinten, wäre diese Stellung eine Mattstellung, weil dann der schwarze König nach hinten keine Fluchtmöglichkeit mehr hätte. Eine solche Stellung wollen wir erreichen, indem wir nun den schwarzen König durch zwingendes Spiel an den Brettrand drängen werden.
Wir fahren deshalb in unserer Partie fort. Der schwarze König wählt eines

der drei möglichen Fluchtfelder und zieht nach d7, also:

1. ... ♔**d7** (Kd7)

Damit haben wir den schwarzen König bereits um eine Reihe zurückgedrängt. Der Vergleich des folgenden Diagramms mit der vorhergehenden Bildstellung verdeutlicht das:

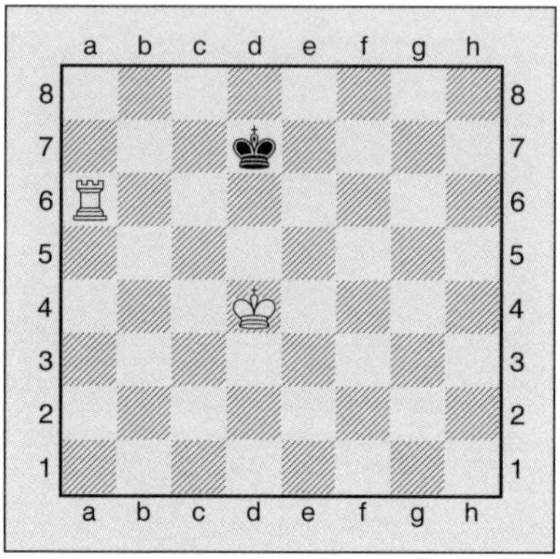

Jetzt heißt es vorsichtig fortzufahren. Ein Fehler wäre nun, mit dem Turm weiter nach a7 vorzurücken (selbstverständlich mit Schach), weil der schwarze König auf dieses Schachgebot nicht auf die 8. Reihe zurück müsste, sondern einfach auf die 6. Reihe (c6, d6, e6) wieder nach vorne zieht. Diese Möglichkeit muss deshalb durch einen vorgeschalteten Zug der weiße König verhindern:

2. ♔**d5** (Kd5) **...**

Dem schwarzen König, der keinesfalls freiwillig auf die 8. Reihe zurücktreten wird, bleiben nur noch mit c7 und e7 zwei vernünftige Zugmöglichkeiten. Er entscheidet sich für:

2. ... ♔**c7** (Kc7)

Weiß darf sein Ziel nicht aus den Augen verlieren, nämlich den schwarzen König auf die 8. Reihe zu zwingen. Aber wieder wäre jetzt ein übereiltes Schachgebot des Turms auf a7 verfrüht, weil der schwarze König nach b6 wieder die Flucht nach vorne antreten könnte. Wie spielt man also richtig weiter?

5. Opposition und Tempozug

Ein Turmschach von der Seite hat nur dann einen Sinn, wenn der schwarze König tatsächlich auf die 8. Reihe zurückgedrängt wird. Weiß muss

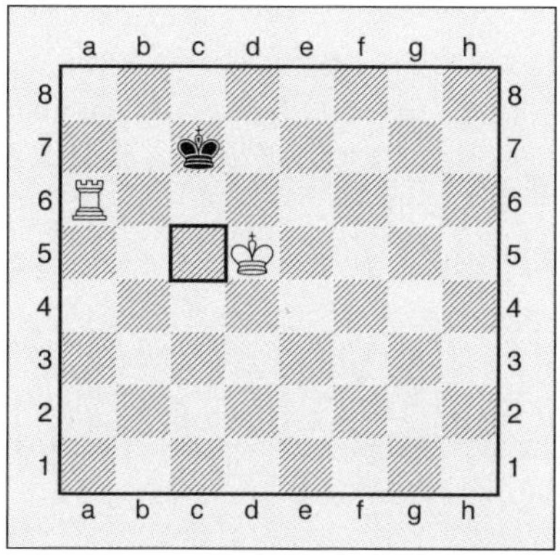

ihm also zunächst wieder die Flucht nach vorne abschneiden. Hierzu muss der weiße König dem schwarzen König gegenüber in Opposition ziehen, das wäre in der nun entstandenen Stellung das Feld c5. Unter der **Opposition** auf dem Schachbrett versteht man also die direkte Gegenüberstellung in nächstmöglicher Entfernung auf einer Reihe oder Linie.
Erst bei dieser Königsstellung wäre ein Turmzug nach a7 sinnvoll, weil dann der schwarze König nur noch zurück auf die 8. Reihe ziehen könnte. Durch einen Königszug kann man aber die Opposition und gleichzeitig am Zug zu sein nicht erreichen, weil der gegnerische König immer ausweicht. Um das am Beispiel zu zeigen führen wir einen weiteren Zug aus:

3. ♔**c5** (Kc5) **...**

Jetzt hat Weiß die Opposition, ist aber dafür nicht am Zug (denn in dieser Stellung wäre 4. ♖a7+ gut). Schwarz kann sich aber dieser Gegenüberstellung sofort wieder entziehen, entweder mit dem König nach b7 oder nach d7. Zum besseren Verständnis lassen wir den schwarzen König nach d7 ziehen, also:

3. ... ♔**d7** (Kd7)

Jetzt wäre für Weiß ein Turmschach auf a7 wieder nicht sinnvoll, weil der schwarze König erneut nach vorne flüchten könnte, z. B. durch König nach e6. Und nach den Zügen...

4. ♔**d5** (Kd5) ♔**c7** (Kc7)

haben wir wieder die gleiche Stellung wie vorher. So kommen wir also nicht weiter. Immer wenn der weiße König in Opposition zum Schwarzen zieht, dann zieht dieser wieder heraus.

Die Opposition kann aber erzwungen werden und zwar mit Hilfe des **Tempozuges**, wobei ein Zug nur ausgeführt wird, um die Zugpflicht auf den Gegner zu übertragen. Würden wir also wieder den schlechten Zug z. B. König nach c5 ausführen, dann hätte Schwarz mit den Feldern b7 und d7 wie gehabt zwei Möglichkeiten. Nach Ausführung eines Tempozuges hat aber Schwarz nur noch eine Zugmöglichkeit. Das wird mit dem folgenden Beispiel schnell deutlich gemacht.

Wir haben bisher folgende Stellung erreicht:

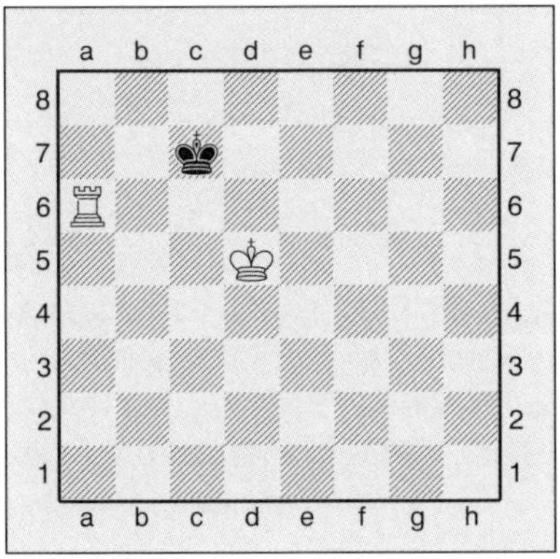

Ohne die Position entscheidend zu verändern, führen wir einen Zug aus, um die Zugpflicht auf den Schwarzen zu übertragen:

5. ♖**h6** (Th6) **...**

Dieser Zug ändert an der Stellung, vor allem in der Position der beiden Könige zueinander, nichts. Dieser Zug löst aber einen zwingenden Effekt aus, der darin besteht, dass nunmehr Schwarz – jetzt wieder am Zug – nicht wie vorher zwei gute Zugmöglichkeiten hat, sondern nurmehr eine; denn jetzt wird er nicht König nach d7 und damit freiwillig in die Opposition ziehen, weil er dann mit Turm nach h7 Schach auf die 8. Reihe zurückgedrängt wird. Es verbleibt ihm also nur noch der Weg in die andere Richtung, also:

5. ... **♔b7** (Kb7)

Und jetzt kann ihm der weiße König folgen:

6. ♔c5 (Kc5) **♔a7** (Ka7)

7. ♔b5 (Kb5) **...**

Jetzt wird dem schwarzen König der Brettrand zum Verhängnis, denn er muss nun entweder auf die 8. Reihe ziehen, oder er begibt sich erzwungenermaßen in die Opposition. Das Stellungsbild zeigt, dass ihm keine andere Wahl bleibt:

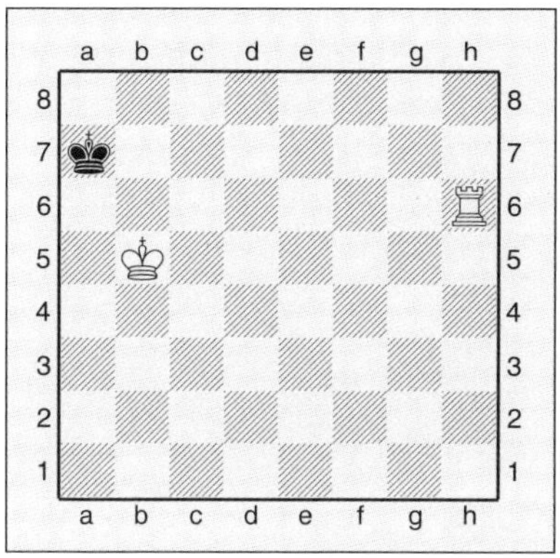

7. ... **♔b7** (Kb7)

Das Ziel, das sich Weiß gesteckt hat, nämlich die Opposition der beiden Könige und gleichzeitig am Zug zu sein, ist erreicht. Jetzt folgt selbstverständlich:

8. ♖h7+ (Th7+) **...**

Der schwarze König muss nun auf die 8. Reihe zurück; das Mattsetzen ist nur noch eine Frage der Zeit. Schwarz antwortet mit:

8. ... **♔c8** (Kc8)

Der weiße König zieht mit dem nächsten Zug sofort wieder in Opposition zum schwarzen König:

9. ♔c6 (Kc6) **♔d8** (Kd8)

Für Weiß gilt jetzt wieder, was zum 5. Zug gesagt wurde. Um die Position der beiden Könige zueinander nicht zu verändern, greift Weiß zu einem Tempozug mit dem Turm. Da sich der schwarze König nun in den nächsten Zügen dem Standpunkt des weißen Turms nähern würde, benutzen wir die Gelegenheit des Tempozuges gleich dafür, um den Turm auf die andere Brettseite und damit außer Reichweite des schwarzen Königs zu spielen:

10. ♖**a7** (Ta7) **...**

Nun ist das Mattnetz bereits geschlossen und muss nur noch zugezogen werden. Der schwarze König kann das Matt nur noch hinauszögern, aber nicht mehr verhindern. Er hat nur zwei Fluchtfelder, nämlich c8 oder e8. Zieht er nach c8 (in die Opposition), dann wird er sofort durch den Turmzug nach a8 mattgesetzt. Es bleibt ihm deshalb für den nächsten und die folgenden Züge immer nur ein gutes Fluchtfeld. Den Schluss spielen wir deshalb ohne weitere Erklärung:

10.	**...**	♔**e8** (Ke8)
11.	♔**d6** (K6d)	♔**f8** (Kf8)
12.	♔**e6** (Ke6)	♔**g8** (Kg8)
13.	♔**f6** (Kf6)	♔**h8** (Kh8)
14.	♔**g6** (Kg6)	♔**g8** (Kg8)
15.	♖**a8** (Ta8) **matt!**	

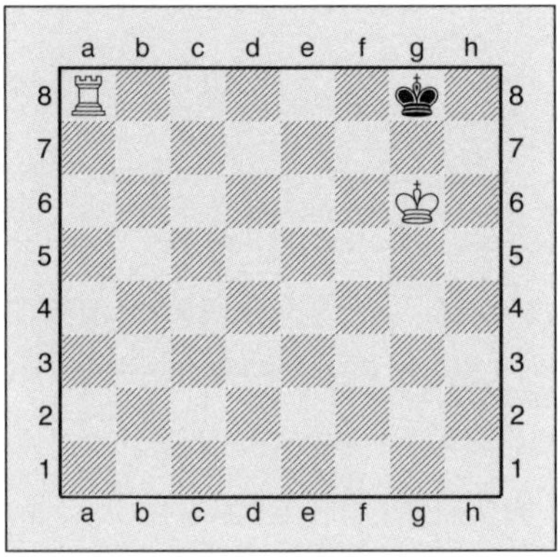

Die Partie ist für Weiß gewonnen, weil der schwarze König mattgesetzt ist; denn der schwarze König steht im Schach durch den Angriff des Turms und alle seine Fluchtfelder sind entweder ebenfalls vom Turm (f8, h8) oder vom weißen König (f7, g7, h7) angegriffen.

6. Zugzwang – Zugpflicht – Patt

Wir bleiben noch beim Turmendspiel, wenden uns aber einer neuen Stellung zu, um weitere wichtige Begriffe zum Verständnis des Schachspiels kennen zu lernen. In der folgenden Position wird deutlich, dass man den Turm nicht nur über die Reihen sondern auch – und oft wirkungsvoller – über die Linien spielen kann. Das ist die Ausgangsstellung.

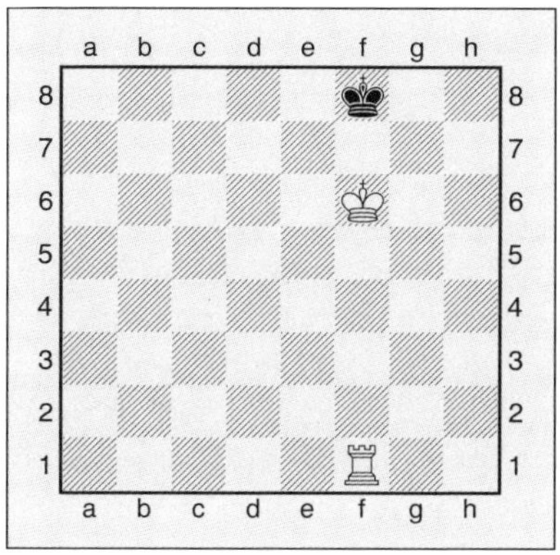

Jetzt könnte man so wie im vorhergehenden Kapitel das Matt herausspielen, indem man in den nächsten Zügen erst den Turm über a1 und dann nach a7 spielt. Es geht aber auch anders und mit Hilfe des Zugzwangs viel schneller. Damit ist in der obigen Stellung bereits ein Matt in drei Zügen möglich. Vor dem ersten Zug überdenken wir genau die Stellung: Der schwarze König hat zwei Fluchtfelder, nämlich e8 und g8. Wir ziehen nun mit dem Turm so, dass ein Fluchtfeld angegriffen wird, damit ihm nur eine Zugmöglichkeit bleibt, z. B.:

1. ♖**g1** (Tg1) **...**

Damit wird das Feld g8 vom Turm angegriffen und somit dem schwarzen König verwehrt. Er kann deshalb nur ziehen:

1. **...** ♔**e8** (Ke8)

Nun hat der König im nächsten Zug drei Fluchtfelder, nämlich d8, d7 und sein vorheriges Standfeld f8. Jetzt zieht der weiße Turm auf die d-Linie und nimmt dem König die Fluchtfelder d7 und d8.

2. ♖**d1** (Td1) **...**

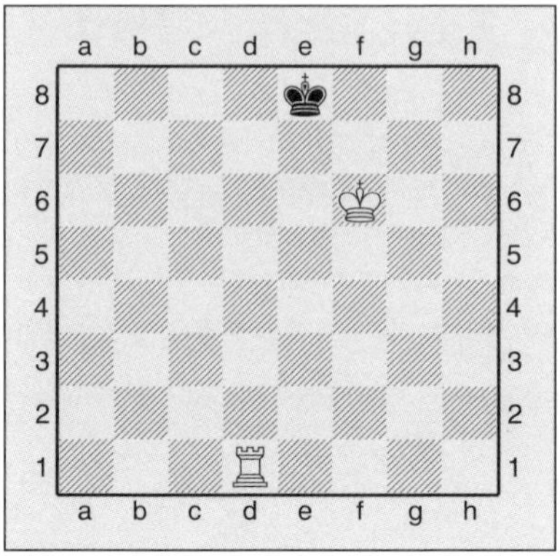

Damit ist für Schwarz eine unangenehme Situation entstanden: Er befindet sich nämlich im Zugzwang. Denn durch seine Pflicht, einen Zug ausführen zu müssen – und er kann nur nach f8 – muss er sich selbst in eine Mattstellung begeben. Jede Partei hat nicht nur ein Zugrecht, sondern eben sogar eine Zugpflicht, und diese kann – wie der vorstehende Fall zeigt – auch schädlich sein. Könnte er also auf seinen nächsten Zug verzichten, dann würde keine Mattstellung entstehen. Durch die Zugpflicht des Schwarzen wird aber die Zugzwangstellung zugunsten von Weiß ausgenützt. Für Schwarz bleibt also nur der einzige Zug:

2. ... ♔**f8** (Kf8)

Nun setzt der weiße Turm mit 3. ♖d8 matt. Dieses eindrucksvolle Beispiel zeigt die Kraft des Zugzwangs.

Doch zu Übungszwecken wollen wir den Mattzug nicht ausführen und die Stellung weiterspielen, um deutlich zu machen, wie zwingend man die Figuren spielen kann. Wir setzen deshalb die Partie mit einem anderen Zug fort, um den schwarzen König in eine von uns gewollte Richtung zu zwingen. Wohl gemerkt, nur zu Übungszwecken, damit die Spielkunst trainiert wird.

3. ♖**e1** (Te1) **...**

Damit nehmen wir dem schwarzen König von seinen beiden Fluchtfeldern e8 und g8 eines weg und zwingen ihn zu:

3. ... ♔**g8** (Kg8)

Damit ist eine Stellung entstanden, in der wir den schwarzen König auf die h-Linie abdrängen können.

Ein Blick auf das folgende Diagramm zeigt, dass der schwarze König keine andere Wahl hat.

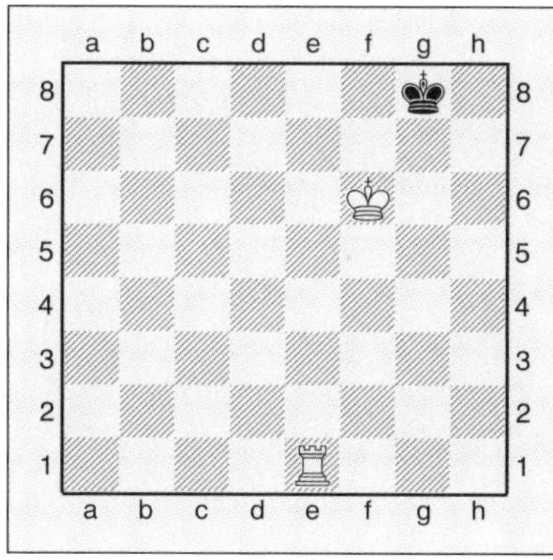

Wir fahren zwingend fort und spielen nun:

4. ♖e8+ (Te8+) **♔h7** (Kh7)

Jetzt folgt wieder ein Tempozug – d. h. wir verändern die Königsstellung nicht – und ziehen mit dem Turm nur, um unserer Zugpflicht zu genügen, z. B:

5. ♖a8 (Ta8) **♔h6** (Kh6)

Wieder ist eine Mattstellung entstanden (6. ♖h8 matt), doch wir spielen nun:

6. ♖a7 (Ta7) **♔h5** (Kh5)
7. ♔f5 (Kf5) **♔h6** (Kh6)

Erneut muss ein Tempozug gespielt werden, um den schwarzen König auf das einzige Fluchtfeld zu zwingen:

8. ♖b7 (Tb7) **♔h5** (Kh5)
9. ♖b6 (Tb6) **♔h4** (Kh4)
10. ♔f4 (Kf4) **...**

Der schwarze König wird an der kurzen Leine geführt. Wo immer wir ihn auf den Randlinien- und reihen haben wollen, können wir ihn hinzwingen. In der entstandenen Position hat er nun wieder zwei Fluchtfelder, nämlich h3 und h5.

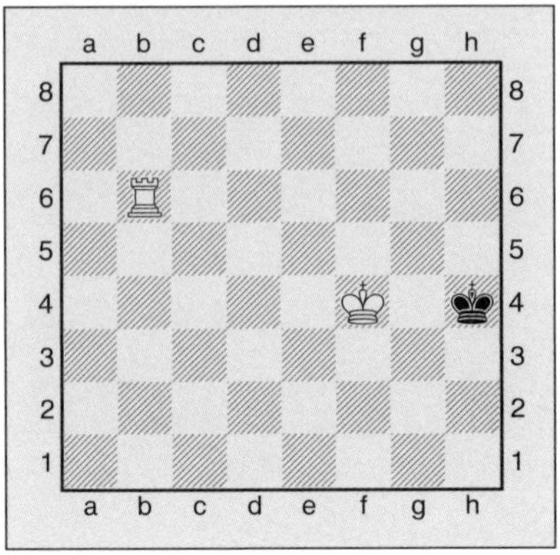

Auf jeden schwarzen Zug kann Weiß entsprechend seinem Willen reagieren. Spielen Sie nun zur Übung selbst weiter und versuchen Sie so genau zu manövrieren, dass Sie den schwarzen König durch zwingendes Spiel eine ganze Runde um das Brett über h1 – a1 – a8 wieder auf die 8. Reihe abdrängen. Die folgenden beispielhaften Züge sollen einen Hinweis geben, aber Sie können auch anders spielen:

10. ... ♔h5
11. ♖a6 ♔h4
12. ♖a5 ♔h3
13. ♔f3 ♔h2
14. ♖h5+ ♔g1
15. ♖h8 ♔f1
16. ♖g8 ♔e1
17. ♔e3 ♔d1
18. ♔d3 ♔e1
19. ♖f8 ♔d1
20. ♖e8 ♔c1
21. ♔c3 usw.

Fahren Sie in diesem Beispiel fort. Wenn es Ihnen gelingt, den schwarzen König wieder auf die 8. Reihe zu bringen und dort mattzusetzen, dann haben Sie die notwendige Fertigkeit im Turmendspiel erlangt, um mit weiteren Figuren und Gangarten im nächsten Kapitel fortzufahren. Vorher wollen wir aber noch einen wichtigen Begriff und eine typische Stellung kennenlernen: Das **Patt.**

Während das Matt einen Sieg darstellt, ergibt das Patt nur einen unentschiedenen Ausgang der Partie. Es entsteht meist dadurch, dass die stärkere Partei, die mit einem Mehr an Material eigentlich gewinnen müsste,

durch Unachtsamkeit das Patt unbewusst herbeiführt und dann mit einem Remis zufrieden sein muss.
Als Beispiel führen wir die vorstehende Partie fort:

21.	**...**	**♔b1**
22.	**♖e2**	**♔a1**
23.	**♖b2**	**patt**

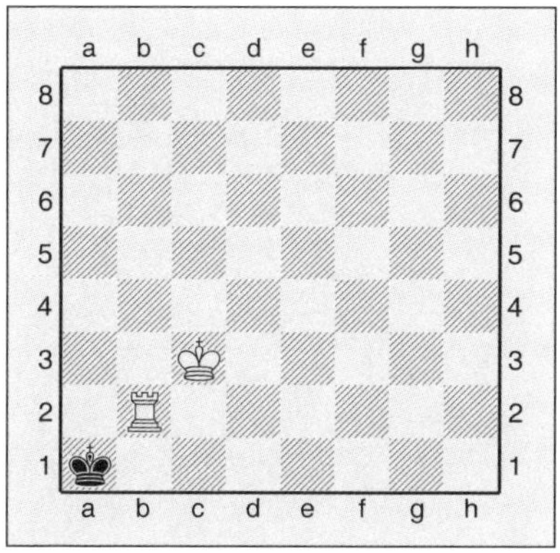

Natürlich war der letzte Zug von Weiß schlecht, denn mit 23. ♖e1+ kann man die Partie in Gewinnstellung fortsetzen. Doch die Position soll nur eine Pattstellung veranschaulichen.
In der Diagrammstellung ist Schwarz nun am Zug, aber er kann nicht ziehen, denn die Fluchtfelder a2 und b1 werden vom weißen Turm beherrscht. Nach b2 den Turm schlagen kann Schwarz ebenfalls nicht, weil das Feld im Herrschaftsbereich des weißen Königs ist. Der weiße Turm wird vom weißen König gedeckt, er steht im Schutzbereich des weißen Königs. Wo liegt aber der Unterschied zum Matt? Ganz einfach, der schwarze König steht nicht im Schach, weil sein Standfeld a1 vom weißen Turm nicht beherrscht wird.
Diese Position hat Weiß verschuldet. Schwarz kann nun seiner Zugpflicht nicht mehr nachkommen, er kann keinen korrekten Zug mehr ausführen.
Hätte Schwarz irgendwo auf dem Brett allerdings noch eine oder mehrere Figuren, mit denen er ziehen könnte, dann wäre die Pattstellung des schwarzen Königs nicht schädlich, die Partie noch nicht zu Ende. Er könnte nur nicht mit dem König ziehen und müsste seinen nächsten Zug mit einer anderen Figur ausführen. Eine Pattstellung des Königs führt also während der Partie nur dann zum unentschiedenen Ende, wenn überhaupt kein korrekter Zug mehr möglich ist.

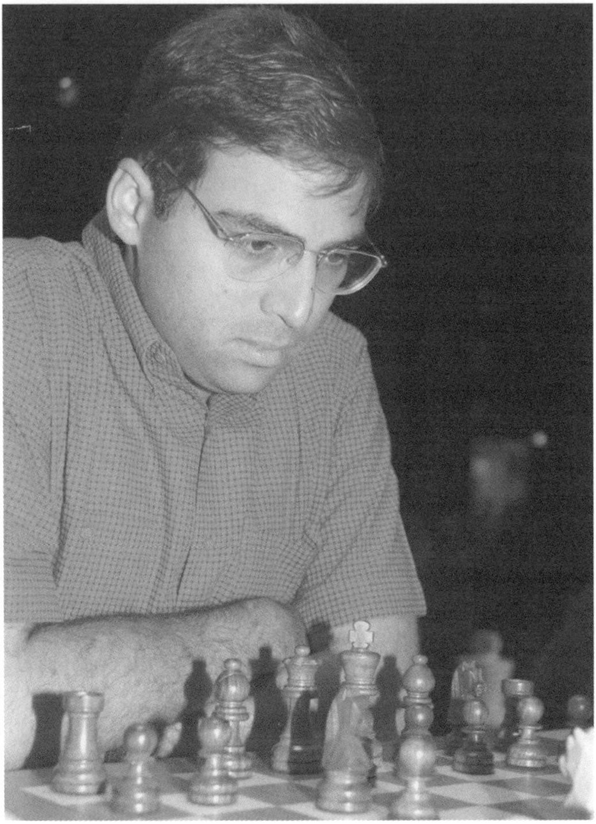

Viswanathan Anand hat in Indien Schach zum Volkssport gemacht. Nur Kricket erfreut sich größerer Beliebtheit. Von 2000 bis 2002 war der „Tiger von Madras" bereits Weltmeister. In den vergangenen zwei Jahren gewann der 35-Jährige fast alle Turniere. Die Führung in der Weltrangliste übernahm Anand aber erst im Juli 2005, weil der nur noch selten spielende Garri Kasparow seinen Rücktritt verkündet hatte. Unbestritten die Nummer eins ist der Großmeister mit der schnellsten Auffassungsgabe seit einem Jahrzehnt in den Partien mit einer maximalen Bedenkzeit von einer halben Stunde.

7. Dame

Die Dame ist die spielstärkste Figur auf dem Schachbrett. Sie hat die Gangart eines Turms und eines Läufers (den wir später kennen lernen) zusammen, zieht also sowohl vertikal als auch diagonal von ihrem Standfeld aus nach allen Seiten und beliebig weit. Von einem gewählten Standfeld wie z. B. von d5 aus hat die Dame genau 27 Zugmöglichkeiten. Die Bildstellung bringt die Spielstärke der Dame sehr deutlich zum Ausdruck:

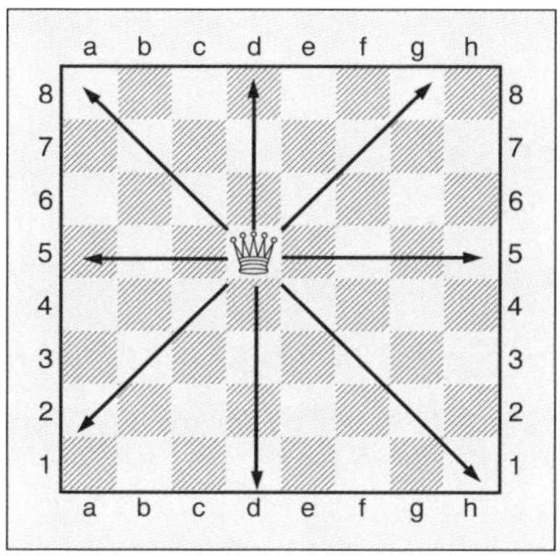

Wenden wir uns gleich dem Spiel mit der Dame zu und versuchen wir nun mit der Dame den gegnerischen König mattzusetzen. Erst überlegen wir wieder, wo auf dem Schachbrett mit Dame und König gegen König das Mattsetzen möglich ist, in Brettmitte, am Brettrand oder gar nur in der Ecke. Eine Mattführung mit dem Turm war nur am Brettrand möglich. Da die Dame stärker ist als der Turm könnte man annehmen, dass deshalb vielleicht schon ein Matt in Brettmitte möglich ist. Aber nein, auch die Dame kann nicht genügend Fluchtfelder des gegnerischen Königs beherrschen, dass es in Brettmitte zu einem Matt reichen würde. Betrachten wir einmal eine optimale Stellung, dann erkennen wir schnell, dass nicht alle vom schwarzen König beherrschten Felder von der weißen Dame und dem weißen König unter Kontrolle gebracht werden können:

7. Dame

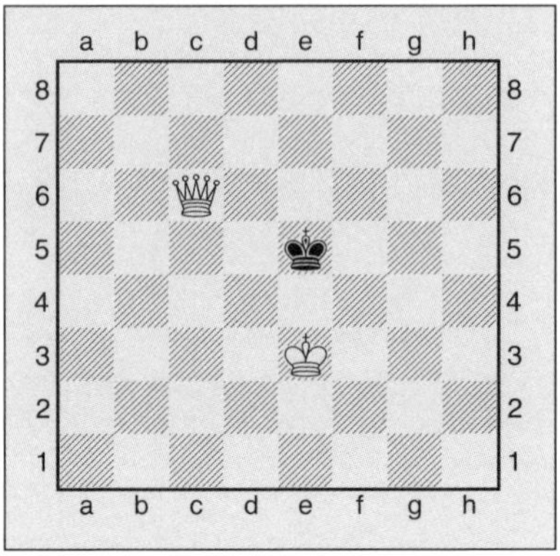

Die beiden weißen Figuren stehen in günstigster Position. Dabei greift die weiße Dame fünf Fluchtfelder des schwarzen Königs an, nämlich d6, e6, f6, d5, e4; der weiße König macht dem schwarzen König drei Felder streitig (d4, e4, f4), wobei ein Feld (e4) von beiden weißen Figuren beherrscht wird, Da dem schwarzen König von 9 Fluchtfeldern in Brettmitte nur 7 genommen werden können, ist ein Matt nur am Brettrand möglich.
Zum Mattsetzen muss also der schwarze König wieder wie beim Turmendspiel an den Brettrand gedrängt werden. Die Mattführung geht aber mit der spielstärkeren Dame schneller und einfacher als mit dem Turm; denn die Dame bedarf nicht der Hilfe ihres eigenen Königs, um den gegnerischen König an den Brettrand zu drängen. Das besorgt sie ganz alleine. Nur zum Mattsetzen muss der König mithelfen. Zur Mattführung fahren wir gleich mit der vorstehenden Stellung fort:

1. ♕c4 (Dc4) ...

Unser Ziel ist es, den König wieder auf die 8. Reihe zu zwingen.
Mit dem ausgeführten Zug wird die 4. Reihe gesperrt und dafür die 6. Reihe teilweise geöffnet. Damit bleiben dem schwarzen König von seinen 9 Fluchtfeldern nur mehr drei übrig, nämlich f5, f6, d6. Da sich jeweils der schwarze König in Zugzwang befindet (weil Schwarz mit dem König als einzige Figur jeden Zug ausführen muss), gewinnt die weiße Dame mit jedem Zug eine Linie oder eine Reihe oder sogar beides. Prüfen Sie selbst die drei Möglichkeiten:

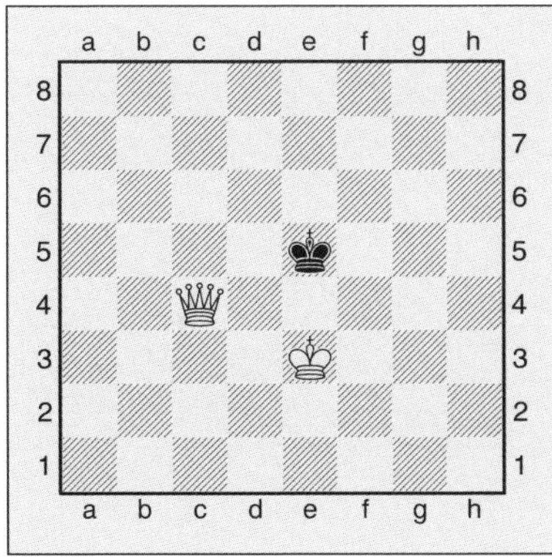

1) Wenn der schwarze König nach d6 zieht, dann antwortet die weiße Dame mit dem Zug nach b5 und sie gewinnt damit eine ganze Reihe (statt a4-h4 nun a5-h5);

2) Wenn der schwarze König nach f5 zieht, so gewinnt die weiße Dame mit dem Zug nach d4 eine ganze Linie (statt c1-c8 nun d1-d8);

3) Wenn aber der schwarze König gar nach f6 zieht, dann gewinnt die weiße Dame mit ihrem Zug nach d5 gleich eine Reihe und eine Linie.

Auf diese Weise wird der schwarze König sehr schnell abgedrängt. Spielen wir nun weiter:

1.	**...**	♔**d6** (Kd6)
2.	♕**b5** (Db5)	♔**c7** (Kc7)
3.	♕**a6** (Da6)	♔**b8** (Kb8)

Es ist geschafft, der schwarze König hat die Randreihe erreicht. Jetzt muss er dort auch festgehalten werden, indem die weiße Dame auf die 7. Reihe gespielt wird. Weil dies sofort noch nicht möglich ist, erfolgt deshalb zunächst ein Schachgebot:

4. ♕**b6+** (Db6+) **...**

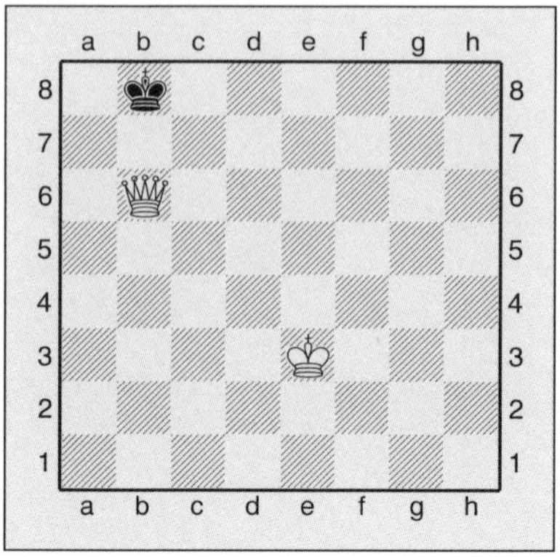

Der schwarze König hat mit a8 und c8 zwei Zugmöglichkeiten. Zieht er nach c8, dann antwortet die weiße Dame mit dem Zug nach a7 und Weiß hat sein Ziel erreicht. Die andere Möglichkeit, nämlich nach a8, ist für Weiß tückisch:

4. ... ♔**a8** (Ka8)

Jetzt kann die weiße Dame nicht sofort auf die 7. Reihe gespielt werden, weil nämlich Dame nach c7 eine Pattstellung ergibt. Deshalb muss mit einem weiteren Schachgebot diese Pattstellung vermieden werden.

5. ♕**c6+** (Dc6+) **...**

Der schwarze König hat jetzt wieder zwei Möglichkeiten, nämlich nach a7 oder nach b8, aber er wird von der weißen Dame in jedem Fall am Brettrand festgehalten, z. B. : 5. ... ♔a7 6. ♕b5 und der schwarze König ist auf der a-Linie eingesperrt. Die andere Möglichkeit spielen wir:

5. ... ♔**b8** (Kb8)
6. ♕**d7** (Dd7) **...**

Jetzt ist der schwarze König auf der 8. Reihe festgehalten und für die folgenden Züge bleiben ihm nur noch die Felder a8 und b8. Zum Mattsetzen muss Weiß jetzt nur noch seinen König heranführen. Ziel ist das. Feld b6.

6. ... ♔**a8** (Ka8)
7. ♔**d4** (Kd4) ♔**b8** (Kb8)
8. ♔**c5** (Kc5) ♔**a8** (Ka8)
9. ♔**b6** (Kb6) ♔**b8** (Kb8)

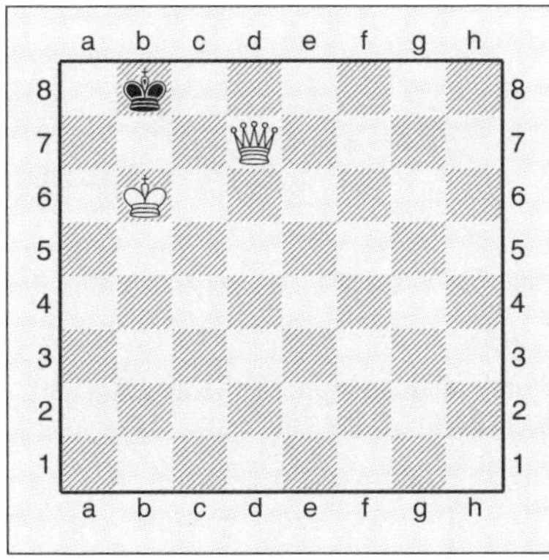

Jetzt ist die entscheidende Stellung erreicht. Die weiße Dame kann nun auf mehrere Arten mattsetzen. Entweder 10. ♕b7 matt oder 10. ♕e8 bzw. ♕d8 matt; aber nicht 10. ♕c8, weil auf diesen Zug die Dame ganz einfach vom schwarzen König geschlagen wird.

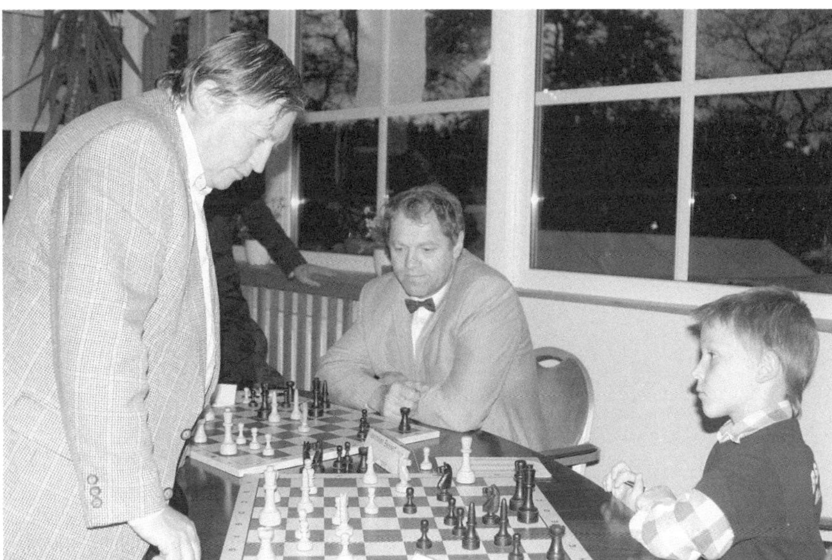

Erst seit Oktober 2004 spielt der 9 jährige Maximilian Bessert aktiv Schach. Beim Simultan gegen den Ex-Weltmeister Anatoli Karpow schaffte er immerhin 29 Züge, ehe er nach zwei Stunden das Spiel aufgibt. „Es war ein großes Erlebnis, einmal als Schachkind gegen einen Ex-Weltmeister antreten zu dürfen“.

8. Läufer

Nachdem wir nun die Gangarten der schweren Figuren (König, Dame, Turm) kennengelernt haben, müssen wir uns jetzt mit den Bewegungen der leichten Figuren vertraut machen, das sind zunächst der Läufer – und im nächsten Kapitel der Springer. Aber vorher noch ein Wort zu den Bezeichnungen „schwer" und „leicht". Damit ist keinesfalls das spezifische Gewicht gemeint, sondern die Gewichtigkeit in der Spielstärke der Figuren. Ein wichtiges Unterscheidungsmerkmal ist die Tatsache, dass die schweren Figuren beliebig oft schwarze und weiße Felder des Schachbretts besetzen können, die leichten Figuren aber nicht. Diese sind entweder, wie der Läufer nur an eine Felderfarbe gebunden oder müssen wie der Springer die Felderfarben von Zug zu Zug wechseln. Die Gangart des Läufers ist einfach: Er zieht nur diagonal und kann sich somit nur auf einer Felderfarbe bewegen, und zwar nach allen Seiten beliebig weit. Jede Partei hat zwei Läufer im Spiel, einen der sich nur auf den schwarzen Feldern, und der zweite, der sich nur auf den weißen Feldern bewegt. Das ergibt folgende Zugmöglichkeiten:

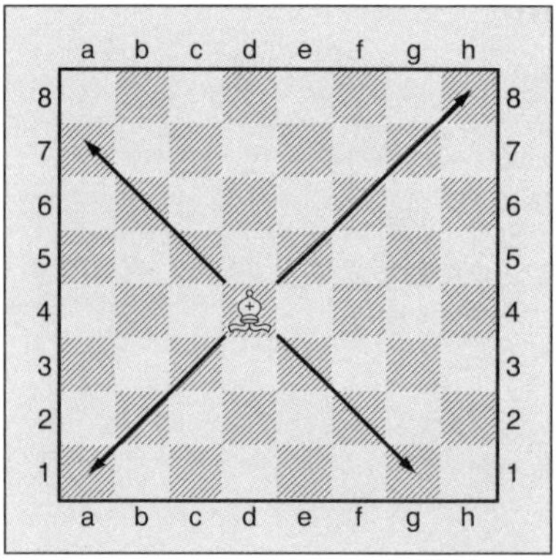

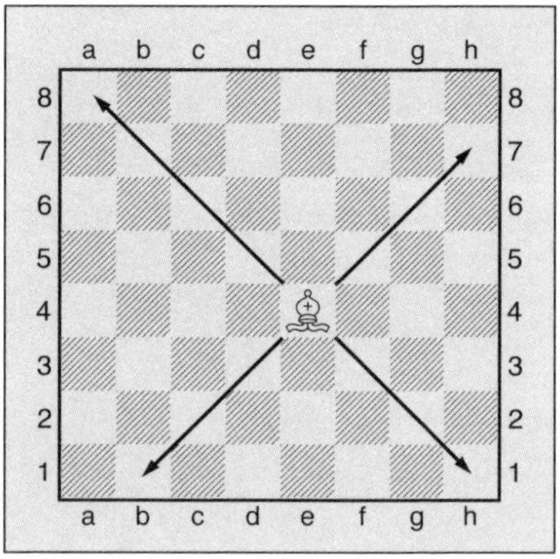

Da die Leichtfiguren (das gilt auch für den Springer) nur jeweils eine Felderfarbe beherrschen, ergibt sich die logische Konsequenz, dass eine Mattführung mit nur einer Figur und dem König nicht möglich ist, weil ja der gegnerische König beide Felderfarben als Fluchtfelder zur Auswahl hat. Eine Mattführung ist deshalb nur mit zwei Läufern von verschiedener Felderfarbe möglich, also mit dem Läuferpaar. Weiterhin muss man wissen, dass es der Zugwechsel nicht zulässt, den gegnerischen König am Brettrand mattzusetzen, sondern nur in einer Ecke. Zwar kann man am Brettrand ein Mattbild aufstellen, dieses ist aber im Spiel nicht erzwingbar. Das folgende Beispiel soll dies verdeutlichen:

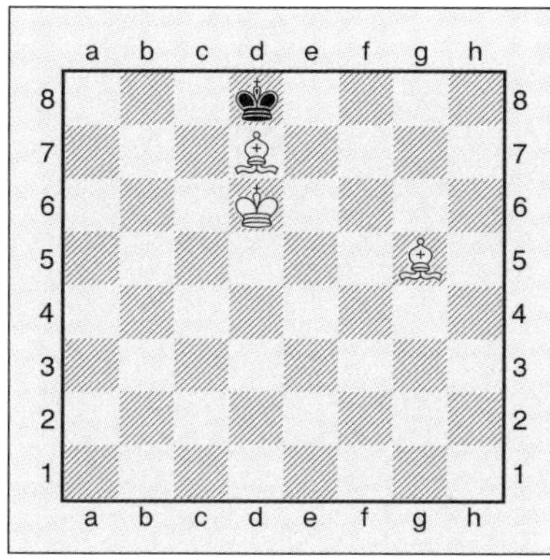

Selbstverständlich ist die vorstehende Position eine Mattstellung. Aber im Endspiel kann diese nicht zwingend herbeigeführt werden, wie sich leicht nachweisen lässt; denn der weiße Läufer auf g5 gibt das Matt, also muss dieser Stein den letzten Zug ausgeführt haben. Nimmt man diesen Zug zurück (der Läufer kann nur von den Feldern h6, f4, e3, d2, c1 gekommen sein), so stellt man fest, dass der vorher am Zug gewesene schwarze König von c8 oder e8 aus nach d8 gezogen sein muss und sich somit freiwillig ins Verderben gestürzt hat. Wäre er von c8 aus nach b7 (bzw. von e8 aus nach f7) ausgewichen, so hätte er sich der unmittelbaren Mattgefahr entziehen können.

Die Mattführung mit den Läufern ist also komplizierter als mit den Schwerfiguren.

Zum Erlernen der Mattführung mit König und zwei Läufern gehen wir von der nachfolgenden beliebigen Position aus, die wir nun auf das Schachbrett stellen:

8. Läufer

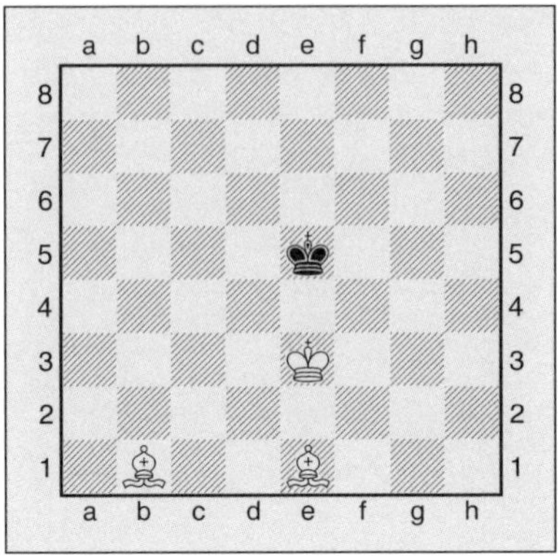

Der schwarze König steht in Brettmitte und er wird freiwillig nicht an den Brettrand oder gar in eine Ecke zurückweichen. Um diesen dorthin zu zwingen, muss Weiß erst seine beiden Läufer wirkungsvoll ins Zentrum des Bretts postieren, weil sie dort die größte Wirkungskraft entfalten. Der weiße König deckt die Zentralfelder d4 und e4, wohin die Läufer gezogen werden sollen. So beginnt Weiß mit:

1. ♗**e4** (Le4) ...

Jetzt muss der schwarze König von der 5. Reihe zurückweichen, weil der gezogene Läufer die Fluchtfelder d5 und f5 beherrscht.

1. ... ♔**e6** (Ke6)
2. ♗**c3** (Lc3) ♔**d6** (Kd6)
3. ♗**d4** (Kd4) ...

Damit hat Weiß sein erstes Ziel erreicht, nämlich beide Läufer wirkungsvoll in Brettmitte zu postieren. Damit ist der schwarze König auf einem kleinen Abschnitt des Brettes durch das Läuferpaar eingeschlossen. Aus diesem Abschnitt des Brettes darf er nicht mehr entweichen.
Betrachten wir uns die nachfolgende Diagrammstellung. Durch die einengende Kraft der Läufer hat der schwarze König nur noch wenige Fluchtfelder: Zwei Felder auf der 6. Reihe (d6 und e6), vier Felder auf der 7. Reihe (c7, d7, e7, f7) und sechs Felder auf der 8. Reihe (b8, c8, d8, e8, f8, g8).

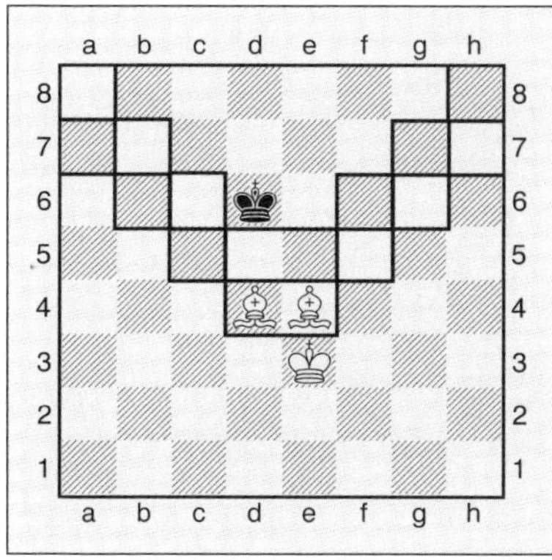

Durch Zurückdrängen des schwarzen Königs wird dessen Lebensraum immer mehr eingeengt. Doch freiwillig zieht dieser sich nicht zurück, er hält vielmehr hartnäckig an den beiden Feldern der 6. Reihe (d6 und e6) fest und zieht notfalls immer nur hin und her. Der weiße König muss nun so ziehen, dass er dem schwarzen König eines der beiden Felder auf der 6. Reihe nimmt, so dass dieser gezwungenermaßen auf die nächste Reihe zurückweichen muss.

3.	**...**	♔**e6** (Ke6)
4.	♔**f4** (Kf4)	♔**d6** (Kd6)
5.	♔**f5** (Kf5)	**...**

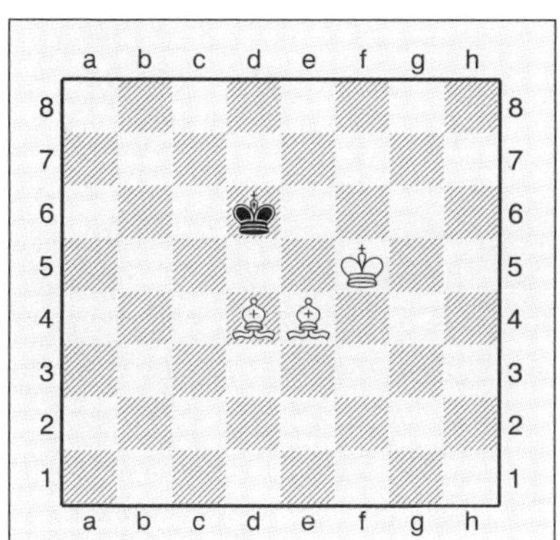

Damit hat der weiße König das Feld e6 angegriffen, so dass dieses vom schwarzen König nicht mehr besetzt werden kann.

In Zugzwang befindlich muss der schwarze König deshalb zurück auf die nächste Reihe:

5. ... **♔e7** (Ke7)

Und nun werden die beiden weißen Läufer so auf die nächste Reihe vorgeschoben, dass der schwarze König nicht entweichen kann.

6. **♗e5** (Le5) **♔d7** (Kd7)
7. **♗d5** (Ld5) **♔e7** (Ke7)

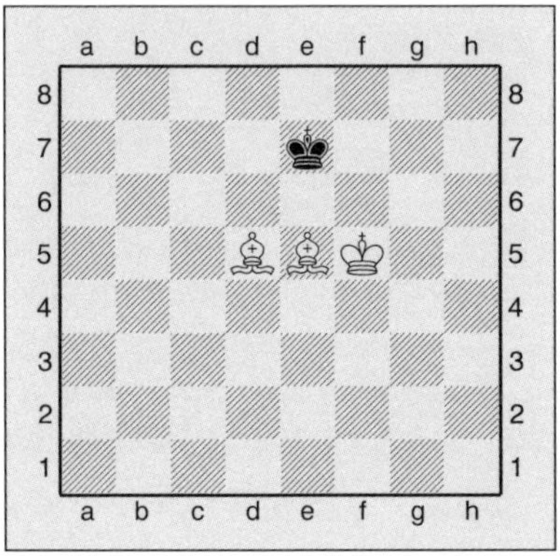

Mit diesen wenigen Zügen hat Weiß eine ganze Reihe gewonnen und den schwarzen König zurückgedrängt. Damit ist der Lebensraum des schwarzen Königs enger geworden. Jetzt verbleiben ihm auf der 7. Reihe nurmehr zwei Felder (d7, e7) und auf der 8. Reihe nur vier Felder (c8, d8, e8, f8). Nach demselben Konzept wird nun die nächste Reihe erobert. Da der weiße König nicht sofort nach f6 kann, schiebt er zunächst einen Tempozug mit dem König ein.

8. **♔g5** (Kg5) **♔d7** (Kd7)
9. **♔f6** (Kf6)

Wieder bleibt dem schwarzen König keine Wahl, er muss auf die 8. Reihe zurück. Weiß schiebt anschließend wieder seine Läufer um eine Reihe vor.

9. **...** **♔e8** (Ke8)
10. **♗e6** (Le6) **♔d8** (Kd8)
11. **♗d6** (Le6) **♔e8** (Ke8)

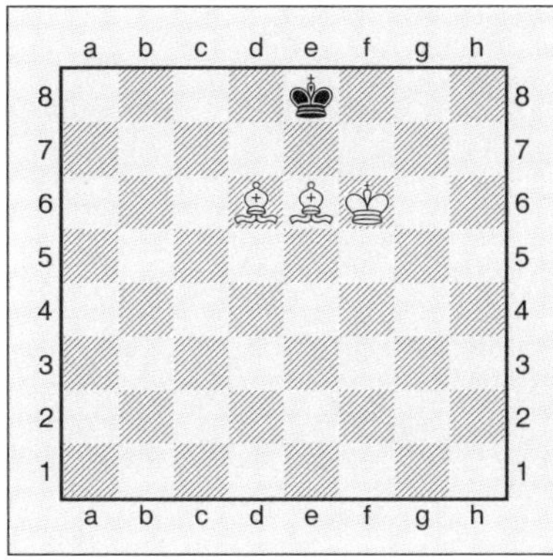

Damit ist eine weitere Etappe auf dem Weg zum Matt erreicht: Der schwarze König ist an den Brettrand gedrängt. Das letzte Ziel ist nun die Aufgabe, den schwarzen König in eine Ecke zu zwingen, wo er schließlich mattgesetzt werden kann.

In der nun entstandenen Position haben die beiden Läufer die 7. Reihe übernommen, damit der schwarze König nicht mehr die Flucht nach vorne antreten kann: Der Läufer auf d6 beherrscht die Felder c7 und e7, der Läufer auf e6 die Felder d7 und f7. Im weiteren Verlauf muss nun der weiße König weitgehend die Sicherung der 7. Reihe übernehmen (ähnlich wie beim Turmendspiel), damit die Läufer so gestellt werden können, dass sie die Felder auf der Grundlinie übernehmen können. Da der weiße König das Feld e7 (neben dem Läufer d6) beherrscht, kann der Läufer auf d6 wegziehen, ohne dass der schwarze König nach vorne flüchten kann. Er zieht nach c7 und nimmt dem schwarzen König damit das Fluchtfeld d8 auf der Grundlinie.

12. ♗**c7** (Lc7) ♔**f8** (Kf8)

Der schwarze König hat keine andere Wahl, er wird langsam in die Ecke abgedrängt.

Da nun die Könige in Opposition sind, der weiße König also alle Fluchtfelder auf der 7. Reihe zum schwarzen König hin sperrt, ist auch der zweite Läufer beweglich, der nun mit seinem Zug nach d7 dem schwarzen König das Fluchtfeld e8 auf der Grundlinie nimmt:

13. ♗**d7** (Ld7) ♔**g8** (Kg8)

Damit nun der schwarze König nicht über h7 die Flucht ergreift, ist ein Königszug in die Opposition erforderlich:

14. ♔**g6** (Kg6)

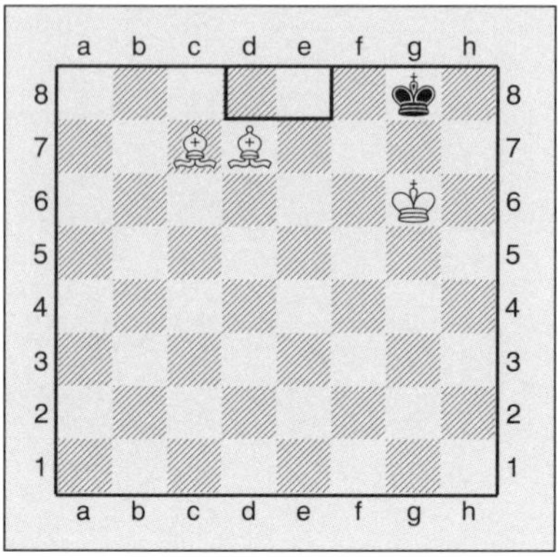

Der schwarze König hat nun zwei Möglichkeiten und zwar nach f8 oder nach h8. Zieht er 14. ... ♔f8, dann folgt 15. ♗d6+ ♔g8 16. ♗e6+ ♔h8 17. ♗e5 matt. Deshalb wählt Schwarz die andere Möglichkeit:

14. ... **♔h8** (Kh8)

Jetzt muss der Weiße genau die Fluchtfelder des schwarzen Königs auf der Grundlinie im Auge behalten. Die beiden Läufer haben die Felder d8 und e8 besetzt. Der Läufer auf c7 wird nun so gezogen, dass er das Feld d8 aufgibt und das Feld f8 besetzt.

15. **♗d6** (Ld6) **♔g8** (Kg8)

Damit der schwarze König nun nicht nach f8 gelangen kann, bleibt der weiße Läufer auf d6 stehen; aber der andere Läufer ist frei, er gibt das Feld e8 auf und besetzt das Standfeld des schwarzen Königs:

16. **♗e6+** (Le6+) **♔h8** (Kh8)

17. **♗e5** (Le5) **matt.**

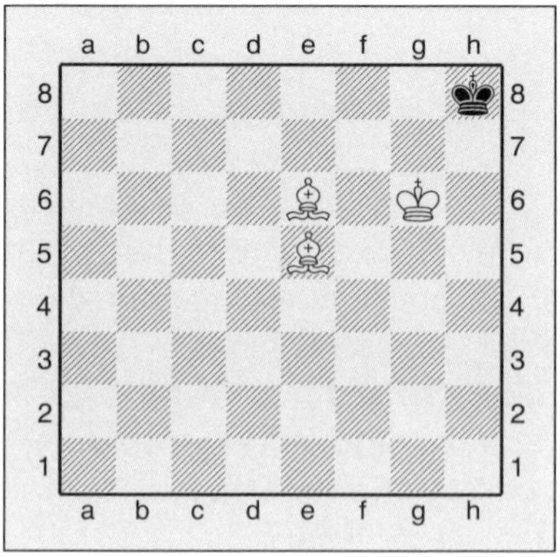

Damit ist die Mattführung abgeschlossen. Das Schema ist immer das gleiche, nach welcher Brettseite und Ecke auch immer der König abgedrängt wird. Stellen Sie sich zu Übungszwecken irgendeine beliebige Stellung auf und versuchen Sie noch einmal die Mattführung. Wenn es noch nicht einwandfrei geht, dann spielen Sie das vorstehende Beispiel noch einmal durch.

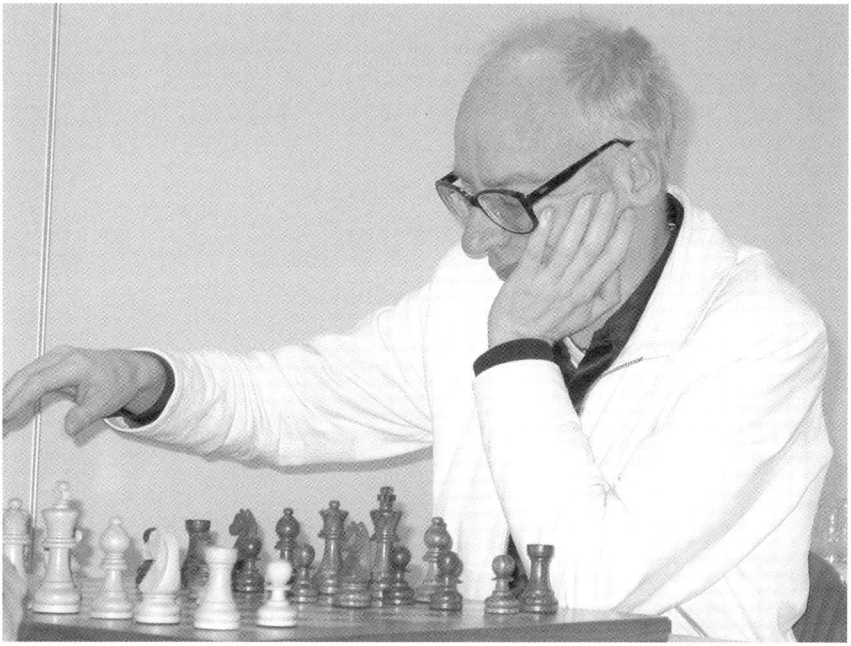

Der 1976 an der Universität Köln promovierte Papyrologe Robert Hübner gilt als bester deutscher Schachspieler seit Emanuel Lasker. Seine beste historische Elo-Zahl betrug 2732 (April 1973), im Dezember 1974 lag er auf Platz 6 der Weltrangliste. Derzeit belegt er mit einer Elo-Zahl von 2608 (Stand: 1. Januar 2007) Platz 127 der FIDE-Rangliste und Platz 4 der deutschen Rangliste.

9. Springer

Der Springer ist die eigenwilligste Figur auf dem Schachbrett. Er ist der einzige Stein, der Felder und somit auch Figuren überspringt. Er kann zwar schwarze und weiße Felder besetzen, aber nicht nach Belieben, sondern in einem wechselnden Turnus, also von Zug zu Zug. Der Springer wechselt nach jedem Zug die Felderfarbe: Steht er auf einem weißen Feld, dann kann er nur mit dem nächsten Zug ein schwarzes Feld erreichen und umgekehrt. Seine Gangart ist für den Anfänger zunächst etwas unübersichtlich, so dass gerade der Schachlernende mit ihm seine liebe Not hat. Je mehr Übung man aber bekommt, desto einfacher und durchschaubarer werden seine Bewegungen. Seine Gangart: Der Springer zieht jeweils von seinem Standfeld aus zwei Felder weiter und zwar ein Feld vertikal und ein Feld diagonal vom Standfeld weg. So sehen die Möglichkeiten eines Springerzuges aus:

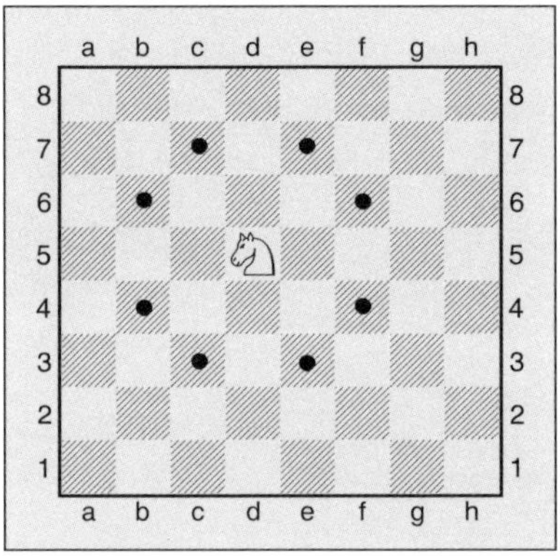

Der Springer hat also in Brettmitte acht Zugmöglichkeiten, am Brettrand nur vier und in der Ecke gar nur zwei. Wie jede Figur ist auch der Springer – je weiter er sich von der Brettmitte entfernt – spielschwächer. Beide Springer einer Partei sind zusammen noch schwächer als zwei Läufer; sie können nämlich einen gegnerischen König (mit einer hier unwichtigen Ausnahme) zwingend nicht mattsetzen.
Das Erlernen der Springerzüge kann deshalb nicht in einer Mattführung erprobt werden. Nur mit einigen Übungen kann man sich deshalb mit der Bewegungsart des Springers vertraut machen: Zu diesem Zweck stellen wir einen Springer auf das Eckfeld des Schachbretts nach a8:

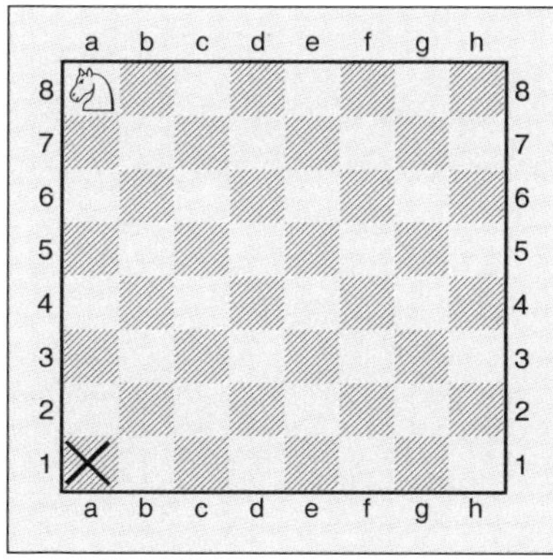

Versuchen Sie nun in kürzester Zugzahl das Feld a1 zu erreichen und zählen Sie, in wieviel Zügen Sie die Aufgabe lösen. Machen Sie diese Übung zunächst, ohne die weiteren Ausführungen zu lesen...
Sollten Ihre ersten Versuche misslingen, dann sollen folgende Überlegungen weiterhelfen: Der Springer steht in der Diagrammstellung auf einem weißen Feld. Da er im ersten Zug nur ein schwarzes Feld (b6, c7) erreichen kann, im zweiten Zug wieder ein weißes Feld usw., kann er nach a1, einem schwarzen Feld, nur in einer ungeraden Zugzahl gelangen, also im dritten, im fünften im siebten Zug usw. Jetzt werden Sie schnell herausfinden, dass der Springer auf a8 in genau fünf Zügen mit der kürzesten Zugzahl nach a1 gelangen kann. Dabei gibt es mehrere Möglichkeiten, wovon wir hier zwei aufzeigen:

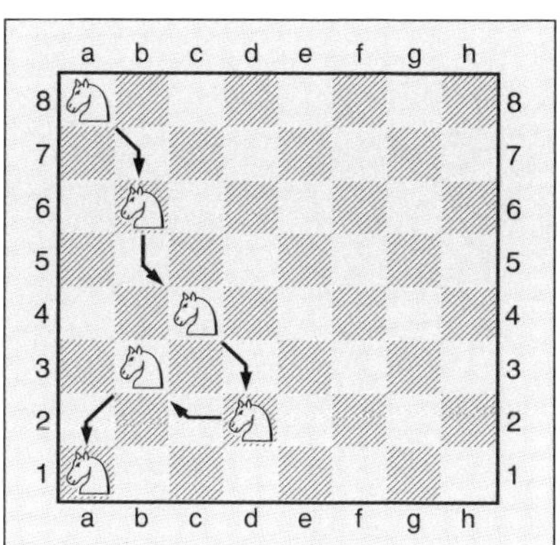

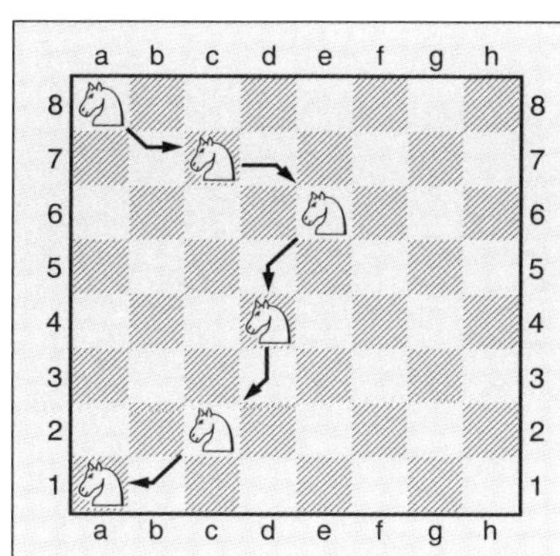

9. Springer

Eine weitere Übung besteht darin, dass man nun mit dem Springer auf a8 in der kürzesten Zugzahl das diagonal gegenüberliegende Feld h1 erreicht. Das Zielfeld ist diesmal wie das Ausgangsfeld weiß. Der Springer kann also nur in einer geraden Zugzahl (im vierten, sechsten oder achten Zug usw.) sein Ziel erreichen. Wenn Sie richtig ziehen, stellen Sie fest, dass die kürzeste Zugzahl sechs Schritte beträgt. Unter den verschiedenen Möglichkeiten werden zwei aufgezeigt:

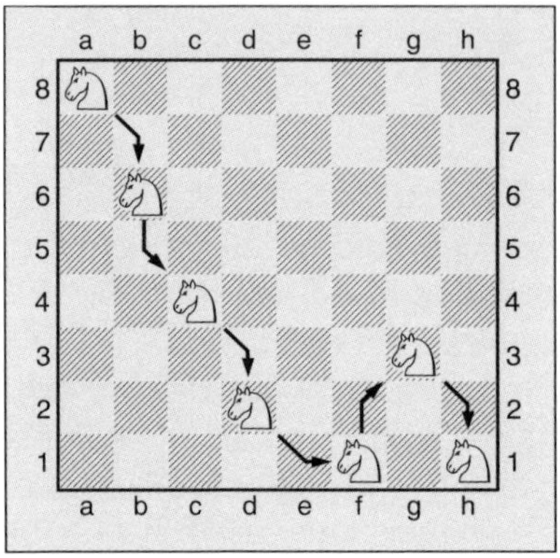

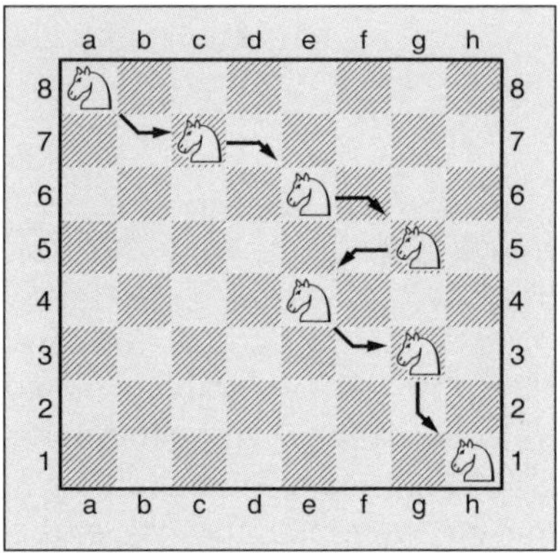

Wenn Sie diese Übung zügig ausführen können, dann haben Sie die erforderliche Fähigkeit für die Zugführung des Springers erworben. Dass man aber Spielpraxis braucht, um die Heimtücke dieser Figur zu durchschauen, mag zum Abschluss noch das folgende Beispiel zeigen, in dem der Springer getreu seinem Namen nach zwei Seiten ausschlägt:

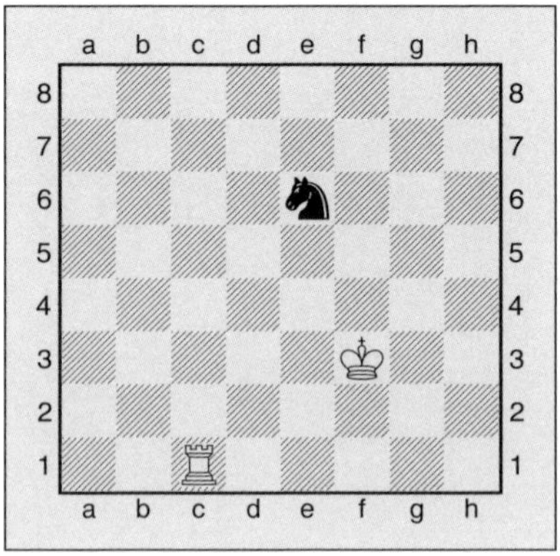

Der harmlose schwarze Springer kann immer noch gefährlich werden, wenn er unüberlegt angegriffen wird; denn er ist immer zu einer Überraschung fähig. Ein Fehler von Weiß wäre jetzt, den Springer mit dem Turmzug nach c6 anzugreifen:

1. ♖**c6** (Tc6) ♘**d4+** (Sd4+)

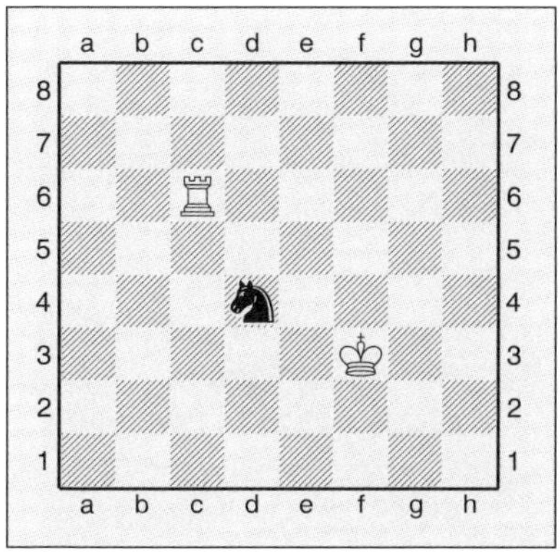

Nach diesem weißen Fehlzug wird der Springer quicklebendig und zieht so, dass er gleichzeitig den weißen Turm und den weißen König angreift und nach zwei Seiten ausschlägt. Damit gewinnt der Springer, weil der König aus dem Schach ziehen muss, im nächsten Zug den weißen Turm. Diesen Doppelangriff auf zwei Figuren, der in ähnlicher Form, aber nicht so überraschend, von allen Figuren ausgeführt werden kann, nennt man eine „Gabel", ein Zug, der schon manche Partie überraschend entschieden hat. Dass der Springer in einer Partie aber auch eine starke Mattfigur ist, soll das folgende bekannte Beispiel eines Stickmatts beweisen. Die Stärke des Springers liegt dabei vor allem in der Tatsache, dass er als einzige Figur über eigene und gegnerische Steine hinwegwirkt.

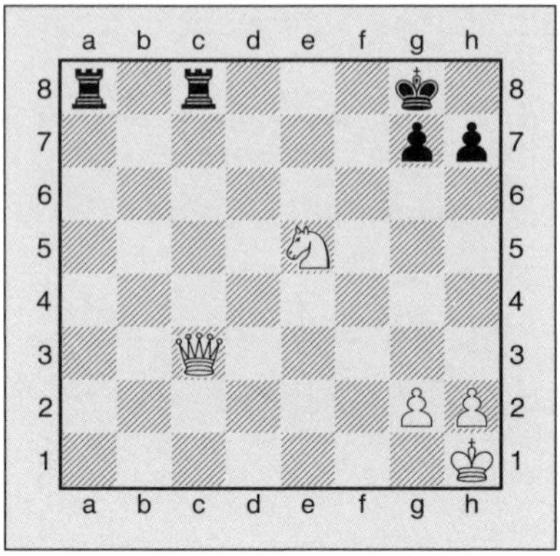

In dieser Stellung hat Schwarz mit seinem letzten Turmzug nach c8 die weiße Dame angegriffen. Der weiße Mattangriff ist sehenswert.

1. ♕b3+ (Db3+) **♔h8** (Kh8)

Der schwarze König kann wegen Dame nach f7 matt nicht nach f8 ziehen.

2. ♘f7+ (Sf7+) **♔g8** (Kg8)

3. ♘h6++ (Sh6++) **...**

Die beiden Schachzeichen stehen für das Doppelschach, wobei Dame und Springer gleichzeitig den schwarzen König angreifen. Deshalb kann der Springer nicht geschlagen werden. Es muss also der schwarze König ziehen und zwar nur nach h8, weil er – wenn er nach f8 ziehen würde – wieder auf f7 mattgesetzt würde.

3. ... **♔h8** (Kh8)

4. ♕g8+ (Dg8+) **...**

Ein tolles Damenopfer, welches das erstickte Matt erzwingt. Die Dame, die vom Springer gedeckt ist, kann vom König nicht geschlagen werden, das muss der Turm besorgen.

4. ... **♖×g8** (Txg8:)

5. ♘f7 (Sf7) **matt!**

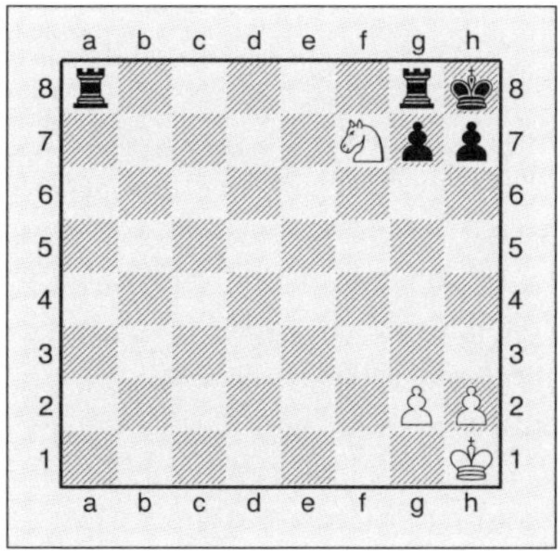

Der schwarze König erstickt in seinem engen Lebensraum, die Fluchtfelder werden ihm von seinen eigenen Figuren genommen. Der mattgebende Springer aber wirkt über die gegnerischen Steine hinweg und gibt dem König das bekannte erstickte Matt.

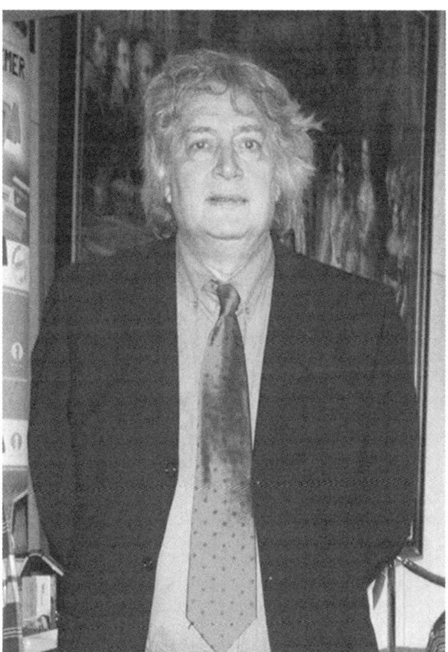

Jan Timman galt bereits in früher Kindheit als eines der größten niederländischen Talente seit Max Euwe; neben zahlreichen nationalen Jugendtiteln gelang ihm als 15-jähriger bei der U20-Weltmeisterschaft 1967 in Jerusalem ein beachtlicher dritter Platz. 1970 entschloss sich Timman zu einer Profispielerlaufbahn, 1971 wurde er Internationaler Meister, 1974 errang er den Titel eines Schachgroßmeisters. Neun Mal wurde er niederländischer Landesmeister: 1974-1976, 1978, 1980, 1981, 1983, 1987 und 1996. Er nahm seit 1972 an zahlreichen Schacholympiaden für die Niederlande teil, 2005 in Göteborg wurde er mit seiner Heimat Mannschafts-Europameister.

10. Bauer

Der kleinste Stein unter den Schachfiguren hat die wohl komplizierteste Gangart. Er unterscheidet sich vor allem in seiner Bewegungsart von den übrigen Steinen dadurch, dass er beim Schlagen einer gegnerischen Figur eine andere Gangart ausführt, als beim Ziehen ohne zu schlagen. Ein weiterer Unterschied besteht darin, dass der Bauer im Gegensatz zu den anderen Figuren, die sich nach allen Seiten auf dem Schachbrett bewegen können, nur in eine Richtung und zwar nur gerade zur gegnerischen Grundlinie ziehen kann. Und ein letzter Unterschied besteht in der Grundaufstellung: Während alle Figuren bei Beginn einer Partie auf der Grundlinie stehen, werden die acht Bauern jeder Partei davor, also auf der vorletzten Reihe aufgestellt.
Die Gangart des Bauern ist einfach, er zieht in jedem Zug um ein vertikales Feld nach vorne. Bei seinem ersten Zug, also wann immer er im Laufe einer Partie zum ersten Mal gezogen wird, hat er die Wahl, auch einen Doppelschritt, also gleich zwei Felder nach vorne, auszuführen. Diagonal kann der Bauer nicht ziehen. Aber er kann nur diagonal schlagen.

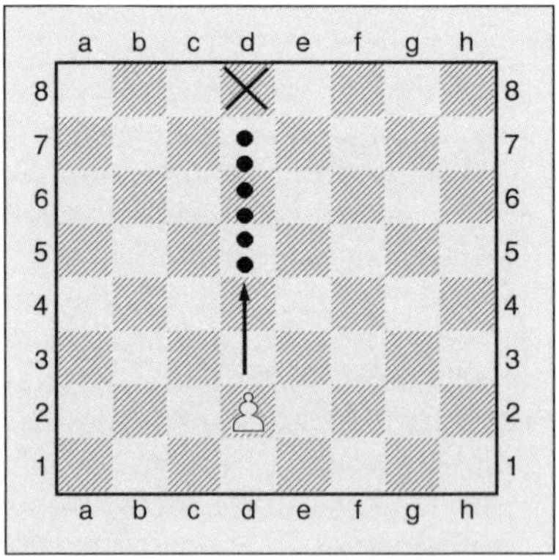

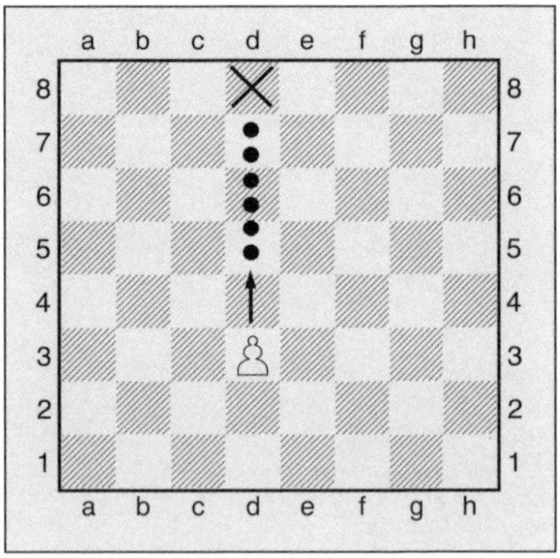

In der linken Diagrammstellung steht der Bauer auf seinem Ausgangsfeld, er kann deshalb nach Belieben sowohl nach d3 als auch nach d4 (Doppelschritt) ziehen. In der rechten Bildstellung steht der Bauer nicht mehr in der Ausgangsstellung, er hat im Verlauf der Partie schon einmal gezogen; er kann deshalb nur nach d4 ziehen. Spätere Züge erfolgen dann, indem der Bauer nur ein Feld vorrücken darf, bis er die Grundlinie des Gegners mit

dem Feld d8. erreicht. Dabei ergibt sich eine weitere Eigenart des Bauern, die kein anderer Stein aufweist:
Wenn ein Bauer ein Feld der gegenüberliegenden Grundlinie erreicht, so verwandelt sich der Bauer in eine beliebige Figur mit Ausnahme des Königs: Er wird also Dame, Turm, Läufer oder Springer nach eigener Wahl, er kann aber nicht mehr Bauer bleiben. Bei der Verwandlung in eine Figur ist es unerheblich, ob die anderen Figuren der Art, in die sich der Bauer verwandelt, noch im Spiel sind. Nach Verwandlungen können also mehrere Damen, drei oder mehr Türme usw. im Spiel sein. Weil so viele Steine in einem Figurensatz nicht enthalten sind, genügt bei Verwandlung des Bauern die eindeutige Erklärung des Spielers, in welchen Stein sich der Bauer verwandelt hat. Aber keine Angst, dass vielleicht beide Parteien zu viele Bauern verwandeln müssten. So häufig kommt das nicht vor, weil sich auf jeder Linie Bauern gegenüberstehen und es gar nicht so einfach ist, die Reihen zu durchbrechen.
Nun bleibt also jeder Bauer beim Ziehen auf seiner Bahn, d. h. auf seiner Linie. Ein Bauer auf der d-Linie kann also nicht durch Ziehen auf die benachbarte c- oder e- Linie kommen. Dies ist nur möglich beim Schlagen; denn der Bauer zieht zwar vertikal nach vorne, kann aber nur diagonal nach vorne (jeweils nur um ein Feld) schlagen. Die folgenden Diagrammstellungen machen das optisch verständlich:

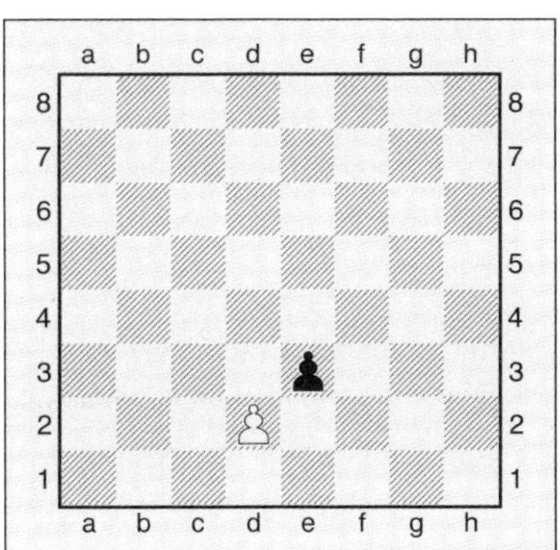

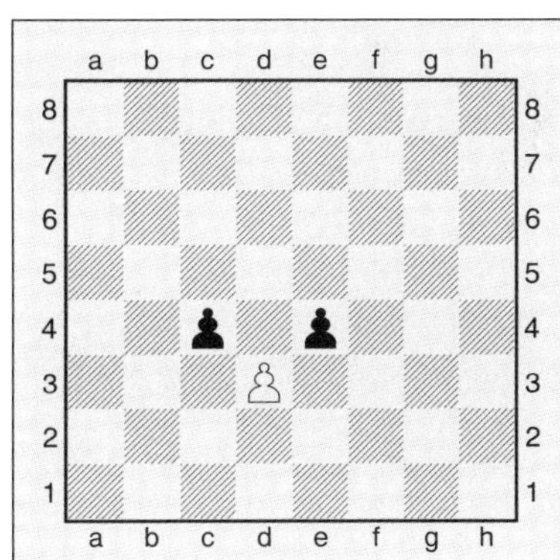

Im linken Diagramm hat der Weiße am Zug drei verschiedene Zugmöglichkeiten: Er kann den Bauern nach d4 (Doppelschritt) oder nur nach d3 ziehen, er kann aber auch den schwarzen Bauern auf e3 schlagen, wobei er auf diesem Feld Platz nimmt. Er wechselt also beim Schlagvorgang die Linien von d nach e.

In der rechten Bildstellung hat der Weiße auch drei Möglichkeiten: Er kann nach d4 ziehen oder nach c4 bzw. e4 jeweils einen schwarzen Bauern schlagen. Beim Ziehen bleibt der Bauer auf seiner Linie, beim Schlagen verändert er sie. Die Wirkungskraft des Bauern verdeutlichen die beiden folgenden Diagramme:

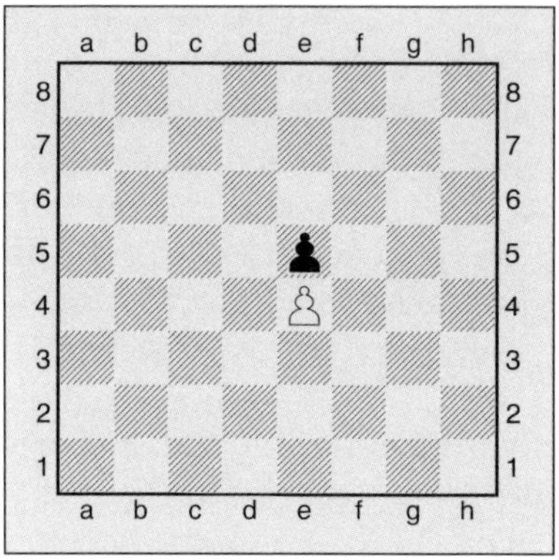

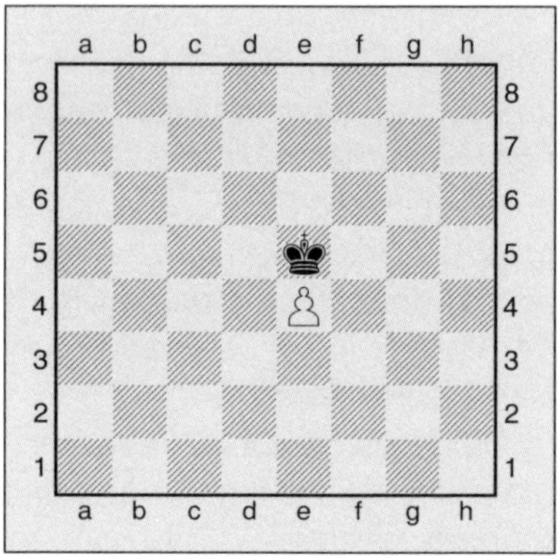

In der linken Bildstellung sind beide Bauern zugunfähig; denn sie haben keine freien Felder zum Ziehen, der gegnerische Bauer blockiert jeweils den anderen. Auch in dem rechten Diagramm ist der weiße Bauer blockiert und kann nicht ziehen. Der schwarze König ist aber seinerseits vom gegnerischen Bauern in seiner Bewegungsmöglichkeit eingeengt; denn er kann nicht auf die Felder d5 und f5 ziehen, weil diese Schlagfelder des Bauern sind und damit für den König wegen Schachangriff nicht zugänglich. Der König kann also nur den Bauern auf e4 schlagen, oder die Felder d4, f4, d6, e6, f6 betreten.

Damit ist die Gangart des Bauern fast vollständig erklärt, nur eine Ausnahme gilt es noch zu erläutern: Das Schlagen im Vorbeigehen (en passant oder abgekürzt e.p.). Dieser außergewöhnliche Schlagfall soll den Doppelschritt des Bauern nicht zu einem ungerechtfertigten Vorteil werden lassen, ist also in bestimmten Stellungen ein Gegenmittel.

Wie wir bereits wissen, gibt jeder Bauer, der an einem gegnerischen Bauern auf benachbarten Linien vorbeiziehen will, diesem durch den Zugwechsel Gelegenheit zum Schlagen. Anders wäre es beim Doppelschritt, womit sich ein Bauer am gegnerischen Bauern vorbeimogeln könnte. Dies verhindert das Schlagen im Vorbeigehen, ein Ausnahmefall, der nur in einer bestimmten Position möglich ist:

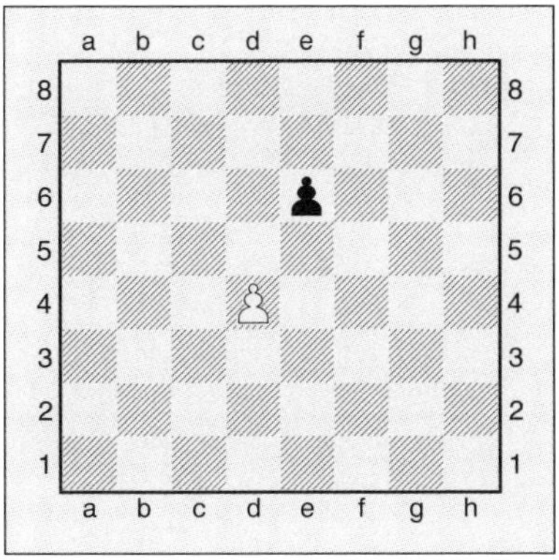

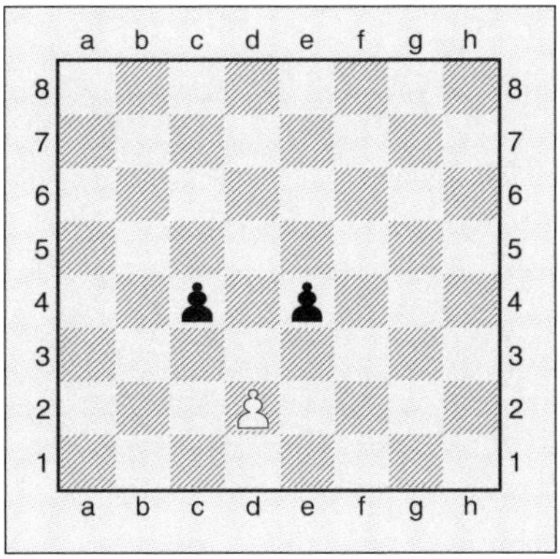

Wenn in der linken Bildstellung der weiße Bauer von d4 nach d5 zieht, dann erhält der schwarze Bauer Gelegenheit, den weißen Bauern zu schlagen. Erst wenn der schwarze Bauer auf das Schlagen verzichtet und nach e5 zieht oder mit einem anderen Stein zieht (was natürlich in der Bildstellung durch Weglassen anderer Figuren nicht geht), kann Weiß mit dem Zug nach d6 vorbeiziehen. Anders verhält es sich im rechten Diagramm: Hier könnte der weiße Bauer durch einen Doppelschritt nach d4 an den beiden schwarzen Bauern vorbeiziehen ohne diesen Gelegenheit zum Schlagen zu geben. Hier tritt das Schlagen im Vorbeigehen in Kraft; darunter versteht man, dass die schwarzen Bauern nach dem Zug des weißen Bauern von d2 nach d4 den weißen Bauern so schlagen könnten, als stünde dieser nur auf d3, also entweder Bauer c4 schlägt nach d3 oder der Bauer e4 schlägt nach d3. Dabei wird der weiße Bauer vom Brett entfernt und der schlagende Bauer nimmt auf d3 Platz.

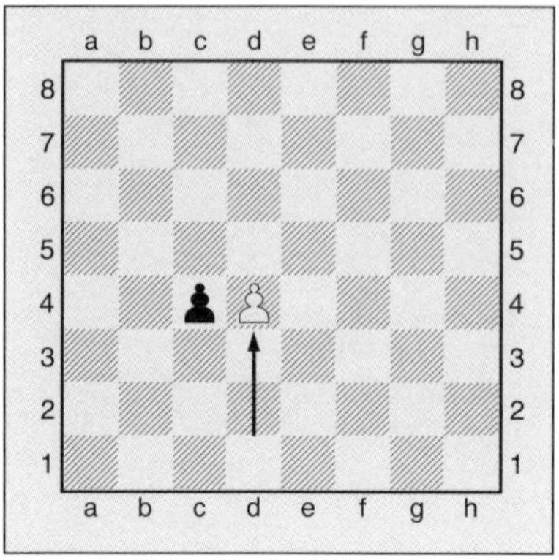

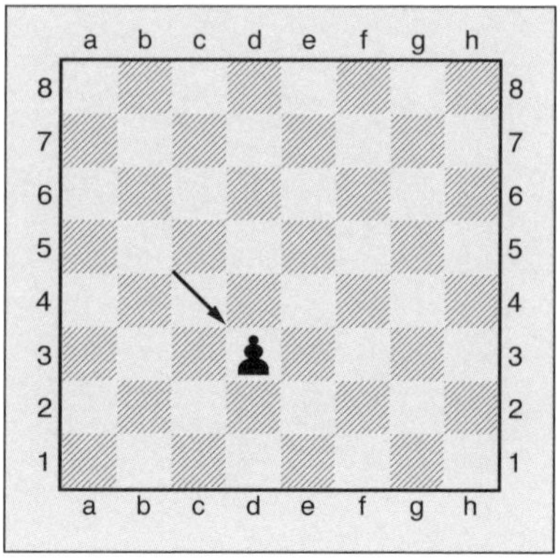

Die linke Bildstellung zeigt die Position vereinfacht vor dem Schlagen im Vorbeigehen, nachdem der weiße Bauer mit einem Doppelschritt von d2 nach d4 gezogen hat. Die rechte Bildstellung zeigt die Position nach dem Schlagen des schwarzen Bauern im Vorbeigehen, wobei der schwarze Bauer von c4 nach d3 gestellt und dabei der weiße Bauer auf d4 durch Schlagen entfernt wurde.

Dem Wortlaut nach heißt die Regel sinngemäß: Wenn ein Bauer von der Grundstellung aus durch einen Doppelschritt neben einen gegnerischen Bauern zu stehen kommt, dann kann dieser so schlagen, als ob der gezogene Bauer nicht einen Doppelschritt, sondern nur um ein Feld gezogen hätte.

Hätte der weiße Bauer aber tatsächlich nur nach d3 einen Normalzug und nicht einen Doppelschritt ausgeführt, dann hätte der schwarze Bauer einen einfachen Schlagfall mit c4 nach d3 gehabt; in diesem Fall läge kein Schlagen im Vorbeigehen vor, auch, wenn das Ergebnis das gleiche wäre.

Nachdem die komplizierte Gangart des Bauern gründlich erläutert ist, können wir nun zu praktischen Beispielen übergehen. Der Wert des Bauern – das können Sie schon jetzt ermessen – ist natürlich je nach Fortgang der Partie und damit unterschiedlicher Position ganz verschieden. So wie die Bauern im Frühstadium der Partie die Front bilden, später dann weiter vorgeschoben strategische und taktische Vorposten darstellen, so können sie im Endspiel einer Partie durch Verwandlung in eine starke Figur die materielle Entscheidung herbeiführen. In jeder Phase der Partie kann sich also ein Kampf von Bauern gegen Bauern oder gegen andere Figuren entwickeln. Deshalb sollen einige charakteristische Beispiele von Bauernspielen diese unterschiedlichen Duelle demonstrieren. Zunächst soll ein bekanntes Abspiel den Kampf der Bauern untereinander, ohne dass die Könige eingreifen können, veranschaulichen:

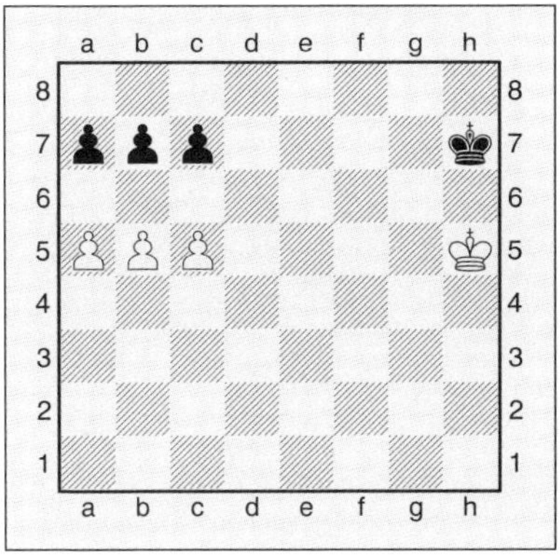

Diese Stellung wäre, wenn die Könige näher an den Bauern postiert oder die weißen Bauern nicht so weit vorgerückt wären nur Remis! Die dargestellte Ausnahmeposition mit Weiß am Zug zeigt aber die dynamische Kraft der Bauern unter Materialopfer. Wenn Weiß richtig spielt, kann in dieser Position ein weißer Bauer durch die gegnerische Bauernwand gedrückt werden. Das klingt unwahrscheinlich, ist aber tatsächlich möglich, Schwarz ist dagegen machtlos:

1. b6 ...

(Bauernzüge werden nur durch die Felderbezeichnung notiert, das B für Bauer entfällt.)
Nach dem ersten weißen Zug bleibt Schwarz nur die Wahl des Schlagens entweder mit dem a- oder mit dem c- Bauern, was unerheblich ist.

1. ... axb6

Das Zeichen „x“ steht für Schlagen, so dass der Zug lautet: Bauer a zieht nach b6 und schlägt den dort befindlichen Stein.

2. c6 ...

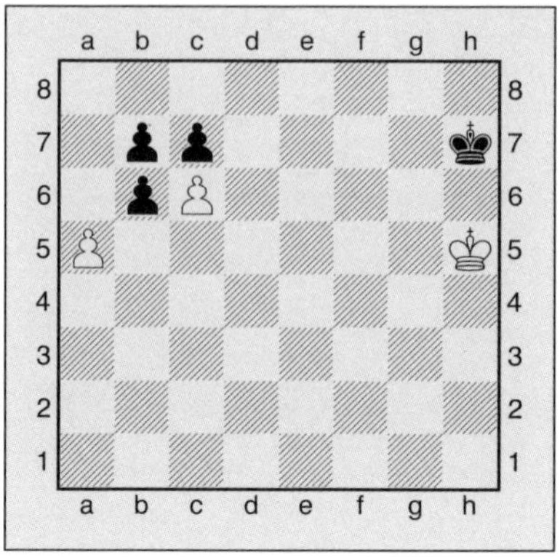

Nach diesem entscheidenden Zug von Weiß ist der schwarze Bauer auf b7 überlastet: Er kann die Doppeldrohung, nämlich cxb7 oder a6 nicht in einem Zug parieren. Zieht Schwarz nämlich 2. bxc6, dann gewinnt Weiß sehr schnell mit 3. a6 und Bauernverwandlung in zwei Zügen. Zieht aber Schwarz 2. ... bxa5, dann gewinnt Weiß auf die fast gleiche Art mit 3. cxb7 ebenfalls schnell.
Wie stellungsabhängig der Ausgang einer Partie von der Position des Bauern sein kann, zeigen vor allem die folgenden drei Beispiele, wobei sich König einem König mit Bauern gegenüberstehen. Dabei nehmen jeweils die beiden Könige die gleiche Position ein, nur der Bauer hat in den drei Beispielen jeweils einen anderen Standort.

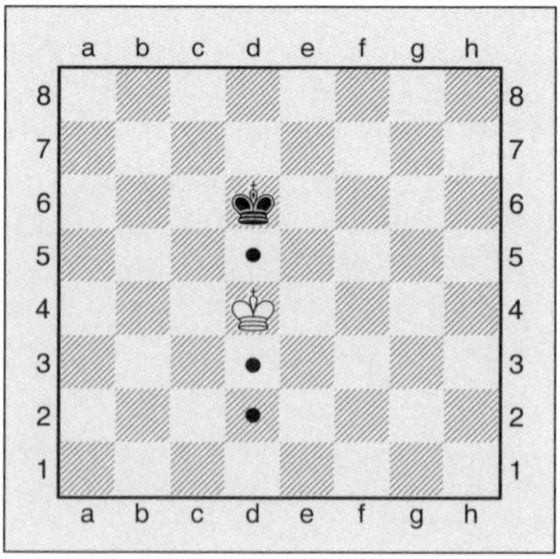

Das ist die Ausgangsstellung der beiden Könige. In den drei folgenden Beispielen steht einmal der weiße Bauer auf d5, dann auf d3 und zum Schluss auf d2. Weiß ist am Zuge und dennoch nimmt die Partie jeweils einen anderen Ausgang. In der ersten Position (Bauer d5) endet die Partie unentschieden, d. h. Weiß gelingt es nicht, den Bauern bis nach d8 vorzuschieben und in eine Dame zu verwandeln. In der zweiten Stellung könnte Weiß nur gewinnen, wenn Schwarz am Zuge wäre; da Weiß am Zug ist, bleibt die Partie auch remis. In der dritten Stellung (Bauer d2) ist die Partie für Weiß gewonnen. Wir wollen nun diese positionellen Unterschiede deutlich machen. Beginnen wir mit dem ersten Beispiel in folgender Stellung:

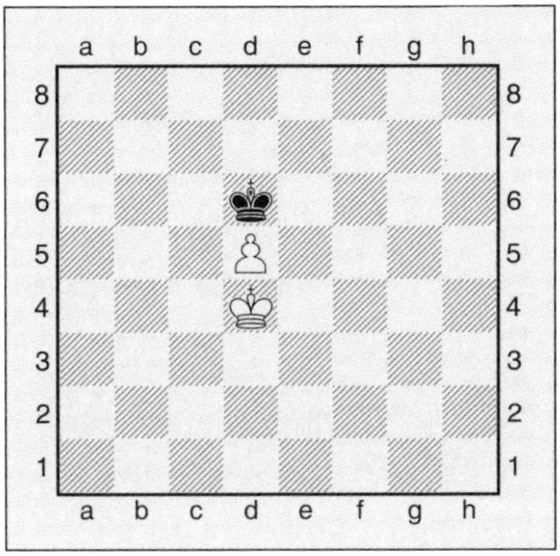

Weiß kann die Partie nur gewinnen, wenn es ihm gelingt, den Bauern bis d8 vorzuschieben und z. B. in eine Dame zu verwandeln. Schwarz versucht das zu verhindern und kann dies auch, wenn er richtig spielt. Schwarz muss dabei seinen König immer vor dem Bauern postieren (so wie in der Ausgangsstellung) und darf nicht zu weit vom Bauern weg – bzw. zur Seite ziehen, um dem weißen König keine Gelegenheit zu geben, seinen Bauern beim Vorrücken von der Seite zu unterstützen. Schwarz kann zwar, wie der Verlauf der folgenden Partie zeigt, nicht verhindern, dass der Bauer bis d7 vorgeschoben wird, er muss aber nicht zulassen, dass der Bauer das Feld d8 erreicht.

Weiß am Zug hat in der Ausgangsstellung nur einen Abwartezug nach c4 oder nach e4. Zurück auf die 3. Reihe kann der weiße König nicht, weil der Bauer vom schwarzen König geschlagen würde. Entscheiden wir uns für:

1. ♔e4 ...

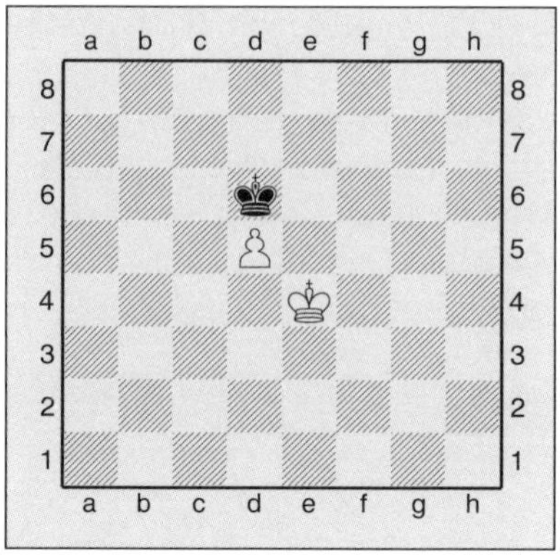

Der schwarze König hat nun vier Zugmöglichkeiten, er kann entweder zurück auf die 7. Reihe (c7, d7, e7) oder nach c5; denn die beiden Felder c6 und e6 sind vom Bauern angegriffen und für den schwarzen König tabu. Wie bereits erwähnt, wäre das seitliche Wegziehen nach c5 der schlechteste Zug, weil er schnell durch Abdrängung verlieren würde, z. B. 1. ... ♔c5 2. ♔e5 ♔b6 (c6 ist vom Bauern angegriffen) 3. ♔e6 ♔c7 4. ♔e7 und wie auch immer jetzt Schwarz zieht, kann er nicht mehr verhindern, dass der Bauer in den nächsten Zügen nach d6-d7-d8 in eine Dame verwandelt wird.

Der schwarze König muss deshalb auf die 7. Reihe zurück. Der beste Zug des schwarzen Königs ist nach d7, weil er damit verhindert, dass Weiß die Opposition bekommt (auf dem Oppositionsfeld d5 steht der eigene Bauer!), so dass Schwarz remis halten kann:

1.	**...**	**♔d7**
2.	**♔e5**	**♔e7**

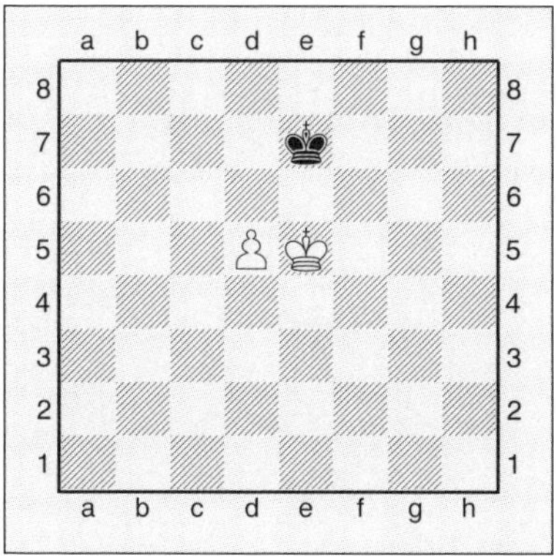

Mit dem letzten Zug hat Schwarz in Opposition gezogen. Damit hat der schwarze König dem weißen König den Weg nach vorne abgeschnitten. Weiß hat keine andere Wahl, als mit dem Bauern vorzuziehen:

3. d6+ ♔d7

4. ♔d5 ...

Das ist die kritische Stellung, in der sich Sieg für Weiß oder ein Remis entscheiden, je nachdem, wer die Opposition gewinnt. Diese Frage kann Schwarz leicht für sich entscheiden, wie folgende Überlegungen anhand der nächsten Bildstellung klar machen:

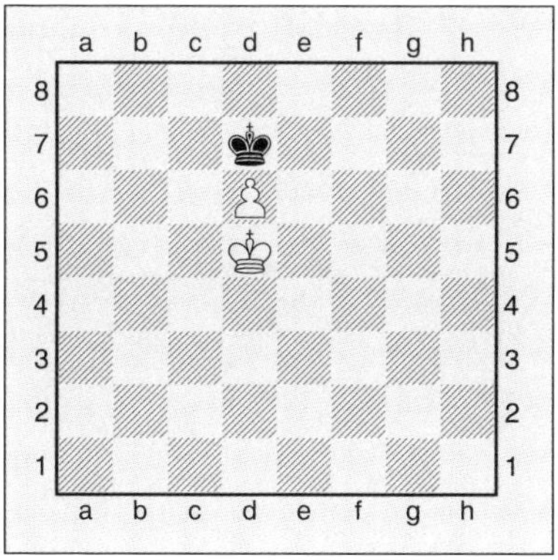

Zieht der schwarze König z. B. nach c8 oder nach e8, dann verliert er, weil Weiß sofort in die Opposition zieht. Sehen Sie selbst: 4. ... ♔c8 5. ♔c6 ♔d8 6. d7 (oder 4. ... ♔e8 5. ♔e6 ♔d8 6. d7). Mit dem letzten Zug greift der weiße Bauer die beiden Felder c8 und e8 auf der Grundreihe an, so dass dem schwarzen König nurmehr das Fluchtfeld e7 verbleibt, worauf Weiß

mit dem Königszug nach c7 die Partie entscheidet, weil der Bauer im nächsten Zug d8 erreicht.
Schwarz hat nur einen richtigen Zug nämlich:

4. ... ♔d8

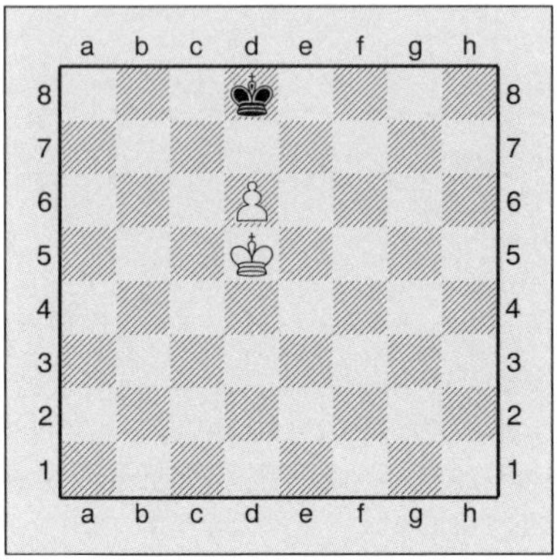

Jetzt kann Weiß nicht in Opposition ziehen, weil das Oppositionsfeld (d6) vom eigenen Bauern verstellt ist. Es bleiben ihm also nur die Züge nach c6 und e6 und Schwarz kann immer nach c8 und e8 in Opposition ziehen, z. B

5. ♔c6 ♔c8
6. d7+ ♔d8
7. ♔d6 patt (remis)

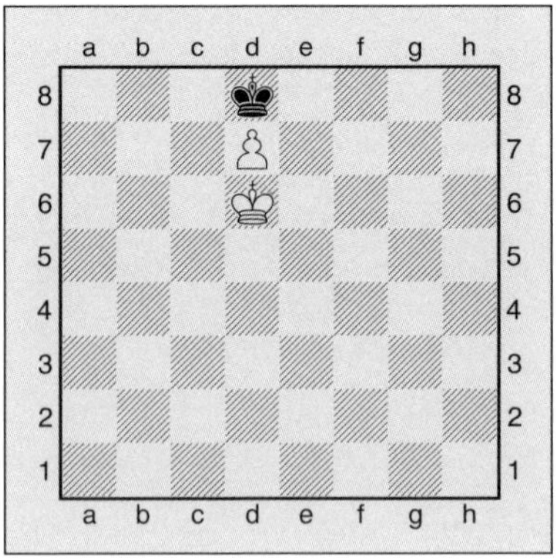

Schwarz kann nicht mehr ziehen und steht auch nicht im Schach. Die Partie ist patt und damit unentschieden. Weiß hatte für seinen letzten Zug keine vernünftige Alternative, weil er sich sonst von seinem Bauern hätte entfernen müssen, der dann vom Gegner geschlagen worden wäre. Hätte Weiß aber im 6. Zug den Bauern nicht vorgeschoben, so hätte er mit dem König ziehen müssen, worauf der schwarze König sofort wieder nach d7 den Bauern blockiert hätte. Dieses Beispiel hat deutlich gemacht, dass Weiß mit dem Mehrbauern nicht gewinnen kann, wenn der Bauer zwischen den beiden Königen steht. Gewinnchancen sind erst gegeben, wenn der Bauer hinter dem weißen König steht und der weiße König die Opposition erzwingen kann.

Damit kommen wir zum nächsten Beispiel, das ganz anders liegt. Hier stört der Bauer nicht, weil er nicht zwischen den beiden Königen steht. In dieser Position entscheidet wieder, welcher König die Opposition bekommt. Wenn Schwarz am Zug ist, dann hat Weiß die Opposition und gewinnt, wenn aber Weiß am Zug ist, dann hat Schwarz die Opposition und hält wieder remis. Warum ist das so? Ganz einfach, weil der Weiße keinen Wartezug mit dem Bauern hat und mit dem König ziehen muss.

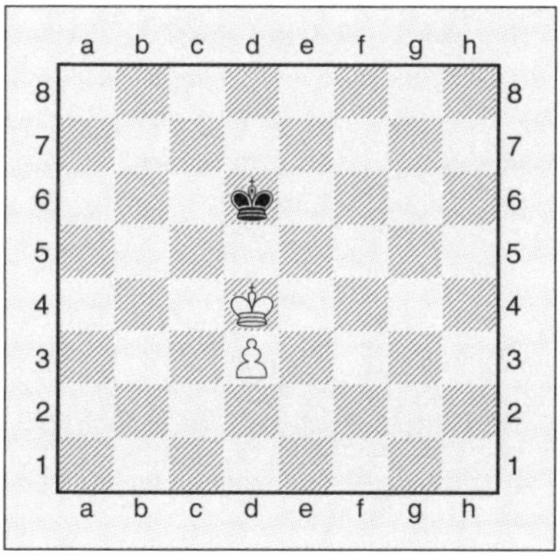

Wenn in dieser Position Weiß nicht am Zuge wäre, könnte er mit der Opposition leicht gewinnen, z. B. : 1. ... ♔e6 2. ♔c5 ♔d7 3. ♔d5 (Opposition) ♔c7 4. ♔e6 ♔d8 5. ♔d6 (Opposition) ♔e8 6. d4 ♔d8 7. d5 ♔c8 8. ♔e7 ♔c7 9. d6+ usw. Genauso verläuft es nach 1. ♔c6 2. ♔e5 ♔d7 3. ♔d5 (Opposition) usw.

Weil aber in der obigen Stellung Weiß am Zug ist, kann er nicht gewinnen, weil Schwarz die Opposition hat.

1.	♔c4	♔c6
2.	♔d4	♔d6
3.	♔e4	♔e6

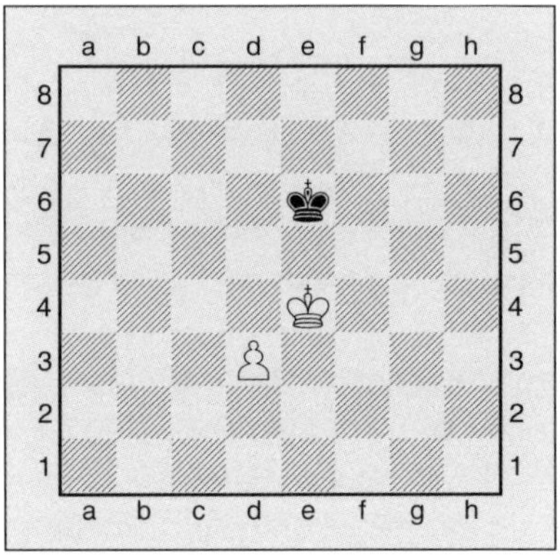

Weiß kommt nicht weiter, es bleibt ihm nichts anderes übrig, als schließlich doch mit dem Bauern zu ziehen.

4.	d4	♔d6
5.	d5	♔d7
6.	♔e5	♔e7
7.	d6+	♔d7
8.	♔d5	

Und nun ist wieder, wie im ersten Beispiel eine Remis-Stellung entstanden, weil der Bauer zwischen den beiden Königen steht.

Unser drittes und letztes Beispiel ist nun einfach, weil Weiß auch gewinnt, wenn er am Zug ist:

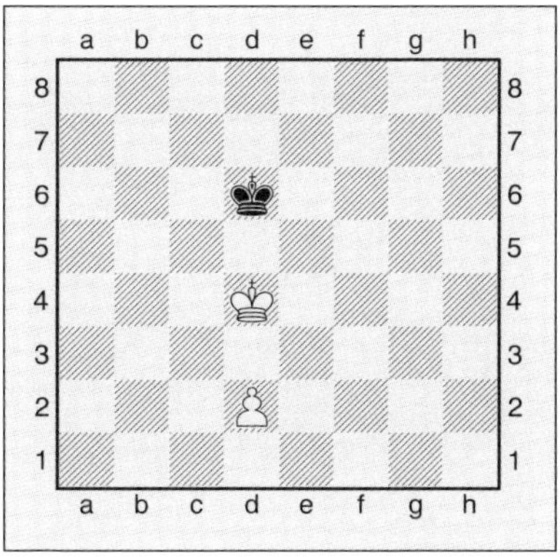

Zwar hat in dieser Bildstellung der schwarze König die Opposition, aber Weiß kann mit dem Bauern einen Wartezug ausführen und damit die Zugpflicht auf den Gegner übertragen; damit hat Weiß die Opposition gewonnen:

1.	**d3**	**♔e6**
2.	**♔c5**	**♔d7**
3.	**♔d5**	**♔c7**
4.	**♔e6**	**♔d8**
5.	**♔d6**	**♔e8**
6.	**d4**	**♔d8**
7.	**d5**	**♔e8**
8.	**♔c7**	**♔e7**
9.	**d6+**	**♔e8**
10.	**d7+**	**♔e7**
11.	**d8♕+**	**...**

und der weiße Bauer hat sich in eine Dame verwandelt, womit die Partie leicht gewonnen ist.

In den bisherigen Endspielen wurde eine gewisse Fertigkeit erworben. Trotzdem war das Spiel bisher einfach, denn es war immer nur ein Zug vorauszuplanen. Jetzt wird das Spiel interessanter, denn bei dem nun folgenden Beispiel heißt es schon weiter vorauszudenken, ja ganze Zugfolgen zu planen. Es geht um den Kampf von König und Dame gegen König und Bauer, der dadurch entstehen kann, dass beide Parteien nur je einen Bauern besitzen, wobei sich der Bauer der einen Partei früher in eine Dame verwandeln kann. Hier ist die Ausgangsstellung:

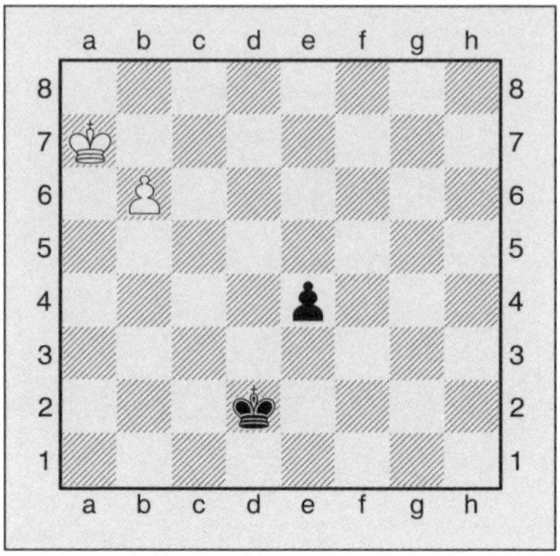

Jede Partei versucht nun, möglichst rasch ihren Bauern in eine Figur zu verwandeln. Da der weiße Bauer weiter vorgeschoben ist, erreicht er zuerst das Verwandlungsfeld:

1.	**b7**	**e3**
2.	**b8♕**	**...**

(Der weiße Bauer zieht nach b8 und verwandelt sich in eine Dame).

2.	...	**e2**

Damit ist die Ausgangsposition entstanden, die unserem weiteren Endspiel zugrunde liegt.

Bevor man als Weißer nun die Partie gewinnen kann, muss man zunächst überlegen, wie der Gewinnweg aussieht. Das ist gar nicht so einfach, denn es ist eine lange Zugfolge erforderlich, bis der Gewinn sichergestellt ist.

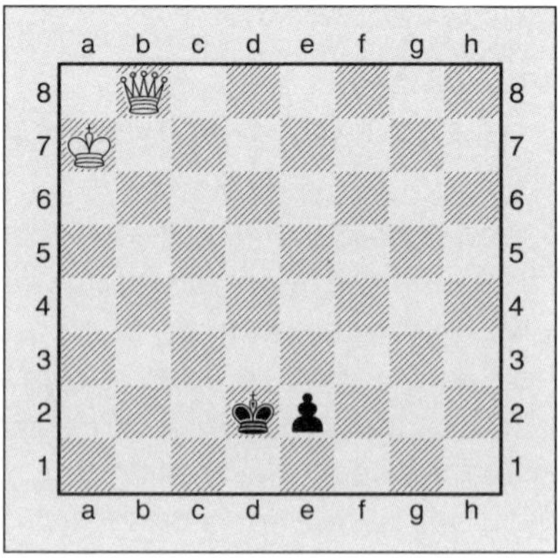

Weiß muss auf jeden Fall verhindern, dass jemals der schwarze Bauer nach e1 ziehen kann und sich ebenfalls in eine Dame verwandelt; denn dann wäre die Partie sofort remis. Wenn aber der schwarze König richtig zieht und sich nicht von seinem Bauern entfernt, dann kann dieser auch nicht von der weißen Dame geschlagen werden. Um diesen Bauern also zu gewinnen, muss unbedingt der weiße König bis zum schwarzen Bauern gespielt werden, um diesen dann mit der Dame vereint anzugreifen. Ein weiter Weg für den König, der vorbereitet werden muss; denn sobald der weiße König ziehen würde, hätte Schwarz Gelegenheit, den Bauern vorzuziehen und zu verwandeln. Aber gerade das muss verhindert werden. Es liegt also eine heikle Situation vor; solange Weiß mit jedem Zug Schach dem gegnerischen König bietet, kann zwar Schwarz (weil er immer auf das Schach reagieren und mit dem König ziehen muss) seinen Bauern nicht ziehen, aber auch Weiß kann seinen König nicht bewegen. Ein Teufelskreis, wie es scheint.
Dennoch ist der Lösungsweg verblüffend einfach. Weiß muss den Schwarzen in eine Stellung zwingen, in der Schwarz am Zug ist, ohne dass sein König im Schach steht, und dennoch nicht mit seinem Bauern ziehen kann. Es gibt nur eine solche Position, nämlich die folgende:

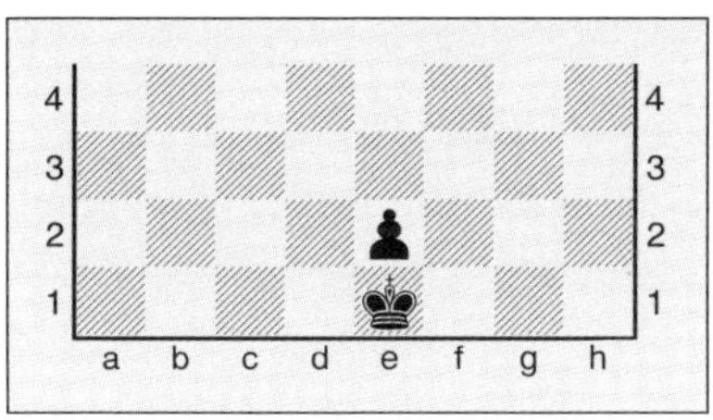

Nur in dieser Situation kann Schwarz am Zug nicht mit dem Bauern ziehen, weil er vom eigenen König blockiert wird. In diese Position wird sich Schwarz selbstverständlich nicht freiwillig begeben, aber Weiß kann ihn durch kluges Spiel dazu zwingen und damit ein wichtiges Tempo gewinnen; denn diesen einen Zug, den Weiß durch dieses Manöver gewinnt und dadurch einmal mit seiner Dame nicht Schach dem König geben muss, nützt Weiß, um seinen König um ein Feld näher in Richtung schwarzer Bauer zu ziehen. Dann, nachdem der schwarze König gezogen und seinen Bauern wieder beweglich gemacht hat, beginnt das Spiel von vorne, bis wieder die obige Stellung entstanden ist.
Nach diesen Überlegungen können wir nun an die Ausführung der Strategie gehen. Wir wiederholen noch einmal die vorgegebene Position und be-

ginnen zunächst damit, durch Schachgebote die weiße Dame möglichst nahe an den schwarzen König zu spielen.

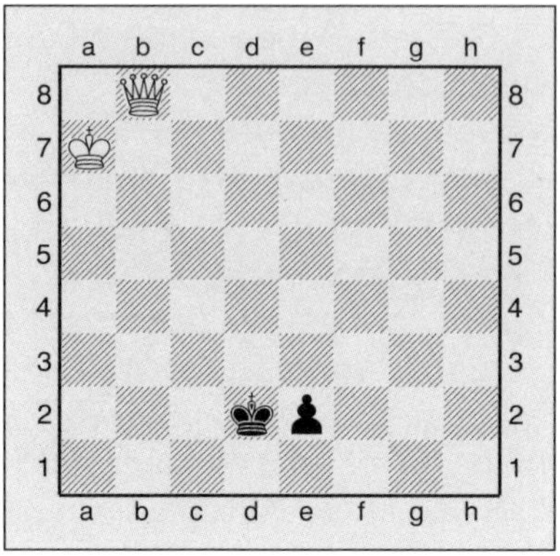

1.	**♕d6+**	**♔c2**
2.	**♕c5+**	**♔d2**
3.	**♕d4+**	**♔c2**

Jetzt kann die Dame nicht mehr näher an den schwarzen König herangeführt werden. Weitere Schachgebote führen nicht weiter, z. B. 4. ♕c4+ ♔d2 5. ♕d4+ ♔c2 usw.

Doch der nächste weiße Zug ist der Schlüssel zum Erfolg, denn er zwingt den schwarzen König, seinen Bauern zu schützen, und dabei muss der schwarze König die vorletzte Reihe verlassen und auf die Grundlinie zurückziehen.

4.	**♕e3**	**...**

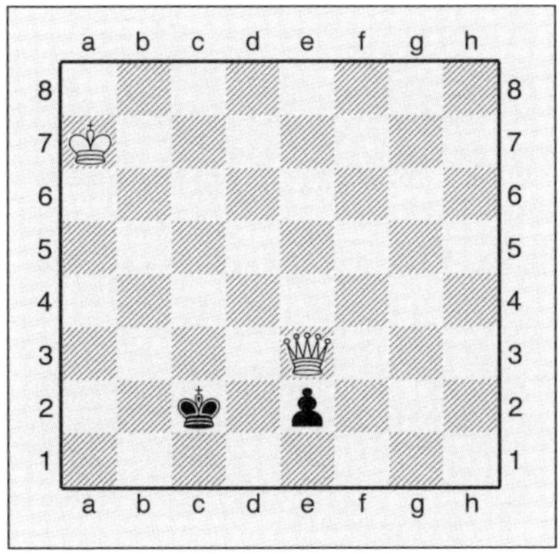

4. ... ♔**d1**
5. ♕**d3+** ...

Das ist die entscheidende Position, in welcher der schwarze König nur zwei Möglichkeiten hat: Zieht er nach c1, dann würde sofort der Bauer geschlagen werden; um ihn zu schützen bleibt Schwarz nur ein Zug:

5. ... ♔**e1**

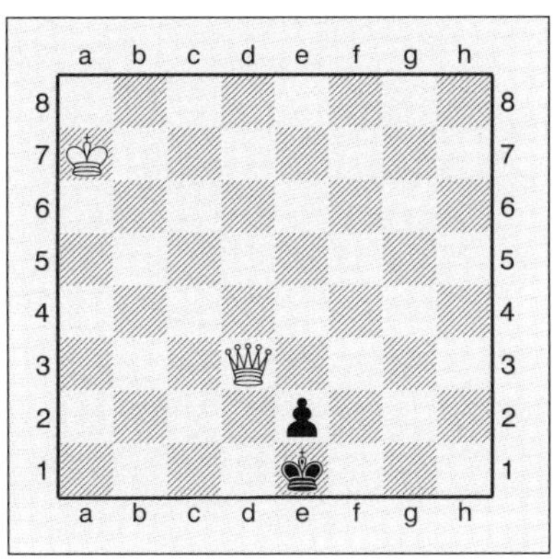

Damit hat Weiß sein gestecktes Ziel erreicht und kann nun das gewonnene Tempo für einen Königszug verwenden.

6. ♔**b6** ♔**f2**

Jetzt droht Schwarz schon wieder, mit dem Bauern nach e1 vorzuziehen und in eine Figur zu verwandeln. Deshalb muss Weiß nach dem gleichen Schema wie vorher erneut die schwarze Blockadestellung zu erzwingen suchen.

7. ♕f5+ ♔g2
8. ♕g4+ ♔f2
9. ♕f4+ ♔g2
10. ♕e3 ♔f1
11. ♕f3+ ♔e1

Wieder ist die Blockadestellung erreicht, und Weiß kann erneut seinen König näher bringen.

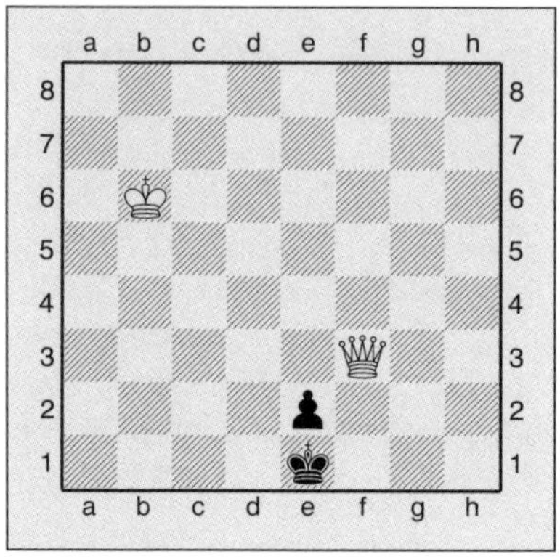

12. ♔c5 ♔d2
13. ♕d5+ ♔c2
14. ♕c4+ ♔d2
15. ♕d4+ ♔c2
16. ♕e3 ♔d1
17. ♕d3+ ♔e1

Jetzt wird das Spiel schon zur Routine. Wieder kann der weiße König das gewonnene Tempo nutzen. Seine Nähe kürzt jetzt das weitere Verfahren ab.

18. ♔d4 ♔f2
19. ♕e3+ ♔f1
20. ♕f3+ ♔e1
21. ♔d3 ...

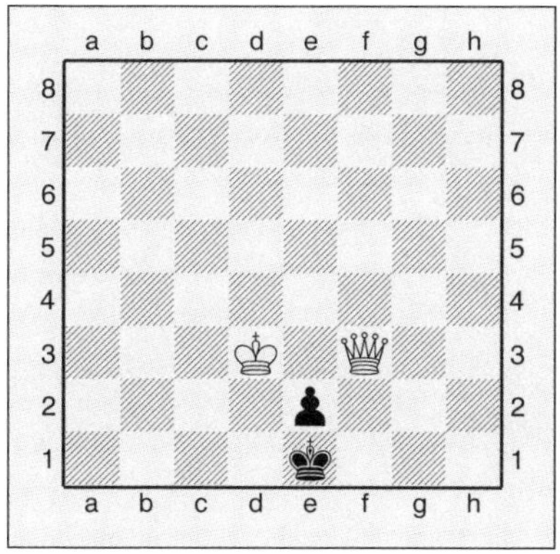

Damit ist das gesteckte Ziel erreicht, und der schwarze Bauer von beiden gegnerischen Figuren angegriffen. Der Bauer fällt und damit auch die Partie.

21.	**...**	**♔d1**
22.	**♕xe2+**	**♔c1**
23.	**♕c2 matt.**	

Der Vollständigkeit halber muss noch erwähnt werden, dass in dem letztgenannten Endspiel ein Gewinn mit der Dame nicht erzwungen werden kann, wenn Schwarz anstatt eines Bauern auf der e-Linie (oder b-, d-, g-Linie) einen Bauern auf den Linien a, c, f oder h hat. Dies verhindert jeweils eine Pattstellung, mit deren Hilfe der schwarze König in der entscheidenden Stellung seinen auf das Verwandlungsfeld einzugsbereiten Bauern nicht blockieren muss. Damit gewinnt Weiß kein Tempo, so dass der weiße König keine Möglichkeit hat, zum schwarzen Bauern heranzuziehen. Die beiden folgenden Beispiele machen das leicht verständlich:

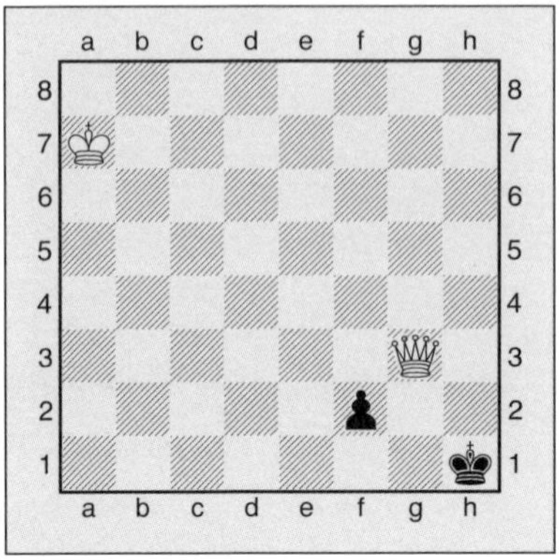
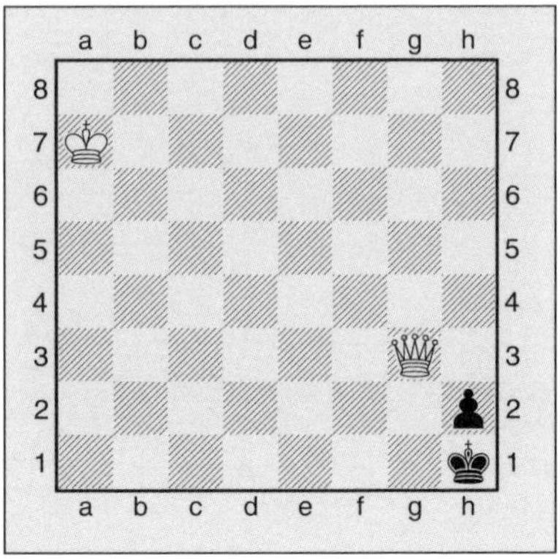

In der linken Bildstellung hat Schwarz einen f-Bauern. Auf das letzte Schachgebot der weißen Dame musste der schwarze König von g1 nicht nach f1 und damit den Bauern blockieren, sondern er konnte es sich leisten, nach h1 zu ziehen; denn jetzt kann der Bauer nicht geschlagen werden – wegen Patt. In der rechten Bildstellung mit dem schwarzen h-Bauern folgte auf das Schachgebot der weißen Dame der schwarze Königszug nach h1 mit drohendem Patt. In beiden Fällen kann Weiß kein Tempo für einen Königszug gewinnen.

Damit sind die Grundkenntnisse über die Gangart und die Mattführung der Figuren abgeschlossen. Sie haben nun die Fähigkeit erlangt, die einzelnen Schachsteine korrekt zu ziehen und mit dem entsprechenden Figurenmaterial im Endspiel zu gewinnen. Nun können wir uns dem Beginn einer Schachpartie, der Aufstellung und der Eröffnung zuwenden.

11. Aufstellung

Zu einem vollständigen Figurensatz gehören insgesamt 32 Steine, 16 weiße und 16 schwarze. Diese werden zu Beginn einer Partie auf den gegenüberliegenden Brettseiten aufgestellt. Auf der ersten Reihe sind die 8 weißen Figuren postiert, davor auf der zweiten Reihe werden die 8 weißen Bauern aufgestellt. Die schwarzen Figuren nehmen gegengleich auf der 7. und 8. Reihe ihre Plätze ein. Auf den Eckfeldern des Schachbretts stehen die Türme, daran schließen sich jeweils ein Springer und dann ein Läufer auf jeder Seite an. In der Mitte stehen die Dame und der König, wobei die Dame die Felderfarbe bestimmt: Die weiße Dame steht auf einem weißen Feld, die schwarze Dame auf einem schwarzen Feld. Die beiden Könige und die Damen stehen sich somit genau gegenüber. So sieht die Grundstellung aus:

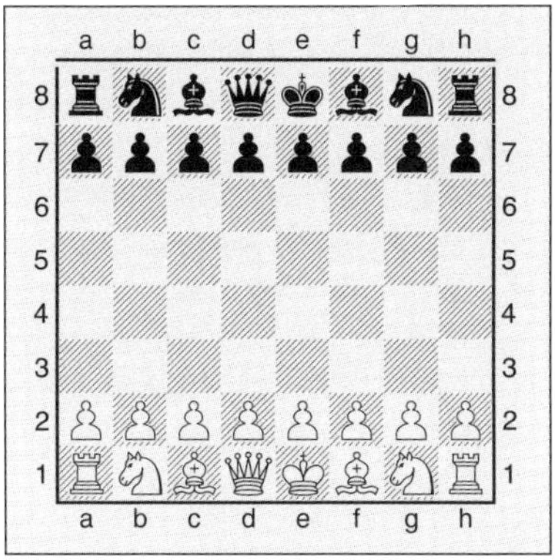

Wer die weißen Steine führt, eröffnet die Partie mit dem ersten Zug, Schwarz erwidert, dann zieht wieder Weiß usw. Weiß wird daher der Anziehende, Schwarz der Nachziehende genannt. Wer von beiden Partnern Weiß bekommt, wird vor der ersten Partie ausgelost, indem z. B. ein Spieler in die eine geschlossene Faust einen weißen Bauern und in die andere Hand einen schwarzen Bauern nimmt, der Partner wählt. Die Bauernfarbe zeigt dann die Farbe der Figuren an. In den weiteren Partien wechselt jeweils die Figurenfarbe. Natürlich muss nicht nach jeder Partie das Brett gedreht werden. Die weißen Figuren können auch dort aufgestellt werden, wo in der obigen Stellung die schwarzen Figuren stehen. Nur bei der Notation oder beim Nachspielen von Partien ist die obige Bildstellung wegen der Felderbezeichnung einzuhalten.

Wir beginnen nun eine Partie mit einer einfachen Eröffnung, um zunächst Sinn und Zweck der ersten Partiezüge verständlich zu machen. Zuerst müssen Bauernzüge ausgeführt werden, um den auf der dahinter liegenden Reihe stehenden Figuren die Möglichkeit zu geben, am Spiel teilzunehmen, oder wie man sagt, die Figuren zu entwickeln. Dabei sollen nur die notwendigsten Bauern gezogen und möglichst schnell die Figuren ins Spiel gebracht werden; denn je schneller die Figuren aus ihrer Grundposition gebracht werden, desto verteidigungsfähiger ist die eigene Stellung und desto sicherer ist man vor überraschenden Blitzangriffen des Gegners. Dabei sollen aus gutem Grunde – was später noch begründet wird – möglichst nur die Mittelbauern (z. B. für Weiß e2, d2 und evtl. noch f2, c2) gezogen werden. Soweit möglich, ziehen die Bauern gleich einen Doppelschritt, um entsprechenden Operationsraum für die eigenen Figuren zu gewinnen; denn mehr Raum bringt bessere Möglichkeiten bei der Figurenentwicklung. Diese Grundkenntnisse sind nötig, um die nun folgenden ersten Züge zu verstehen, die noch keine tiefgründigen, strategischen Überlegungen erfordern. Sie haben nur das Ziel, möglichst schnell die eigenen Figuren in Stellung zu bringen.

1.	**e4**	**e5**
2.	**♗c4**	**♗c5**
3.	**d3**	**d6**
4.	**♘f3**	**♘f6**
5.	**♗d2**	**♗d7**
6.	**♘c3**	**♘c6**
7.	**♕e2**	**♕e7**

Damit ist eine symmetrische Stellung (siehe nächstes Diagramm) entstanden, nachdem Schwarz die spiegelbildgleichen Züge wie Weiß gemacht hat. Das geht nicht immer. Es wurden hier nur deshalb diese Züge gewählt, um anhand der entstandenen Stellung nun einen weiteren wichtigen Zug – die Rochade – anschaulich erläutern zu können.

12. Rochade

In der nach den ersten sieben Partiezügen entstandenen Partiestellung sind bereits alle Leichtfiguren und die Damen entwickelt, d. h. aus ihrer Grundstellung in eine Angriffsposition gebracht. Nur der König und die Türme haben noch nicht gezogen. Der König, Zielpunkt gegnerischer Angriffe, sollte in eine sichere Position gebracht werden. Hingegen sollten die beiden Türme schnell am Spiel teilnehmen. Dieses Vorhaben, nämlich den König zu sichern und die Türme ins Spiel zu bringen, kann sehr schnell erreicht werden durch die Rochade. Es ist der einzige Doppelzug in einer Schachpartie, d. h. ein Zug, bei dem gleichzeitig zwei Figuren bewegt werden. Ausgeführt wird die Rochade mit dem König und mit einem Turm.

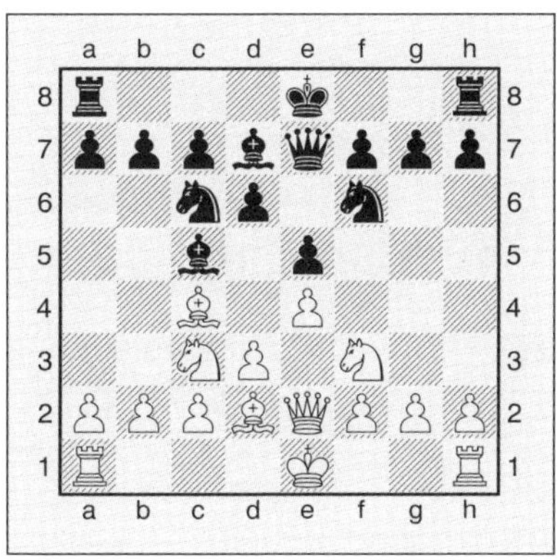

In der bisher entstandenen Stellung können beide Parteien rochieren. Die Rochade wird ausgeführt, indem der König entweder nach der einen oder der anderen Seite in Richtung eines Turmes nicht wie gewöhnlich ein Feld weiterzieht, sondern einen Doppelschritt ausführt, und dieser Turm über den König hinweg auf das nächste Feld gestellt wird. In der obigen Bildstellung können beide Könige sowohl die kurze Rochade auf die Königsseite (zwischen König und Turm liegen zwei Felder) als auch die lange Rochade auf den Damenflügel (zwischen König und Turm liegen drei Felder) ausführen. Weiß führt zum Beispiel die kurze Rochade so aus, dass der König von e1 nach g1 zieht und der Turm von h1 nach f1 gestellt wird (die Notation lautet: 0-0).

Weiß kann aber auch mit dem König von e1 nach c1 und dem Turm von a1 nach d1 die lange Rochade (0-0-0) wählen. Die gleichen Möglichkeiten hat Schwarz. Wenn beide Parteien die kurze Rochade ausführen, dann sieht das in Notation und Bildstellung so aus:

8. 0-0 0-0

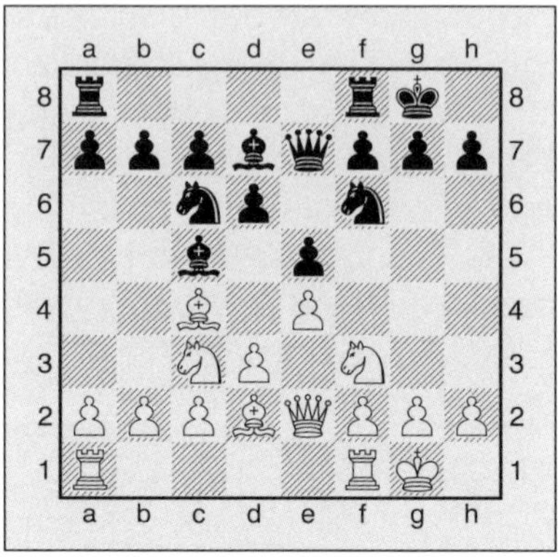

Der Vorteil der Rochade liegt auf der Hand. Beide Parteien haben nun ihren König aus der Mitte in die sichere Ecke manövriert, wohin gegnerische Angriffe schwieriger zu richten sind.
Gleichzeitig sind die Könige durch die davorstehenden Bauern besser geschützt. Das ist auch der Grund, warum in den ersten Zügen möglichst die Flügelbauern nicht gezogen werden sollen, damit sie Schutz bieten können; denn vorgezogene Bauern ermöglichen dem Gegner ein Eindringen in die Stellung mit Figuren und Bauernangriffe, um Linien zu öffnen und einen Mattangriff zu starten. Ein weiterer Vorteil der Rochade ergibt sich für die Türme, die nun verbunden sind und auf beliebige Felder der Grundlinie gestellt werden können, um von dort eigene Angriffe zum Beispiel durch Vorschieben der eigenen Bauern zu unterstützen.
Die Rochade ist allerdings nur möglich, wenn folgende Voraussetzungen gegeben sind:
1) Zwischen dem König und dem an der Rochade beteiligten Turm dürfen keine eigenen und feindlichen Figuren stehen.

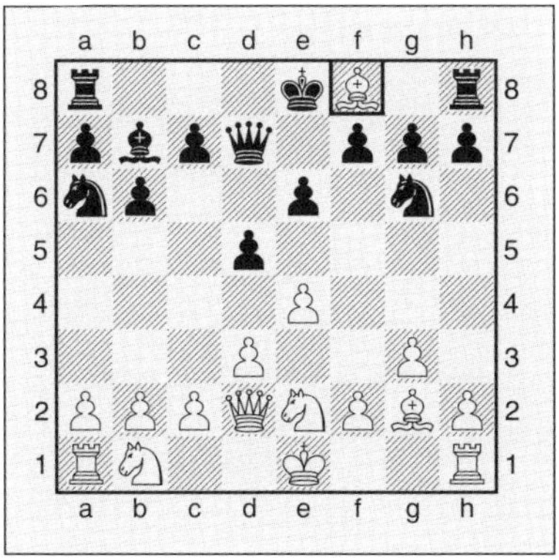

In der Bildstellung kann Weiß nicht lang rochieren (weil der weiße Springer auf b1 dies verhindert – erst wenn dieser wegzieht könnte im folgenden Zug die lange Rochade durchgeführt werden), aber er kann kurz rochieren. Bei Schwarz ist es anders: Weiß hat zuletzt mit seinem Läufer den schwarzen Läufer auf f8 geschlagen. Nun kann Schwarz im nächsten Zug nicht kurz rochieren; er kann aber mit dem König oder mit dem Turm von h8 oder mit dem Springer auf g6 den Läufer zurückschlagen. Schwarz könnte aber sofort – wenn er auf das Schlagen des weißen Läufers verzichtet – lang rochieren.

2) Die an einer Rochade beteiligten Figuren (König und Turm) dürfen vor Ausführung der Rochade noch nicht gezogen haben.

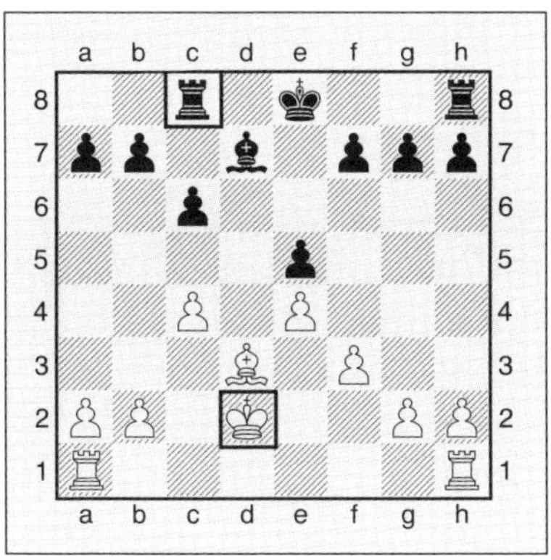

Nach dem Diagramm kann Weiß nicht mehr rochieren (weder lang noch kurz), denn er hat bereits mit dem König gezogen. Auch ein vorheriges Zurückziehen des Königs nach e1 ermöglicht keine Rochade mehr, ein einmal ausgeführter Königszug verhindert das. Schwarz dagegen hat bereits mit seinem Damenturm nach c8 gezogen. Er kann deshalb nicht mehr die lange Rochade ausführen, er kann aber selbstverständlich noch kurz rochieren.

3) Bei Ausführung der Rochade darf der König nicht im Schach stehen und kein Schachfeld (von einer gegnerischen Figur angegriffenes Feld) überschreiten.

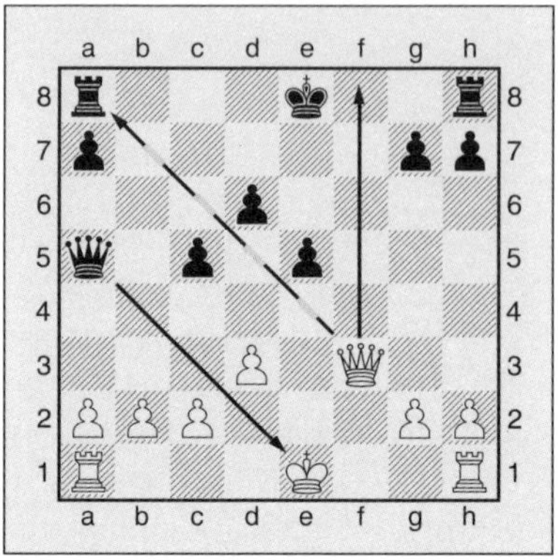

In der Bildstellung kann Weiß keine Rochade ausführen, weil er im Schach der schwarzen Dame steht. Er müsste zunächst das Schachgebot z. B. durch den Bauernzug nach c3 ausschalten, um dann im nächsten Zug zu rochieren. Schwarz hingegen kann nicht kurz rochieren, weil er dabei ein Schachfeld der weißen Dame (nämlich f8) überschreiten müsste. Er kann aber in der Diagrammstellung sofort die lange Rochade ausführen (dass z. B. der schwarze Turm auf a8 von der weißen Dame angegriffen ist, ist unerheblich).

Zur Rochade noch eine grundsätzliche Bemerkung: Dieser Zug ist in jeder Partie fast unerlässlich. Der Anfänger sollte daher immer darauf achten, möglichst bald die Rochade auszuführen. In der Spiel- und Turnierpraxis kommt häufig die kurze Rochade, etwas seltener die lange Rochade vor und nur ausnahmsweise kann darauf verzichtet werden.

13. Eröffnung

Die ersten grundsätzlichen Überlegungen für die Eröffnungszüge einer Schachpartie wurden bereits unter dem Kapitel 11 erläutert. Zum besseren Verständnis sollen nun zwei eindrucksvolle Beispiele diese Prinzipien untermauern. Im ersten Beispiel begegnen wir dem „Idiotenmatt", so genannt, weil der Unterliegende wirklich dumm spielt. Die Bestrafung ist drastisch, denn in nur zwei Zügen wird der Weiße matt gesetzt. Es ist die kürzeste Mattführung, die aus der Grundstellung möglich ist.

1.	**f3**	**e6**
2.	**g4**	**♕h4 matt**

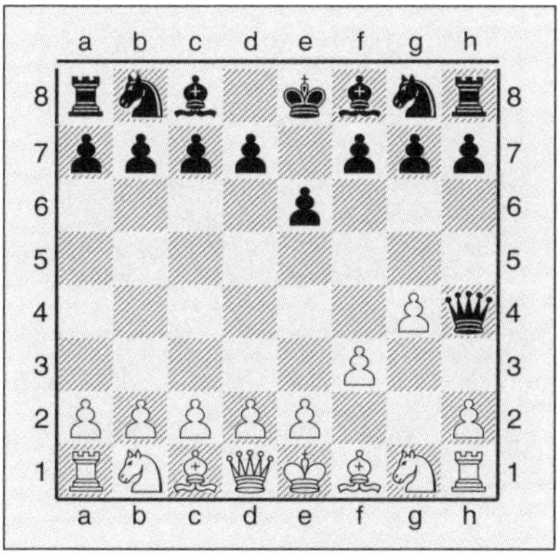

Dieses abschreckende Beispiel zeigt, welche verhängnisvolle Folgen so unüberlegte Bauernzüge haben können. Denn jeder Bauernzug, der nicht notwendig ist, schwächt die Stellung und ermöglicht das Eindringen gegnerischer Figuren. Hier war es die schwarze Dame, die in dem entblößten Königsflügel eine Lücke findet und den wehrlosen König mattsetzt.

Das weitere Beispiel zeigt ebenfalls sehr deutlich, wo die Schwächen in der Anfangsphase einer Partie liegen. Es sind die Felder f2 für Weiß und f7 bei Schwarz, weil diese Punkte in der Grundstellung nur vom König alleine geschützt sind und diese Felder die ersten Angriffsziele des Gegners im Frühstadium einer Schachpartie darstellen.

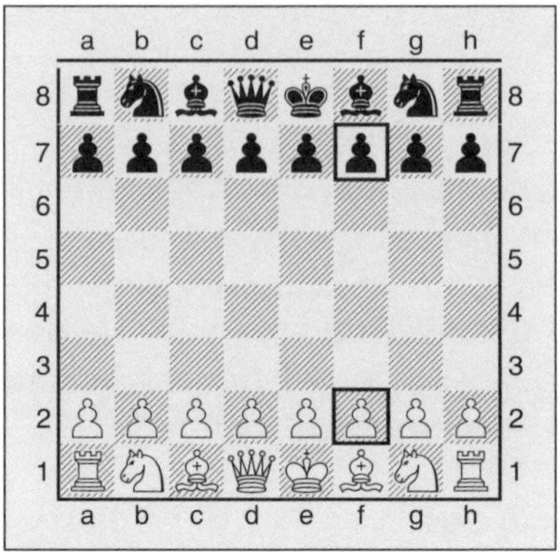

Das bekannte „Schäfermatt“ entsteht nach einem Doppelangriff auf diesen schwachen Punkt:

1.	**e4**	**e5**
2.	**♗c4**	**♗c5**
3.	**♕f3**	**d6**
4.	**♕xf7 matt**	

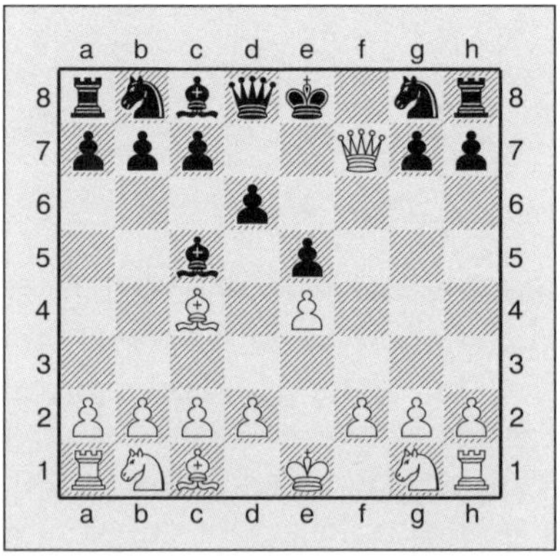

Natürlich ist diese Mattführung ebenso wie im ersten Beispiel nicht zwingend, sondern kann vom Gegner durch besseres Spiel leicht verhindert werden. In der vorstehenden Partie hätte Schwarz z. B. nur anstatt 3. ... d6 ganz einfach 3. ... ♘f6 ziehen können und schon war das Matt verhindert. Dieses Beispiel zeigt besonders deutlich, dass die rechtzeitige Entwicklung der eigenen Streitkräfte vor allem der Sicherung der eigenen Stellung dient und wirkungsvoller als reine Verteidigungszüge Gegenangriffe verhindert. Daneben ist aber auch die schnelle Figurenentwicklung wichtig, um nicht gegenüber dem Gegner in Entwicklungsnachteil zu geraten; denn wer seine Figuren schneller in Position gebracht hat, kann früher mit einem Angriff beginnen und hat somit die Initiative.

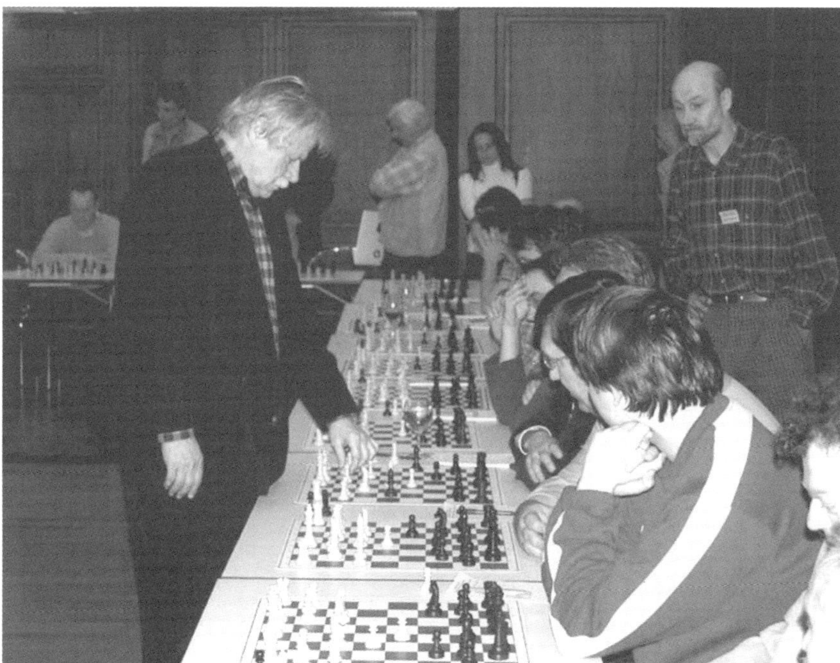

In einer Simultanvorstellung hat auch ein durchschnittlicher Schachspieler Gelegenheit, gegen einen Meister eine Schachpartie zu spielen. Dabei geht der Simultanspieler im Kampf gegen gleichzeitig eine größere Anzahl von Gegnern von Brett zu Brett, führt jeweils einen Zug aus, den sein jeweiliger Gegner bis zum Wiedereintreffen des Meisters beantwortet. Das Bild vermittelt einen Eindruck von einem Reihenspiel im Jahre 2007 von Großmeister Vlastimil Hort gegen 39 Gegner.

14. Figurenentwicklung

Unter schneller Figurenentwicklung versteht man, dass neben den notwendigsten Bauernzügen (zwei bis drei), welche die Wege für die Figuren freilegen sollen, die weiteren Züge in der Eröffnung (etwa bis zum 10. Zug) für das erstmalige Ziehen der Figuren verwendet werden sollen. Je schneller und je mehr Figuren entwickelt sind, um so besser für die eigene Sicherung, aber auch für den späteren Angriff.

Das ist keinesfalls einfach, auch wenn man spezielle Eröffnungskenntnisse besitzt. Selbst die besten Spieler der Welt können nicht immer verhindern, dass sie in Entwicklungsrückstand geraten, also nicht so schnell ihre Figuren entwickeln wie der Gegner.

Ein Rückstand in der Entwicklung entsteht durch Tempoverluste, wenn also unnötige oder zeitverzögernde Züge notwendigen Maßnahmen vorgezogen werden. Vier Hauptfehler kann man dabei machen, die es unter allen Umständen zu vermeiden gilt. Gelingt das, dann kann man nicht in Entwicklungsrückstand geraten. Je ein lehrreiches Beispiel dieser vier Gattungen soll diese Fehlerquelle verständlich machen und hilfreich dabei sein, diese Fehler zu vermeiden.

1) Beginnen wir mit dem bekannten „Seekadetten-Matt“, das besonders deutlich macht, wie schnell eine vernachlässigte Figurenentwicklung zu Stellungsnachteil oder gar zum Partieverlust führen kann:

1.	**e4**	**e5**
2.	**♗c4**	**d6**
3.	**♘c3**	**h6**
4.	**♘f3**	**♗g4**

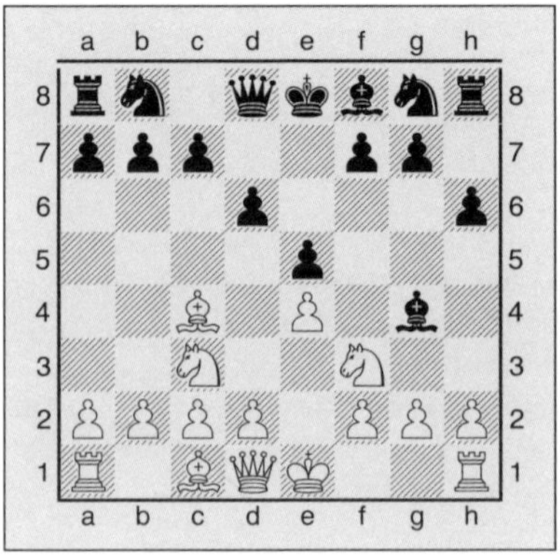

Die sorglosen Bauernzüge von Schwarz – wenigstens 3. h6 war unnötig – bringen ihm bereits einen Stellungsnachteil ein. Weiß hat bereits drei Figuren entwickelt und steht schon zum Angriff bereit.

5.	**♘xe5**	**...**

Diesem Scheinopfer liegt eine direkte Mattkombination zugrunde. Wenn Schwarz nun mit 5. ... dxe5 den weißen Springer verspeist, dann hält sich Weiß mit 6. ♕**x**g4 an dem Läufer schadlos und hat dabei einen Bauern gewonnen. Noch schlimmer kommt es aber für Schwarz, wenn er der Versuchung nicht widerstehen kann, die weiße Dame zu erobern:

5.	**...**	**♗xd1**
6.	**♗xf7+**	**Ke7**
7.	**♘d5 matt.**	

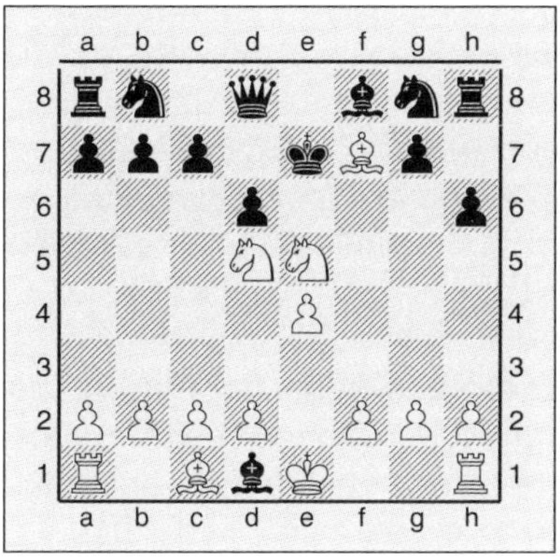

Nicht immer können Fehler in der Eröffnung gleich mit Matt bestraft werden, aber die schlechte Stellung bleibt und führt häufig zum späteren Verlust der Partie. Hier macht Schwarz den Fehler, zu viele Züge für das Bewegen von Bauern zu verwenden anstatt Figuren ins Spiel zu bringen.

2) Ein weiterer Fehler wird gemacht, wenn die Dame zu früh ins Spiel gebracht wird und dadurch Tempoverluste entstehen, indem der Gegner diese Zeit nutzt, um seine Figuren zu entwickeln und damit gleichzeitig die exponierte Dame angreift und zu weiteren Zügen zwingt:

1.	**e4**	**d5**
2.	**exd5**	**♕xd5**
3.	**♘c3**	**...**

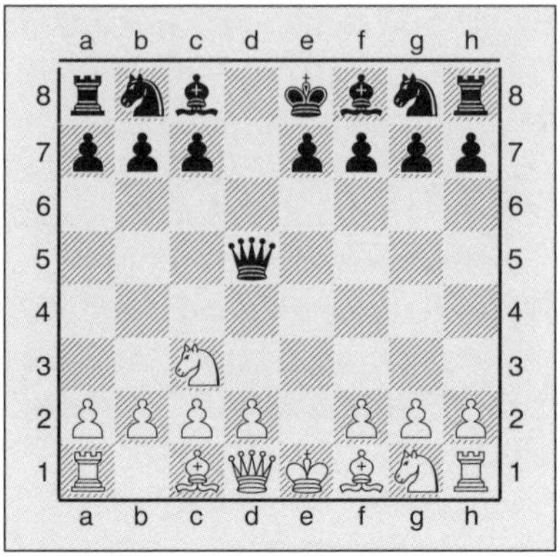

Mit dem letzten Zug bringt Weiß seine erste Figur ins Spiel und greift damit gleichzeitig die schwarze Dame in Brettmitte an, die nun weichen muss. Eine gute Antwort ist sicher 3. ... ♕d8, um die Dame weiteren gegnerischen Angriffen zu entziehen. Der folgende Zug sieht nur scheinbar gut aus, bringt aber in der Folge weitere Zeitverluste, weil die Dame in Brettmitte weitere Angriffe gegnerischer Figuren zu erwarten hat.

3. ... ♕e5+

4. ♗e2 ...

Selbst dieser Abwehrzug des Schachgebots ist als wirkungsvoller Entwicklungszug zu betrachten, weil der Läufer nun nach zwei Seiten wirkt und vor allem die Grundlinie verlassen hat, was das Streben nach baldmöglicher Durchführung der Rochade unterstützt.

4. ... ♘c6

5. ♘f3 ...

Wieder muss die schwarze Dame dem angreifenden Springer weichen. Sie ist gezwungen nun schon den dritten Zug auszuführen.

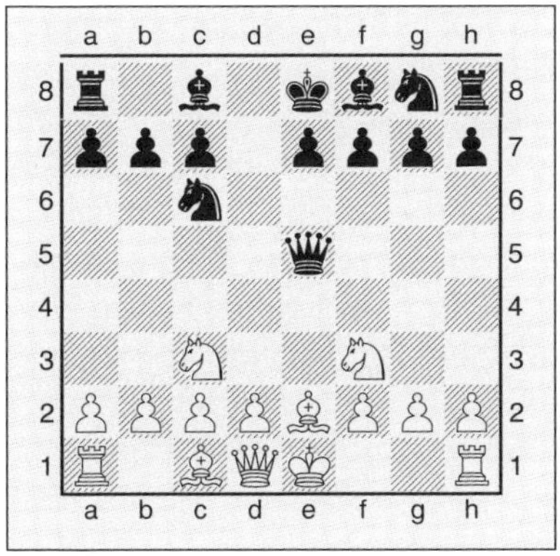

Wie die Bildstellung deutlich macht, hat Weiß bereits drei Leichtfiguren entwickelt, Schwarz hingegen nur eine. Weiß besitzt schon jetzt einen klaren Entwicklungsvorsprung, der bei präziser Fortsetzung noch deutlicher werden kann. Hier hat Schwarz den Fehler gemacht, seine Dame im Zentrum den gegnerischen Angriffen von entwickelnden Figuren auszusetzen und damit entscheidende Zeit verloren.

3) Das dritte Beispiel zeigt eine feinere Art des Tempoverlustes, wobei man schon genau hinsehen muss, um den Fehler herauszufinden. Eine Opferkombination beweist die Ungenauigkeit:

1.	**e4**	**e5**
2.	**d4**	**exd4**
3.	**Sf3**	**Sc6**
4.	**Lc4**	**Lc5**
5.	**Sg5**	**...**

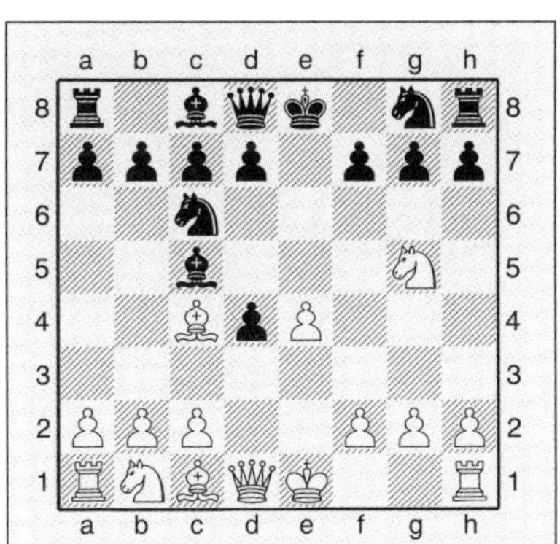

14. Figurenentwicklung

Der letzte weiße Zug war ein grundsätzlicher Fehler, weil mit dem Springer eine bereits gezogene Figur noch einmal gezogen wurde und damit dem Schwarzen die Möglichkeit gegeben ist, eine weitere Figur zu entwickeln und damit Entwicklungsvorsprung zu erhalten. Selbstverständlich stellte Weiß mit dem letzten Zug eine Drohung auf, er greift mit Springer und Läufer den schwachen Punkt f7 an. Diesen Angriff kann aber Schwarz leicht parieren. Er hat dafür zwei Möglichkeiten zur Auswahl, nämlich 5. ♘e5 und 5. ... ♘h6. Welcher Zug ist wohl der bessere? Die richtige Antwort liefert nicht der Augenschein, sondern logische Überlegung. Auch wenn der Zug 5. ... ♘e5 optisch und taktisch stärker aussieht, würde er doch nur den gleichen Fehler enthalten, wie ihn Weiß eben gemacht hat, nämlich eine bereits gezogene Figur noch einmal zu ziehen. Damit wäre die Chance vertan, in Vorteil zu kommen. Den sichert die Fortsetzung mit 5. ... ♘h6 zu (auch wenn der Springer am Brettrand nicht die beste positionelle Stellung einnimmt), weil damit eine weitere Figur entwickelt wird. Wir stellen beide Varianten gegenüber, wobei eine zwingende Opferkombination in den beiden parallelen Abspielen den Unterschied deutlich macht.

5. ... ♘e5

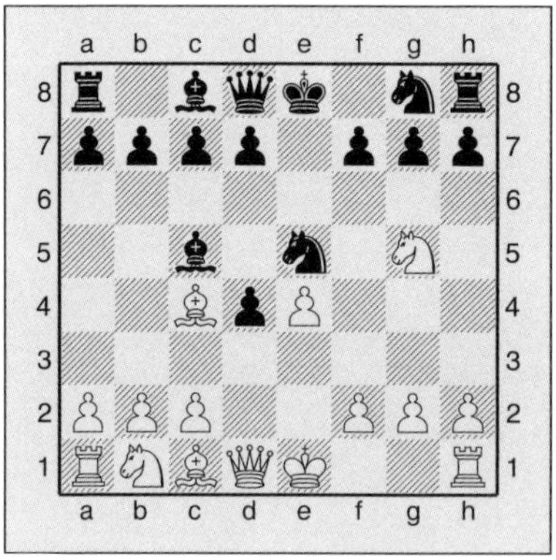

6. ♗xf7+ ♘xf7
7. ♘xf7 ♔xf7
8. ♕h5+ g6
9. ♕xc5 ...

5. ... ♘h6

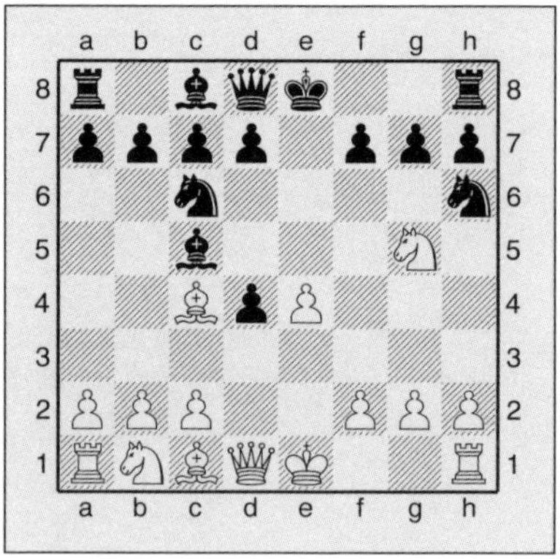

6. ♗xf7+ ♘xf7
7. ♘xf7 ♔xf7
8. ♕h5+ g6
9. ♕xc5 ...

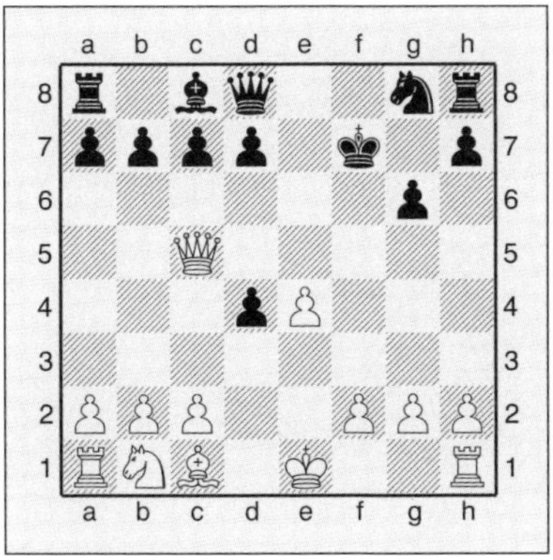

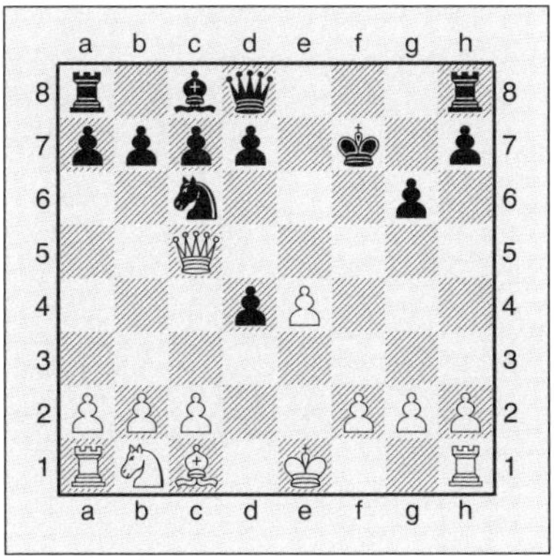

Mit dieser Kombination – Weiß hat auf f7 eine Figur geopfert und auf c5 zurückgewonnen – hat Weiß zwingend für den auf d4 geopferten Bauern einen anderen auf f7 zurückgeholt, so dass wieder Materialgleichheit besteht. Der Kombinationsablauf war in beiden Abspielen der gleiche, das Ergebnis bei näherer Untersuchung frappierend:

In der Fortsetzung mit dem schwächeren schwarzen Zug (5. ... ♘e5) erkennen wir in der linken Bildstellung, dass der Springer auf g8 noch immer nicht entwickelt ist. Der positionelle Nachteil liegt darin, dass Schwarz nicht weiß, wie er nun die beiden angegriffenen Bauern c7 und d4 gleichzeitig schützen soll, einer ist verloren. Ganz anders die rechte Bildstellung nach der Fortsetzung mit dem stärkeren Zug (5. ... ♘h6). Weder der Bauer auf c7 noch der auf d4 sind bedroht, weil sie vom Springer auf c6 abgedeckt und geschützt sind. Schwarz kann deshalb sofort die Initiative ergreifen und mit 9. ... ♖e8 den Bauern auf e4 bedrohen. Die Stellung steht für Schwarz deutlich besser, was die mögliche weitere Fortsetzung untermauert:

9.	**...**	**♖e8**
10.	**f3**	**d5**

Schon droht der weiße Bauer auf e4 (der an den weißen König gefesselt ist und selbst nicht schlagen kann) verloren zu gehen.

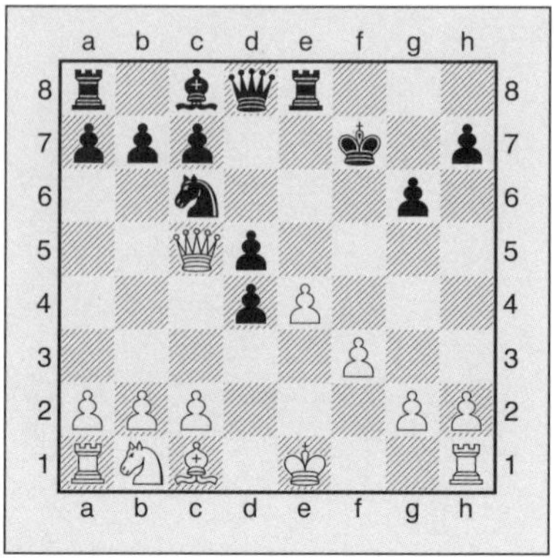

Das offenkundige Ergebnis dieses Beispiels macht deutlich, dass mehrfaches Ziehen mit ein und der gleichen Figur in den ersten Eröffnungszügen zu Tempoverlust und Entwicklungsrückstand führt. Zwar hat in diesem Beispiel Weiß den ersten Fehler gemacht, doch beim Anziehenden mit einem Zug Vorsprung fällt die Bestrafung nicht so deutlich aus, wie beim Nachziehenden.

4) Im letzten Beispiel kann rein arithmetisch ein Entwicklungsnachteil nachgewiesen werden.

1. e4 e5
2. ♘f3 ♘c6
3. d4 exd4
4. ♘xd4 ♗c5
5. ♘xc6 dxc6

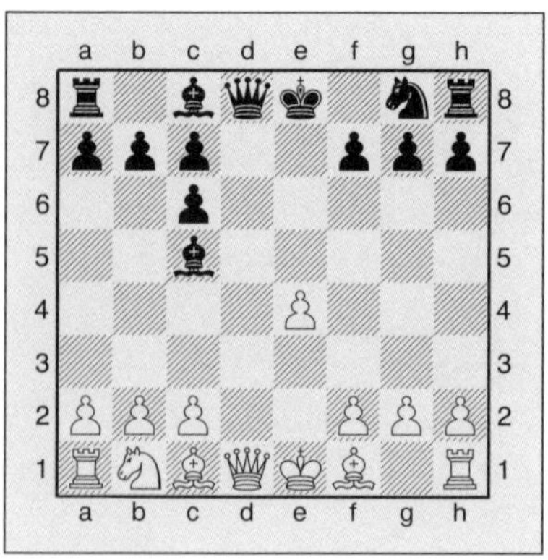

Hier hat Schwarz schon nach sechs Zügen eine Leichtfigur mehr im Spiel. Welcher der weißen Züge war schlecht und hat den Zeitverlust begründet? Ein einfaches Rechenexempel liefert den Beweis. Es war der Zug 5. ♘xc6 – er schenkt dem Schwarzen ein Tempo. Betrachten wir uns noch einmal die Stellung vor der Ausführung dieses Zuges:

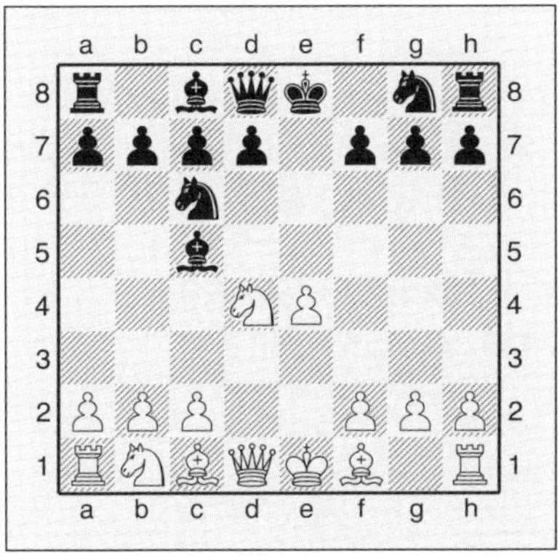

Der weiße Springer auf d4 hat bisher zwei Züge ausgeführt (♘f3 – ♘d4), ist also zwei Tempi wert. Der schwarze Springer auf c6 hat bisher nur einen Zug ausgeführt. Wenn der weiße Springer auf d4 nunmehr den schwarzen Springer auf c6 schlägt, verschwinden beide Figuren vom Brett – nachdem Schwarz zurückgeschlagen hat – wobei Weiß ein Zugtempo an Schwarz verloren hat. Mit Hilfe dieses Tempogewinns hat Schwarz seinen Läufer von f8 nach c5 entwickelt.
Wie hätte Weiß besser spielen können? Natürlich mit 5. ♗e3 in der obigen Bildstellung, womit das zeitliche Gleichgewicht erhalten geblieben wäre.
Diese Beispiele haben deutlich gemacht, wie ein Entwicklungsrückstand vermieden werden kann, nämlich nur die notwendigen Bauern ziehen, die Dame nicht frühzeitig in Brettmitte spielen, mehrmaliges Ziehen der gleichen Figur vermeiden und gegebenenfalls eine solche nicht falsch abtauschen.

15. Kampf ums Zentrum

In der Eröffnung einer Schachpartie geht es vom ersten Zug an um die Vorherrschaft im Zentrum des Schachbretts. Beide Parteien kämpfen um die Zentralfelder (e4, d4, e5, d5). Wer hier ein Übergewicht erlangen kann, hat Vorteile. Deshalb werden sowohl Bauern, als auch Figuren in ihren ersten Zügen möglichst so aufgestellt, dass sie auf die Zentralfelder wirken, diese besetzen oder indirekt Einfluss nehmen. Beide Parteien ziehen deshalb möglichst den Doppelschritt ihrer Zentrumsbauern (Weiß mit e4 oder d4), was natürlich der Gegner zu verhindern sucht (Schwarz mit e5 oder d5). Die optimalen Entwicklungsfelder für die Springer bilden f3, c3, f6, c6, weil von dort die Zentrumsfelder beherrscht werden können. Die folgenden Diagramme zeigen die Wirkung weißer Steine auf die Zentralfelder:

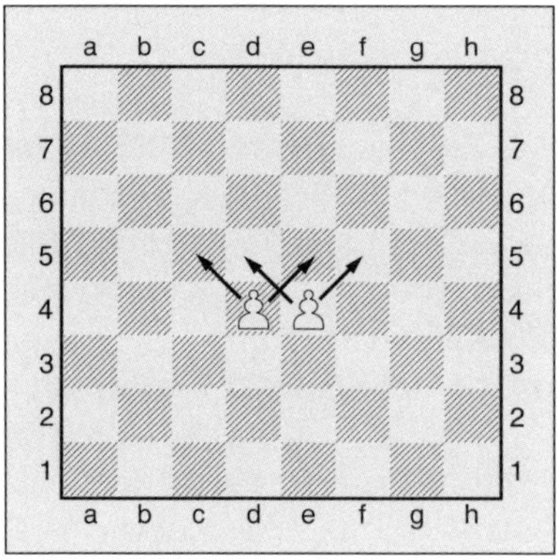

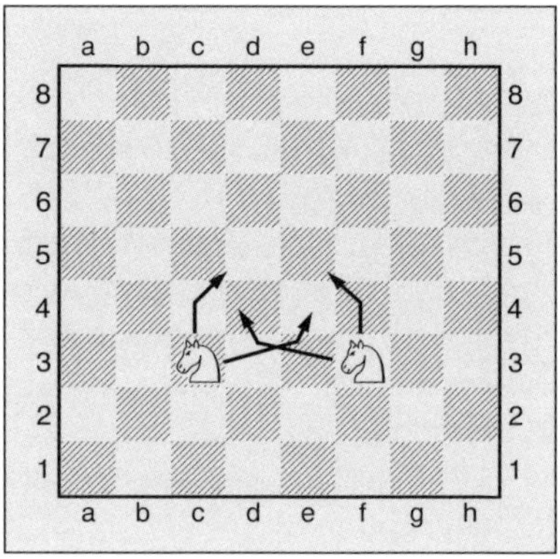

Auch die Läufer können so aufgestellt werden, dass sie auf das Zentrum wirken (Züge nach d3, c4, e3, f4; d6, c5, e6, f5). Beide Parteien suchen in den Eröffnungszügen günstige Figurenaufstellungen zu erreichen. Das alleine genügt aber nicht. Es muss auch der Kampf ums Zentrum aufgenommen werden. Wer dieses Ziel vernachlässigt, wird bald in Nachteil kommen und schon in der Eröffnung Schwierigkeiten beim Auffinden guter Züge bekommen. Dieses Problem wird im nachfolgenden Beispiel deutlich hervortreten: Während Weiß sich zum Zentrum hin entwickelt, tut Schwarz dies über die Flügel. Das alleine ist nicht von Nachteil, aber er vernachlässigt dabei seinen Einfluss auf das Zentrum:

1. e4 g6
2. d4 ♗g7
3. ♘f3 b6
4. ♗d3 ♗b7
5. 0-0 ...

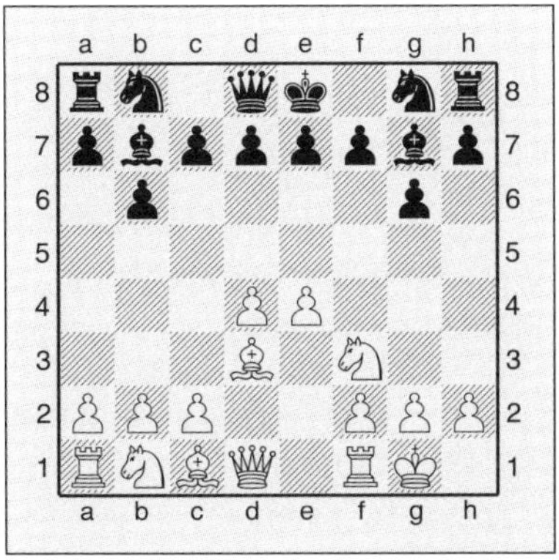

Schwarz hat schon Schwierigkeiten. Wenn er seine Springer nach c6 und f6 entwickelt, muss er mit Bauernangriffen rechnen. Spielt er aber weiterhin defensiv, wie in den weiteren Zügen, kann Weiß sein Übergewicht im Zentrum festigen.

5. ... e6
6. c4 ♘e7
7. ♗e3 0-0
8. ♘c3 d6

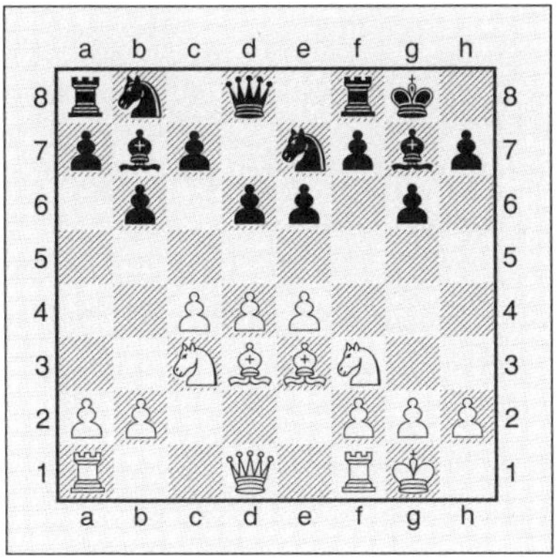

15. Kampf ums Zentrum

Das Übergewicht der weißen Stellung ist offenbar, Raumvorteil und Beherrschung des Zentrums deutlich sichtbar. Schwarz hat den Kampf ums Zentrum nicht aufgenommen.
Das nächste Beispiel zeigt, wie sich eine Partie entwickelt wenn beide Parteien zwingend spielen und beide um die Vorherrschaft im Zentrum kämpfen:

1. e4 e5

Beide Seiten nehmen vom ersten Zug an den Kampf ums Zentrum auf. Weiß besetzt das Zentralfeld e4 und wirkt damit auf die Felder d5 und f5, der schwarze Bauer besetzt e5 und wirkt auf d4 und f4. Die beiden anderen Mittelbauern auf der d-Linie können nun durch Doppelschritte das Zentrum nicht verstärken, weil sie jeweils vom gegnerischen Bauern auf der e-Linie sofort geschlagen werden.

2. ♘f3 ♘c6

Der weiße Springer greift den schwarzen Bauern auf e5 an und überdeckt das weitere Zentralfeld d4, um den Doppelschritt des d-Bauern vorzubereiten. der schwarze Springer deckt daraufhin seinen Bauern auf e5 und greift seinerseits das Feld d4 an.

3. ♗c4 ♗c5

Beide Parteien entwickeln ihre Läufer und stellen diese auf gute Angriffsfelder. Weiß hat damit bereits seine ganze Königsseite entwickelt und ist zur Rochade bereit. Er stellt diese aber noch zurück zugunsten des Kampfes um das Zentrum. Mit seinem nächsten Zug nimmt er zwar einen Tempoverlust in Kauf, kann sich aber dafür die Vorherrschaft im Zentrum und Raumgewinn sichern. Erst der geübte Spieler kann ermessen, dass nicht nur mehr Material, sondern auch Raum- oder Zeitgewinn Gewinnvorteile darstellen. Diese können aber während einer Partie auch ausgetauscht werden, Material für Zeit oder Raum, oder wie hier Zeit für Raum.

4. c3 ♘f6

Auf den Tempoverlust von Weiß hat Schwarz richtig reagiert, er hat mit seinem Königsspringer eine weitere Figur entwickelt und damit den Zeitgewinn richtig angelegt. Damit ist auch bei Schwarz der Königsflügel vollständig frei und die Rochade jederzeit möglich. Das nunmehr gewonnene Mehrtempo muss Schwarz gut verwalten, weil es zu gegebener Zeit für einen Ausgleich im Zentrum wieder zurückgegeben werden muss.

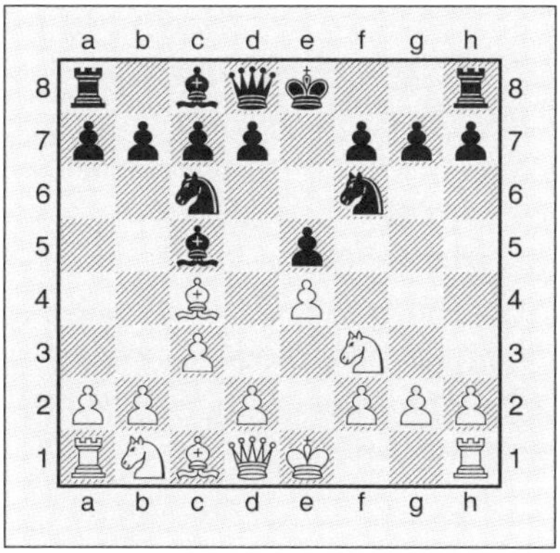

5. d4 exd4
6. cxd4 ...

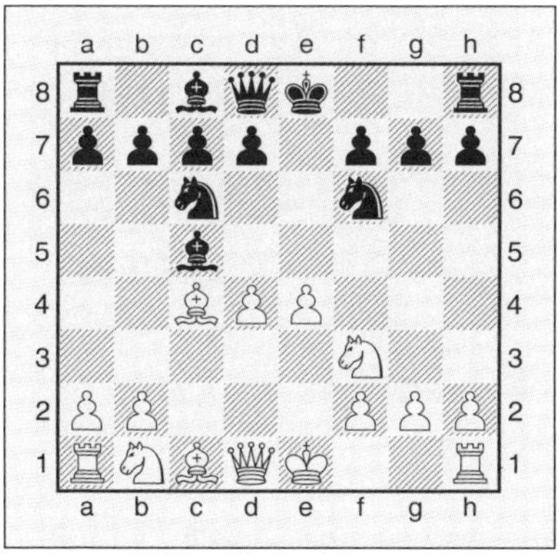

Jetzt hat sich Weiß die Beherrschung des Zentrums erkämpft. Will nun Schwarz nicht dauerhaft in Nachteil geraten, muss er versuchen, im Zentrum Ausgleich zu erreichen. Dieses Ziel kann nur mit dem Doppelschritt des schwarzen d-Bauern erzwungen werden, was aber noch nicht ausführbar ist, weil zunächst der schwarze Läufer auf c5 von dem weißen Bauern auf d4 angegriffen ist. Bringt man diesen aber in Sicherheit z. B. nach b6, dann zieht Weiß sofort den Bauern von d4 nach d5 und macht den beabsichtigten schwarzen Bauernvorstoß von d7 nach d5 zunichte. Zeitverlust durch Wegziehen des Läufers ist also Gift. Man muss genauer spielen, es kommt auf jedes Tempo an. Mit dem folgenden Zug behält Schwarz die Initiative.

6. ... ♗b4+
7. ♗d2 ♗xd2+
8. ♘bxd2 d5

Mit den zwei Schachgeboten konnte Schwarz erreichen, dass er seinen zunächst angegriffenen Läufer in Sicherheit bzw. zum Abtausch bringt und dennoch am Zug blieb, so dass er nun endlich den Zentrumsbauern zum Ausgleich nach d5 plazieren konnte. Dabei musste Schwarz sein im 4. Zug gewonnenes Entwicklungstempo wieder zurückgeben, indem er seinen bereits zweimal gezogenen Läufer auf d2 gegen den erst einmal gezogenen weißen Läufer tauschen musste.

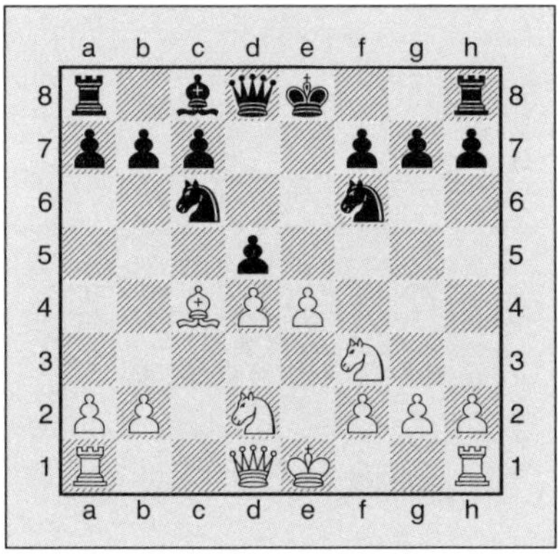

9. exd5 ♘xd5
10. 0-0 0-0

Die Partie ist wieder ausgeglichen. Der Kampf im Zentrum endete unentschieden. Die Eröffnung ist fast abgeschlossen. Die Partie geht jetzt ins Mittelspiel über.

16. Eröffnungsmöglichkeiten

Natürlich kann der Anfänger noch nicht wie ein geübter Spieler auf ein reichhaltiges Repertoire von Eröffnungen zurückgreifen. Aber auch ohne genaue Kenntnis der umfangreichen Eröffnungstheorie können die ersten Züge gut gespielt werden. Man muss zunächst nur die allgemeinen strategischen Ziele der Eröffnung kennen und diese befolgen. Diese sind für Weiß und Schwarz klar abgesteckt. Der Anziehende strebt die Zentrumsbildung an, der Nachziehende sucht diese zu verhindern. Wenn Weiß dieses Ziel klar angeht, wird er mit dem Doppelschritt des Königsbauern (e4) oder des Damenbauern (d4) beginnen, mit der Absicht – wenn es der Gegner zulässt – den anderen Zentrumsbauern im nächsten Zug ebenfalls doppelschrittig zu ziehen.

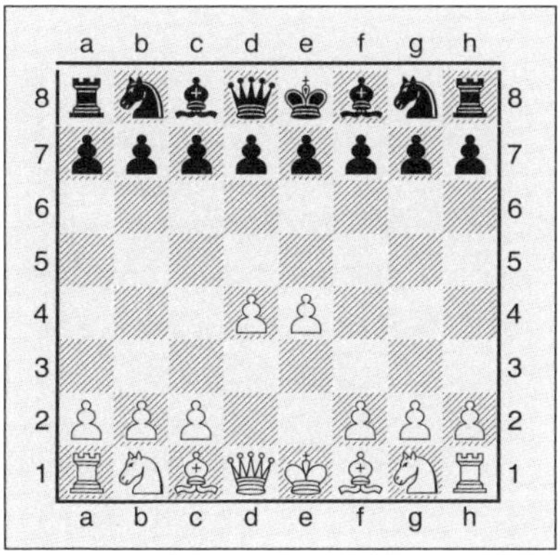

Gegen diese Idealstellung des Anziehenden hat der Nachziehende drei verschiedene strategische Pläne zur Auswahl, die alle den verschiedenen speziellen Eröffnungen zugrunde liegen, nämlich die sofortige Verhinderung, den Gegenangriff oder den Zentrumsvorstoß. Im einzelnen sehen diese Pläne so aus:

1) Verhinderung der Zentrumsbildung

Mit dieser Strategie verhindert Schwarz sofort mit dem ersten Zug eine Zentrumsbildung des Weißen, indem er auf den Eröffnungszug 1. e4 mit e5 (oder c5) und auf den ersten Zug 1. d4 mit d5 (oder f5) antwortet. Der Nachziehende sichert sich damit die Möglichkeit, den zweiten Zentrumsbauern des Gegners – wenn er gezogen wird – sofort zu schlagen.

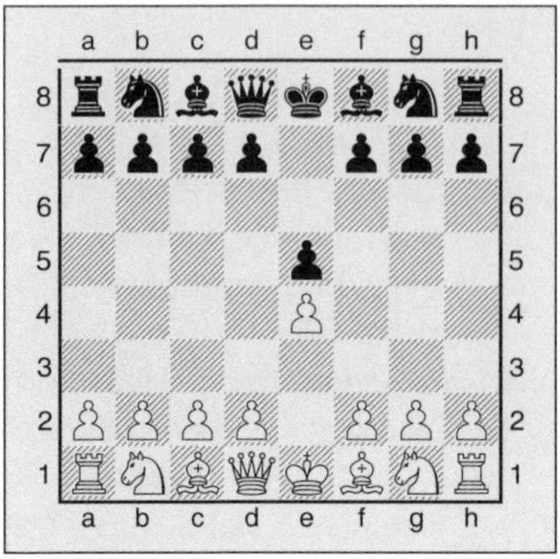

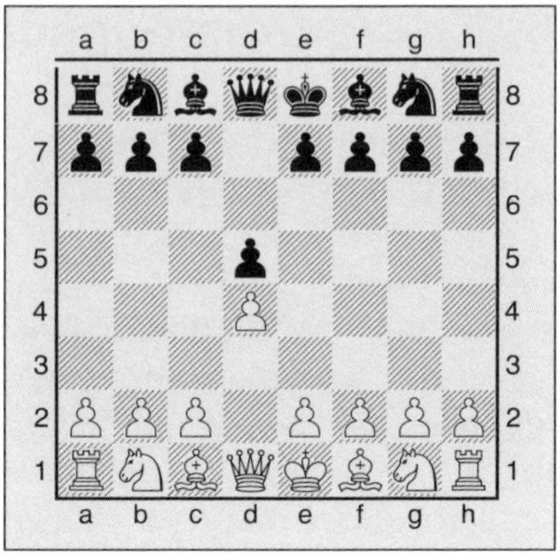

Diese Erwiderungen stellen für Schwarz die einfachste Möglichkeit dar, eine drohende Zentrumsbildung zu verhindern, für den Anfänger die sicherste Methode.

2) Gegenangriff

Bei diesem Plan lässt Schwarz nach dem ersten Doppelschritt eines weißen Zentrumsbauern zu, dass auch der zweite Mittelbauer gezogen wird. Aber Schwarz stört dieses Vorhaben sofort durch einen Gegenangriff auf den zuerst gezogenen Bauern: Auf 1. e4 zieht also Schwarz d5 (oder f5) und auf 1. d4 erwidert er mit c5 (oder e5).

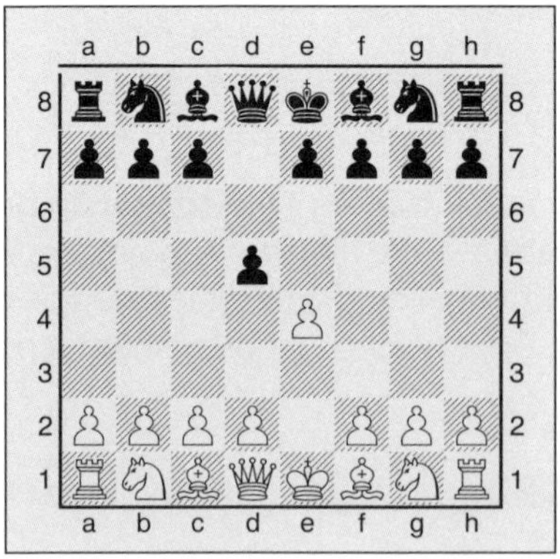

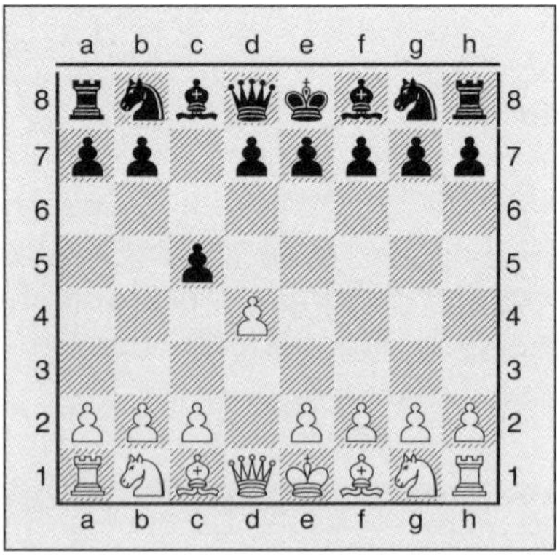

Bei dieser Strategie hat Weiß im zweiten Zug mehrere Möglichkeiten. Er kann z. B. mit dem erstgezogenen Bauern weiterziehen, oder den angreifenden Bauern schlagen oder tatsächlich den zweiten Zentrumsbauern ziehen.

3) Zentrumsvorstoß

In der letzten möglichen Strategie lässt Schwarz die Zentrumsbildung des Weißen zu, bereitet aber selbst einen Vorstoß ins Zentrum vor, z. B. durch 1. e4 e6 2. d4 d5 (linkes Diagramm) oder 1. d4 d6 2. e4 e5 (rechtes Diagramm).

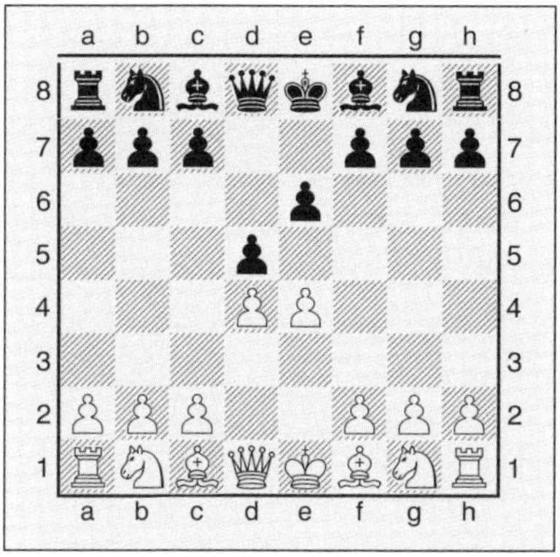

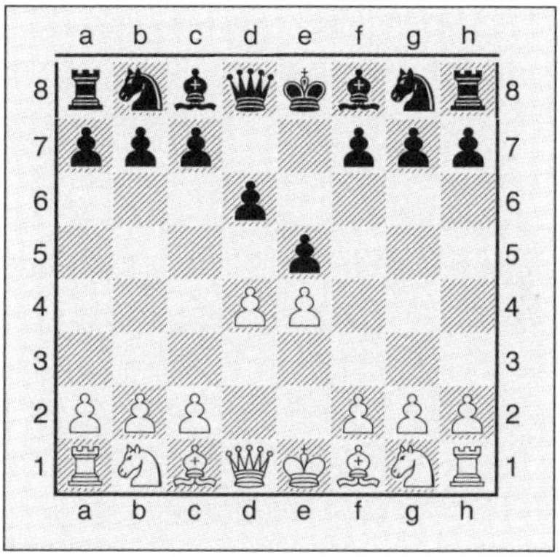

Auch diese Art der Eröffnungsbehandlung überlässt dem Weißen mehr Spielraum, indem er jetzt schlagen kann, oder vorbeizieht oder die Spannung im Zentrum aufrechterhält.
Welche Methode auch immer Schwarz wählt, die Partie erhält jeweils eine andere charakteristische Formation. Die gesamten Möglichkeiten einer Eröffnung werden in drei Gruppen eingeteilt. Wenn Weiß mit 1. e4 beginnt und Schwarz mit e5 antwortet, so bezeichnet man diesen Verlauf als „offene Partie". Beginnt Weiß mit 1. e4 und antwortet Schwarz nicht mit e5, sondern mit einem beliebigen anderen Zug, dann spricht man von der „halboffenen Partie". Und wenn Weiß nicht mit 1. e4, sondern mit jedem anderen Zug beginnt, dann entsteht eine „geschlossene" Partie. Diese Eröffnungsgliederung bezeichnet treffend die jeweils entstehenden typischen Partieanlagen, je nachdem, ob mehr offene Stellungen mit freien Linien entstehen, oder ob sich eine geschlossene Stellung entwickelt, wo sich durch eine verkeilte Bauernfront vorläufig noch keine direkten gegnerischen Figurenkontakte ergeben.

17. Schachpartie

Wir sind nun fast am Ende unseres Schachlehrgangs angelangt. Wer bisher aufmerksam mitgearbeitet hat, der kennt die Regeln des Spiels und die Gangart der Figuren, ist mit den Eröffnungsgrundsätzen einer Partie vertraut und weiß, wie ein Materialvorteil sinnvoll für eine Mattführung einzusetzen ist. Diese Kenntnisse ermöglichen es, eine Schachpartie zu spielen. Nun heißt es Erfahrungen sammeln, im Spiel aber auch im Nachspielen von Partien. Bei einer Schachpartie gibt es immer zwei Gewinner, einer gewinnt die Partie, der andere gewinnt an Erfahrung. Diese Erfahrungen sind natürlich schmerzlich, aber notwendig. Leichter ist es, an nachgespielten Partien zu lernen. Erleben Sie deshalb eine Schachpartie mit mir nach, die ich am 17. Januar 1960 in einer Klubmeisterschaft gespielt habe. Sie soll vor allem die Überlegungen und Entscheidungen während des Verlaufs eines Spiels nachempfinden und Erfahrungen dem Nachspielenden für den kreativsten Teil einer Schachpartie vermitteln helfen, nämlich dem Mittelspiel.
Die Partie wurde unter Turnierbedingungen gespielt, d. h. eine Schachuhr kontrollierte die verbrauchte Zeit (jeder Spieler musste 40 Züge in zwei Stunden ausführen) und beide Spieler mussten den Verlauf der Partie auf Formularen mitschreiben. Ein Turnierleiter überwachte das Spiel. Ich habe diese Partie als Schulbeispiel ausgewählt, weil sie lehrreiche Fehler enthält und diese konsequent und leicht verständlich ausgenützt wurden.

Weiß: Günter Lossa **Schwarz: Hans Holland jun.**
Eröffnung: Caro-Kann-Verteidigung (17. Januar 1960)

1. e4 c6

Auf meinen Doppelschritt des Königsbauern wählte mein Gegner den strategischen Eröffnungsplan des vorbereitenden Zentrumsvorstoßes.

2. d4 d5
3. ♘c3 dxe4

Während ich mit der Entwicklung des Damenspringers die Spannung im Zentrum aufrecht erhielt, tauschte Schwarz einen Zentrumsbauern, um in der Folge freies Figurenspiel zu bekommen.

4. ♘xe4 ♗f5

Verbindet die Entwicklung des Läufers mit einem Angriff auf den weißen Springer. Der folgende Wegzug des Springers stellt aber keinen Tempoverlust dar, weil sofort der Läufer angegriffen wird und ebenfalls wieder ziehen muss.

5. ♘g3 ♗g6
6. h4 ...

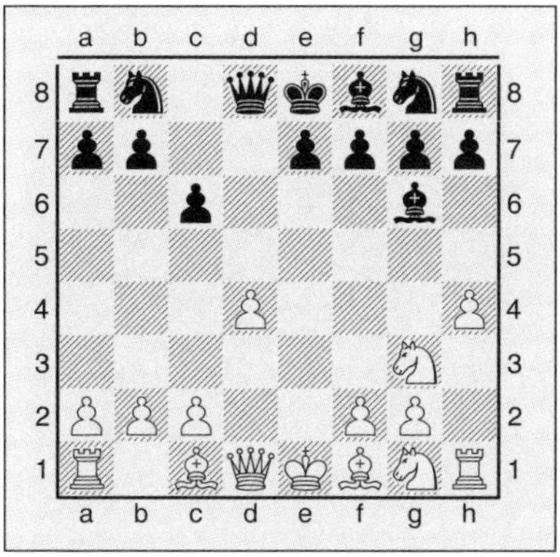

In den ersten Eröffnungszügen ein unnötiger Bauernzug und noch dazu ein Randbauer, ist das nicht ein Tempoverlust? Natürlich, aber der Zug ist zwingend und Schwarz hat keine Wahl, er muss ebenfalls mit einem Tempoverlust antworten, weil der weiße Bauer weiter vorzugehen und den Läufer zu gewinnen droht. Diese Drohung rechtfertigt den Tempoverlust. Schwarz muss für seinen Läufer einen Fluchtweg schaffen.

6. ... h6
7. ♘f3 ♘d7

Weil das gute Entwicklungsfeld durch den Bauern auf c6 verstellt ist, muss der schwarze Damenspringer über d7 ins Spiel gebracht werden.

8. h5 ...

Auch das ist – wie bereits der erste Zug dieses Bauern – kein Tempoverlust, denn es wird der schwarze Läufer erneut zum Zug gezwungen. Zu überlegen war nur, ob es sinnvoll ist, den Bauern soweit in die gegnerische Hälfte vorzuschieben, weil er später sehr leicht vom Gegner angegriffen werden kann. Aber der Bauer engt auch den gegnerischen Königsflügel ein. Einen Bauern soweit vorzuschieben ist sicher riskant, aber wer gewinnen will, der muss etwas riskieren. Schon vorher hatte ich den Plan gefasst, nicht kurz, sondern lang zu rochieren, sonst hätte der Bauer überhaupt nicht gezogen werden dürfen.

8. ... ♗h7
9. ♗d3 ...

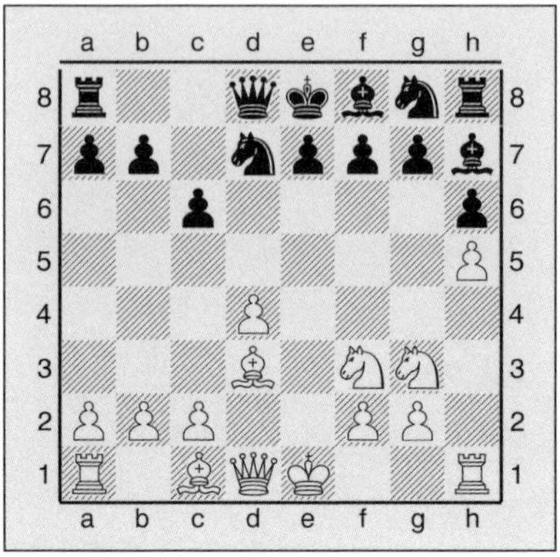

Der letzte weiße Zug entwickelt den Königsläufer und eliminiert gleichzeitig den schwarzen Läufer, der bei einer späteren langen weißen Rochade die künftige weiße Königsstellung stören würde. Schwarz bleibt wohl keine Wahl, er muss den Läufer abtauschen, weil sonst Weiß tauscht und der schwarze Turm auf das ungünstige Standfeld h7 zurückschlagen muss.

9. ... ♗xd3
10. ♕xd3 ...

Damit hat die weiße Dame gleichzeitig die Grundlinie im Hinblick auf die angestrebte lange Rochade geräumt.

10. ... ♘gf6
11. ♗d2 ...

Ein gut überlegter Entwicklungszug. Der Läufer macht die Grundlinie für die lange Rochade endgültig frei. Der Standort auf d2 wurde aus zwei Gründen gewählt. Zum einen soll er später nach dem beabsichtigten Bauernzug von c2 nach c4 einmal nach c3 gespielt werden und zum anderen überwacht er von d2 aus die Felder b4 und f4, um eventuellen Springerangriffen von f6 über d5 vorzubeugen.

11. ... e6

Da sich der Doppelschritt des schwarzen Bauern nach e5 nicht spielen lässt, muss schrittweise vorgegangen werden. Schwarz plant mit der weiteren Entwicklung des Läufers nach d6 und der Dame nach c7 zusammen mit dem Springer auf d7 das Feld e5 im Laufe der nächsten Züge so oft zu überdecken, dass dann der Bauernzug von e6 nach e5 durchgesetzt werden kann (Kampf ums Zentrum).

12. c4 ...

Weiß besetzt endgültig das Zentrum und sichert sich deutlichen Raumvorteil.

12. ... ♗d6

Schwarz entwickelt seine letzte Leichtfigur. Der Entwicklungsstand beider Parteien ist gleich.

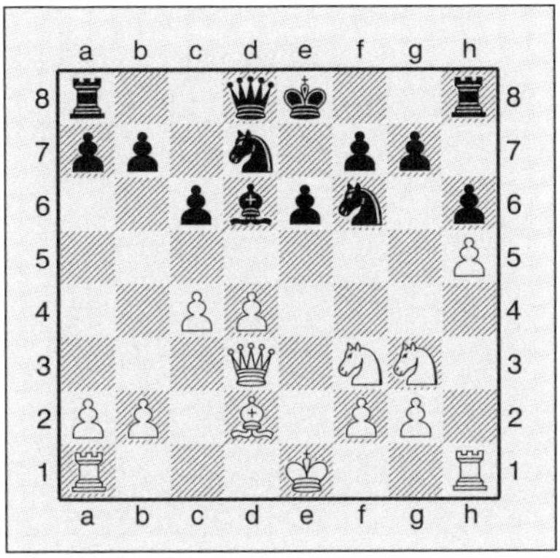

Ein positioneller Fehler wäre jetzt, wenn Weiß mit seinem Bauern nach c5 vorziehen würde, um den schwarzen Läufer auf d6 anzugreifen; denn der Läufer zieht einfach weg (nach e7 oder c7) und das starke Zentralfeld d5 wäre plötzlich im Besitz des Schwarzen. Dorthin könnte dann z. B. der Springer von f6 postiert werden, ohne dass Weiß dies verhindern könnte. Richtig ist natürlich, dass Weiß mit der langen Rochade die Entwicklung abschließt.

13. 0-0-0 ♕c7

Damit hat auch Schwarz seine Entwicklung bis auf die Rochade abgeschlossen. Mit seinem letzten Zug droht Schwarz durch zweimaliges Schlagen auf g3 einen Bauern zu gewinnen. Ich musste deshalb meinen Springer von g3 wegziehen und hatte dafür mit e2 und e4 zwei gute Felder. Ich entschied mich für das Zentralfeld e4.

14. ♘e4 ♘xe4
15. ♕xe4 ♘f6
16. ♕e2

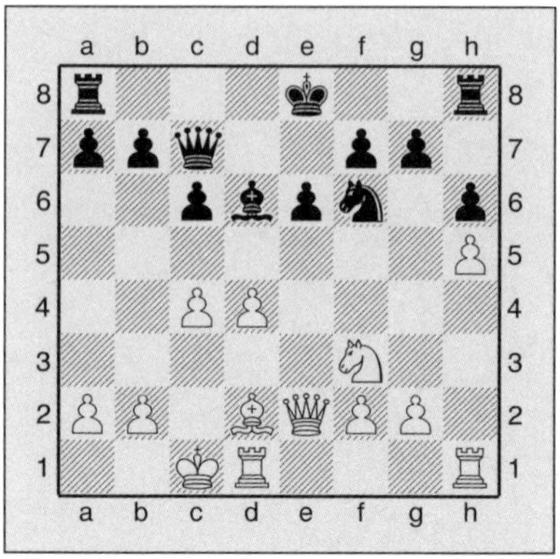

Schwarz ist am Zug und hat die Gelegenheit zur Rochade, um seinen König in Sicherheit zu bringen. Er nutzt diese Gelegenheit nicht und macht einen schwerwiegenden Fehler, der sich in der Folge auswirkt.

16. ... c5

Natürlich glaubte mein Gegner, dass ich diesen Bauern schlagen würde, worauf er nach ♗c5: gut stünde. Aber ich konnte stärker spielen und die schwache schwarze Königsstellung in der Mitte ausnützen.

17. d5 ...

Der schwarze Bauer auf e6 ist gefesselt und droht nun vom angreifenden weißen Bauern geschlagen und in Verbindung mit der weißen Dame gewonnen zu werden. Hier hätte mein Gegner kühles Blut bewahren müssen und mit der langen Rochade seinen König in Sicherheit bringen sollen. Aber ein Fehler kommt selten alleine...

17. ... e5

So glaubte Schwarz Bauernverlust vermeiden zu können. Abgesehen davon, dass die positionelle Stellung des schwarzen Läufers trostlos geworden ist – ein Läufer braucht freie Linien (vgl. letztes Diagramm) – übersah mein Gegner eine Kombination, mit der ich unter Ausnützung der schwachen schwarzen Königsstellung doch den Bauern gewann:

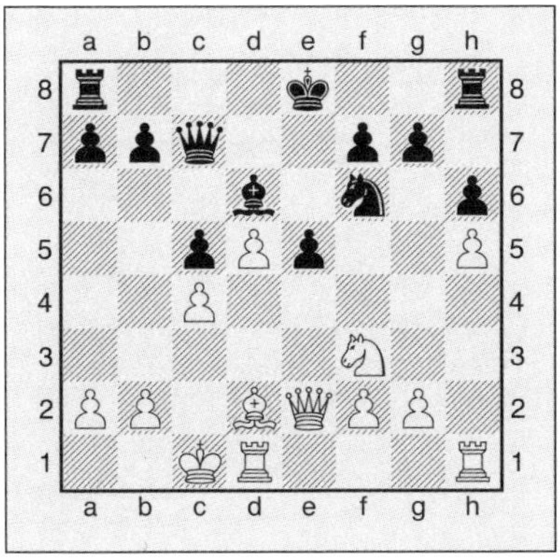

Obwohl der Bauer e5 gegen den weißen Doppelangriff des Springers und der Dame von Schwarz mit Läufer und Dame zweimal gedeckt ist, erlaubt mir die aktive und dynamische weiße Figurenstellung, den Bauern mit dem nächsten Zug zu schlagen.

18. ♘xe5 ...

Jetzt erkannte mein Gegner, dass er sich mit dem Bauernverlust abfinden musste, auch wenn er den Springer schlägt: 18. ... ♗xe5 19. f4 ♘d7 20. ♗c3 f6 21. ♖he1 und der Läufer auf e5 ist immer noch an seinen König gefesselt, so dass totaler Tausch den weißen Mehrbauern sichert. Schwarz hat deshalb auf diese Fortsetzung verzichtet. Er entschloss sich vielmehr gleich zu rochieren. Hätte er das bereits im 16. Zug getan, wäre ihm dieser Nachteil erspart geblieben. Offenbar unter dem Eindruck der gemachten Fehler greift Schwarz im nächsten Zug noch einmal daneben. Er sollte besser die lange Rochade ausführen, wo sein König sicherer steht. Er führte aber die kurze Rochade aus und brachte damit erst seinen König in die Schusslinie des weißen Generalangriffs.

18. ... 0-0

19. ♘g4 ...

Mit diesem Zug wird die einzige Verteidigungsfigur des schwarzen Königsflügels angegriffen.

19. ... ♘xg4

20. ♕xg4 ...

Weiß hat die Initiative und lässt Schwarz nicht zur Ruhe kommen. Jetzt droht der Anziehende mit ♗xh6 fortzufahren, weil der schwarze Bauer auf g7 an den König gefesselt ist und nicht zurückschlagen kann. Der schwarze König muss deshalb aus der Schusslinie gebracht werden.

20.	**...**	**♔h8**
21.	**♗c3**	...

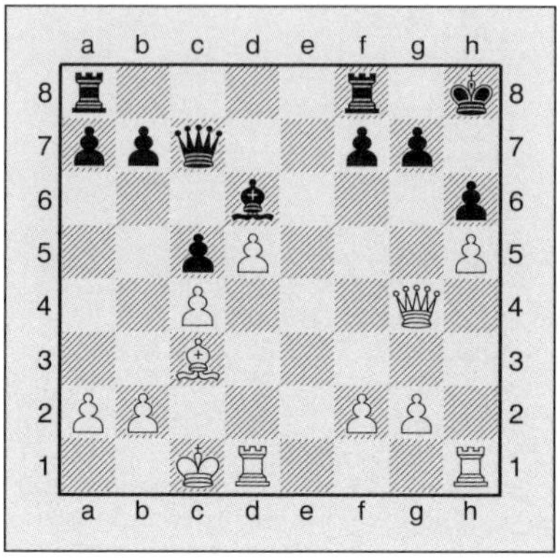

Damit droht Weiß mit einem Matt nach Dame schlägt den Bauern auf g7. Schwarz kann zur Abwehr nicht Läufer zieht nach e5 spielen, weil nach dem weißen Bauernvorstoß d6 der Läufer verloren geht; denn die Dame ist angegriffen und der Läufer ungedeckt. Dieser kann aber den Bauern wegen des drohenden Matts auf g7 nicht schlagen. Damit blieben dem Schwarzen nur noch ♖g8 oder der Bauernzug nach f6 als Verteidigungszüge. Um den Turm nicht an g7 binden zu müssen, worauf Weiß mit Turm von h1 nach e1 und anschließender Turmverdoppelung die totale Herrschaft in der e-Linie erobert hätte, entschloss sich der Nachziehende für die letzte Möglichkeit, nämlich den schwarzen Bauernzug von f7 nach f6. Jetzt erkennt man, welche lähmende Wirkung der weiße Bauer auf h5 ausübt.

21.	**...**	**f6**
22.	**♖he1**	**♗e5**

Schwarz wollte den weißen Turm nicht nach e6 eindringen lassen, eine Felderschwäche, die nach dem letzten schwarzen Bauernzug zwangsläufig entstanden ist. Jetzt aber wird der weiße d-Bauer beweglich.

23.	**♗xe5**	**fxe5**
24.	**d6**	**♕a5**
25.	**♖xe5**	**♕xa2**

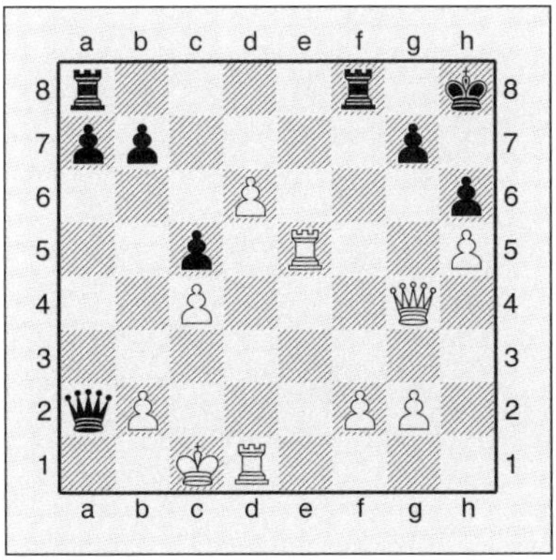

Schwarz sucht sein Heil im Gegenangriff, der aber ungefährlicher ist, als er aussieht. Weiß sichert seine Stellung mit dem folgenden Turmzug.

26. ♖d2 ♕a1+
27. ♔c2 ♕a4+
28. ♔b1 ...

Die schwarze Dame hat kein Schach mehr. Die weiße Königsstellung ist gesichert. Jetzt blockiert Schwarz den dynamischen weißen Freibauern.

28. ... ♖ad8
29. ♖e7 ...

Jetzt beginnt Weiß mit dem Schlussangriff, die schwarze Königsstellung ist sturmreif. Zunächst droht wieder Matt auf g7.

29. ... ♖g8
30. d7 ...

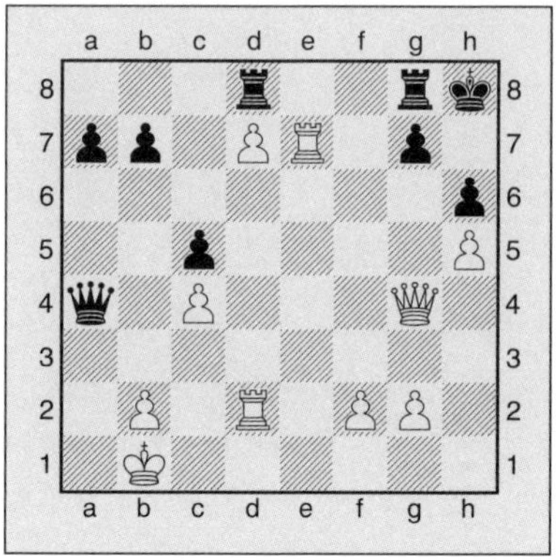

Der letzte Bauernzug stellt einen Räumungszug dar, der das Feld d6 für den Turm auf d2 freimachen soll, um von hier aus möglichst schnell eingreifen zu können.

30. ... b5

Ein hilfloser Gegenangriff, der zu spät kommt. Weiß braucht keine Gegenmaßnahmen mehr zu ergreifen, denn der weiße Mattangriff ist wirkungsvoller und schneller. Die schwarze Königsstellung wird im Sturm genommen.

31. ♖d6 ♕xc4
32. ♕f5 ...

Die weißen Figuren stehen optimal und entfalten ihre größte Wirkungskraft auf die schwarze Königsstellung.

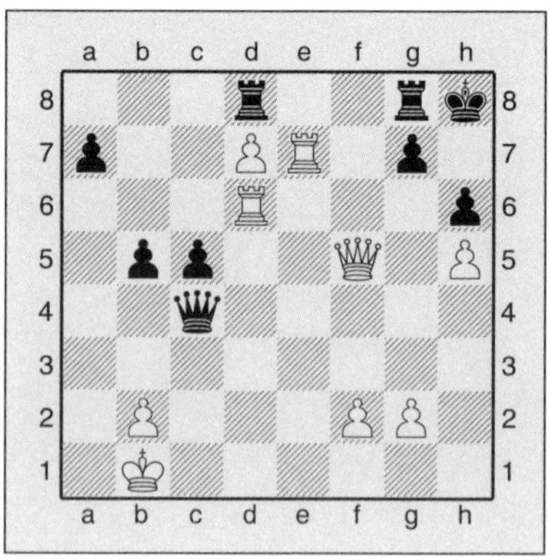

Weiß droht nun mit 33. ♖xh6+ gxh6 34. ♕h7 sofort mattzusetzen. Gegen diese Drohung gibt es keine nachdrückliche Verteidigung mehr.

32. ... ♕f1+

33. ♔a2 ♕c1

Auch nach 33. ... ♕c4+ 34. b3 wäre Schwarz am Ende. Mit dem letzten Zug hat die schwarze Dame den Bauern h6 gegen das Turmopfer gedeckt, um die drohende Mattkombination zu verhindern. Mit dem nächsten Zug schneidet Weiß die Wirkungskraft der schwarzen Dame ab, unterbricht die Verbindung zum Bauern h6, der nun schutzlos ist.

34. f4

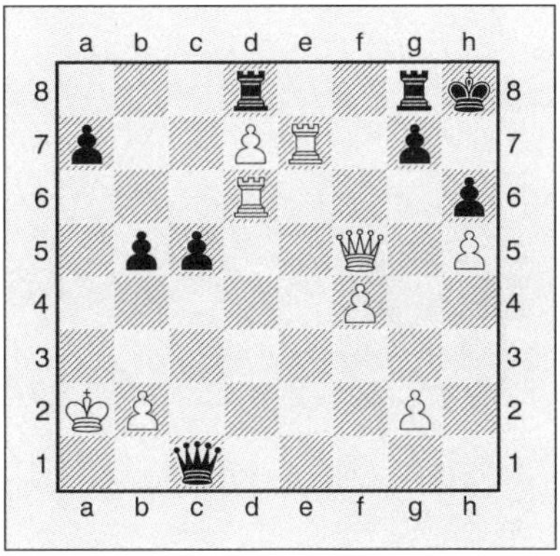

Nach dem letzten weißen Zug **gab Schwarz die Partie auf,** weil gegen 35. ♖xh6+ gxh6 36. ♕h7 matt kein Kraut gewachsen ist.

18. Gegen den Weltmeister

Zum Abschluss will ich eine Begegnung mit einem Schach-Weltmeister vorstellen und darlegen, dass auch der nur – wie man so treffend sagt – mit Wasser kocht.
Tigran Wartanowitsch Petrosjan, geb. am 17. Juni 1929 in Tiflis (Georgien) und am 14. August 1984 im Alter von 55 Jahren in Moskau verstorben, war mit 23 Jahren Internationaler Großmeister. In den Jahren 1959, 1961, 1969 und 1976 gewann er die Meisterschaft der UdSSR. Mit einem Sieg über den Titelverteidiger Michail Botwinnik errang Petrosjan 1963 den Weltmeistertitel. Er verlor den Titel 1969 an Boris Spasski, nachdem er ihn noch 1966 gegen denselben Herausforderer verteidigt hatte. Spasski wiederum verlor die höchste Schachkrone dann im Jahr 1972 an den amerikanischen Großmeister Bobby Fischer.

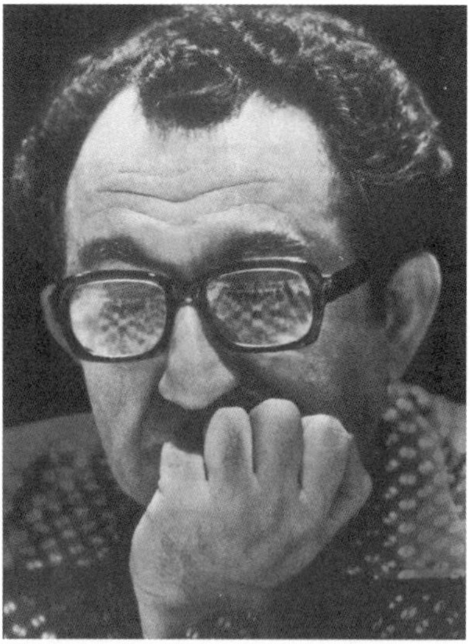

Anlässlich eines Besuchs des damals amtierenden Weltmeisters Tigran Petrosjan zusammen mit dem Fernschachweltmeister Jakow Estrin in der Bundesrepublik im Jahre 1965 wurde in unserem Klublokal ein internationales Blitzturnier mit zehn Teilnehmern ausgetragen, darunter die Internationalen Großmeister Lothar Schmid und Dr. Helmut Pfleger sowie dem Internationalen Meister Hans-Günter Kestler, mit denen ich zusammen mehr als 15 Jahre in einer Mannschaft spielte. Unter einem Blitzturnier versteht man eine Veranstaltung, in der jeder gegen jeden spielt, aber jedem Teilnehmer für den Ablauf einer Partie nur fünf Minuten Bedenkzeit zustehen. Die Zeit wird von einer Schachuhr überwacht und die Partie ist beendet, wenn matt gesetzt wird oder die Zeit eines Spielers verbraucht ist.
Natürlich wurde der Weltmeister Sieger dieses Turniers, denn er spielte auch weltmeisterlich Blitzschach.
Aber er verlor eine Partie – und zwar gegen mich. Die Überraschung war perfekt und wurde in dem von Zuschauern überfüllten Klublokal begeistert

gefeiert. Ein Sieg über den amtierenden Weltmeister ist kein alltägliches Ereignis. Diese Partie soll deshalb abschließend als Anschauungsmaterial dienen.

Weiß: Günter Lossa **Schwarz: Tigran Petrosjan**
Eröffnung: Sizilianische Verteidigung (16. März 1965)

1.	**e4**	**c5**
2.	**♘f3**	**d6**
3.	**d4**	**cxd4**
4.	**♘xd4**	**♘f6**
5.	**♘c3**	**a6**
6.	**♗e2**	**e5**
7.	**♘b3**	**♗e7**

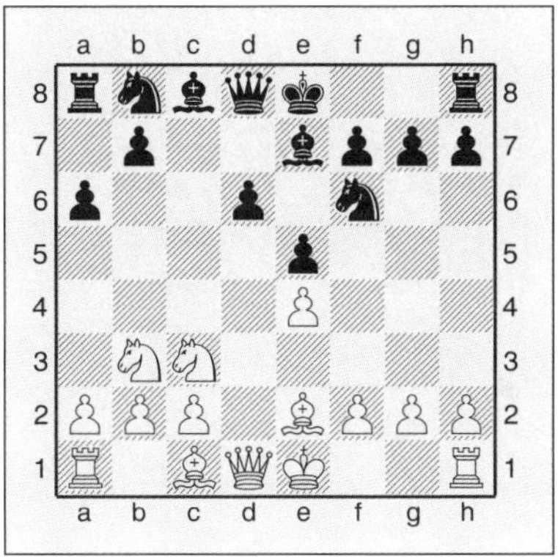

Beide Seiten haben ihre Königsflügel schnell entwickelt, um mit der Rochade die Könige in Sicherheit zu bringen.

8.	**0-0**	**0-0**
9.	**♗e3**	**♗e6**
10.	**♔h1**	**...**

Weiß hat seine Entwicklung abgeschlossen. Der letzte Zug bereitet einen Angriff auf dem Königsflügel mit dem f-Bauern vor.

10.	**...**	**♘bd7**
11.	**f4**	**♕c7**
12.	**f5**	**♗c4**
13.	**♗xc4**	**♕xc4**
14.	**♘d2**	**♕c6**
15.	**g4**	

18. Gegen den Weltmeister

Das weiße Angriffskonzept beinhaltet einen Bauernsturm auf dem Königsflügel; der Weltmeister antwortet mit einem schulmäßigen Gegenangriff im Zentrum.

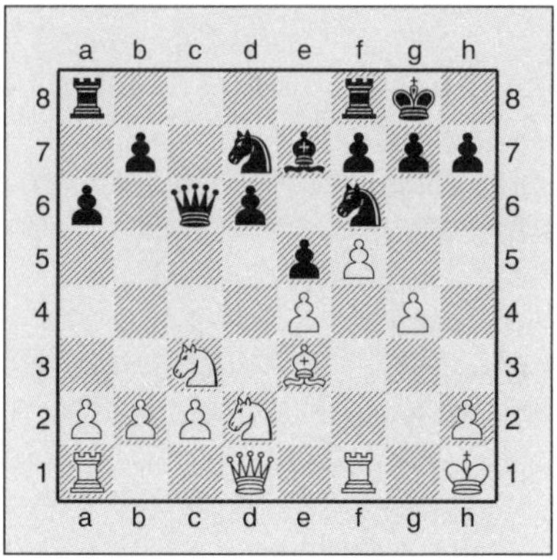

15.	**...**	**d5**
16.	**g5**	**♘xe4**
17.	**♘dxe4**	**dxe4**
18.	**♕d5**	**♖ac8**
19.	**♕b3**	**♘c5**
20.	**♗xc5**	**♕xc5**
21.	**♕d5**	**♕b6**
22.	**♕b3**	**♕d8**
23.	**♕d5**	**♖c6**
24.	**♕xd8**	**♖xd8**

Nach dem Damentausch geht der offene Schlagabtausch weiter. Weiß setzt seinen Angriff auf die schwarze Königsstellung unvermindert fort, Schwarz nutzt die Chance in die weiße Stellung einzudringen. Es entsteht ein Kampf auf Biegen oder Brechen.

25.	♘xe4	♖xc2
26.	f6	♗f8
27.	♖ad1	♖cc8
28.	♘c3	...

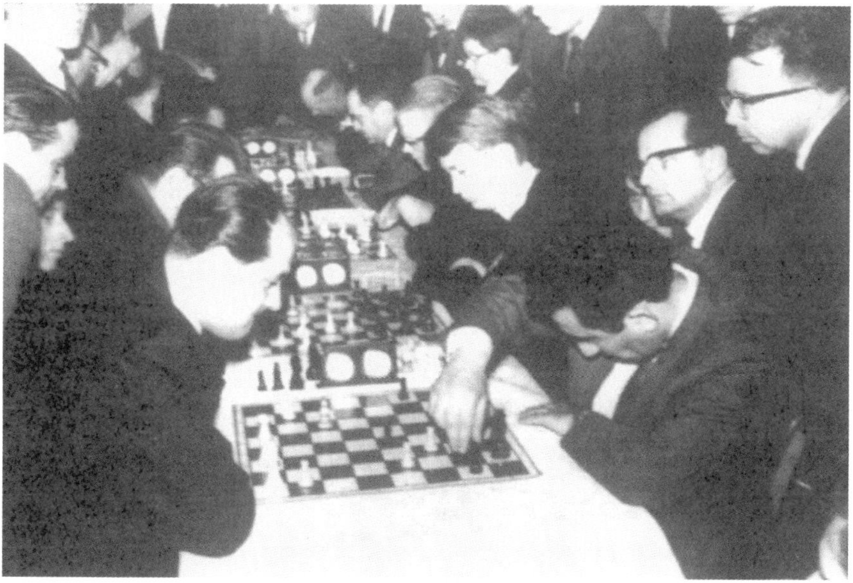

In dieser Stellung auf dem Höhepunkt der Partie entstand das Foto: Mit tief gesenktem Kopf, offenbar schon Böses ahnend, zieht der Weltmeister ruckartig – trotzig seinen Bauern nach h6.

28.	...	h6
29.	gxh6	gxh6

18. Gegen den Weltmeister

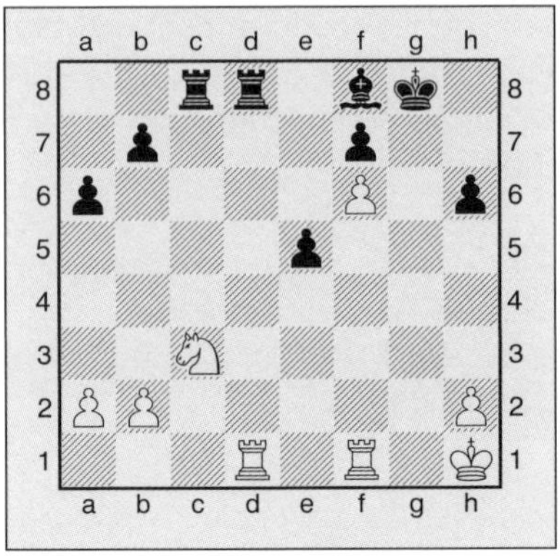

Die Öffnung der g-Linie wird dem Weltmeister zum Verhängnis. Er glaubte seine Königsstellung mit dem Läufer genügend gesichert, unterschätzte aber den quicklebendigen weißen Springer, der die Entscheidung bringt.

30.	**♖g1+**	**♔h7**
31.	**♖df1**	**♖d2**
32.	**♘e4**	**♖e2**
33.	**♘g3**	**♖d2**
34.	**♖f5**	**♖c4**
35.	**♖h5**	**♖f4**
36.	**♘f5**	**♖df2**
37.	**♘xh6**	**...**

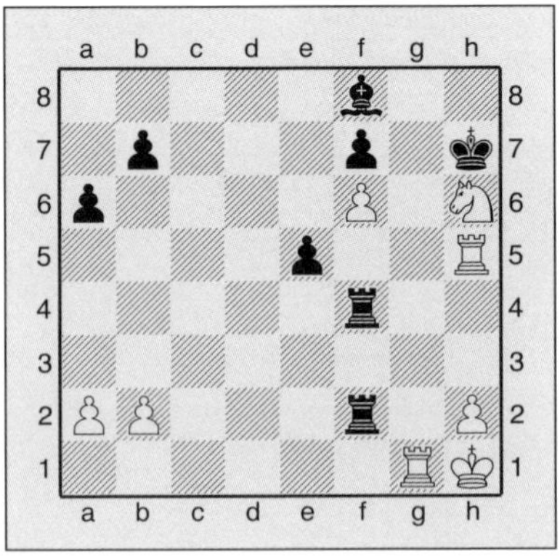

Der vorwitzige Springer kann von Schwarz nicht genommen werden, weil sonst nach 37. ... ♗xh6 38. ♖g7+ ♔h8 39. ♖xh6 matt folgt.

37. ... ♖f1

38. ♘f5+

Schwarz gab auf, weil er nach 38. ... ♗h6 39. ♖**x**h6+ mattgesetzt wird.

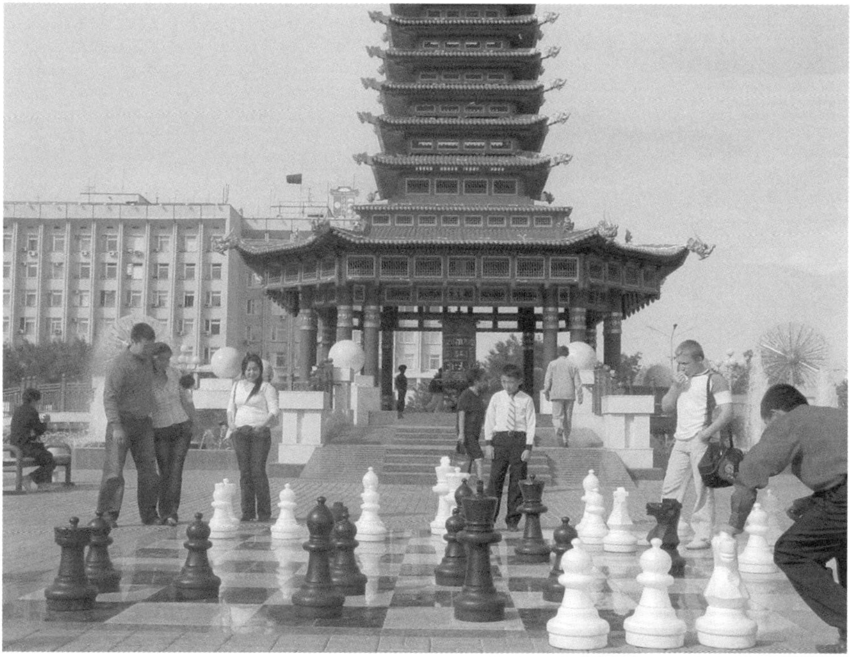

Elista 2006, FIDE-Weltmeisterschaft
Hier in Elista siegte Vladimir Kramnik und wurde alleiniger FIDE-Weltmeister. Dort sprach er über den Wettkampf, seine Gefühle, seine Mannschaft, seine Pläne.

II. Teil

Matt dem König – aber wie?

Vorwort

Zum Rüstzeug eines guten Schachspielers gehören ausreichende Grundkenntnisse, technische Fertigkeit und kombinatorisches Geschick, aber auch Einfallsreichtum – ja Phantasie. Dazu zählt auch das Gespür, in einer bestimmten Stellung der Partie den Weg zu einem entscheidenden Vorteil zu erkennen. Der Spieler muss fühlen, dass – wie die Schachmeister sagen – „etwas drin" ist; denn eine verpasste Gelegenheit kommt nicht wieder. Nur ein geschultes Auge erkennt den gewinnversprechenden Weg, nicht selten den entscheidenden Zug zum Matt. Erst langjährige Spielpraxis vermittelt diese Fähigkeit, die häufig nur durch im nachhinein erkannte verpasste Möglichkeiten und bittere Erfahrungen erworben werden kann.
Auf schnellerem Weg führt zweifellos ein gezieltes Training zu einem geschulten Auge. Dazu bedarf es einer Vielzahl von Beispielen, die den Blick des Lernenden für entscheidungsreife Partiestellungen schärfen und den entsprechenden Weg aufzeigen.
Die in diesem Buch zusammengetragenen Partien eignen sich dazu in besonderem Maße, weil sie nach lehrfähigen Grundsätzen ausgewählt wurden. Zum einen enden alle Partien mit einer überraschenden oder gar verblüffenden Schlusskombination. Zum anderen führen alle Beispiele zu einer schlüssigen Mattposition und nicht nur zu einer Gewinnstellung, was das Aufspüren der Lösung erleichtert und damit die Kombinationsgabe weckt und fördert. Ein Stellungsbild vor dem entscheidenden Zug regt zum Lösen an. Erst wenn der Leser scheitert, kann er die Lösung im Lösungsteil nachvollziehen und dadurch lernen. Hier wird Fortbildung leichtgemacht und unterhaltsam dargeboten. Eine angenehme Mischung von amüsanter Erfahrungssammlung, wie sie der Schachfreund wünscht. Aus den bitteren Fehlern anderer zu lernen, ist wohl die angenehmste Art, seine Spielstärke zu verbessern.
Den Lesern dieses Schachtrainings wünsche ich gute Unterhaltung, aber auch, viel Wissenswertes aufzunehmen, um dieses später beim Spielen verwerten zu können.

Was man zum Nachspielen wissen muss

Das Schachbrett wird so gelegt, dass das linke Eckfeld schwarz ist. Die Waagerechten („Reihen“) tragen die Ziffern 1 bis 8, die Senkrechten („Linien“) die Buchstaben a bis h, so dass jedes einzelne Feld durch eine Kombination von Buchstabe und Zahl unveränderlich bezeichnet ist. Die weißen Steine stehen auf der ersten und zweiten, die schwarzen auf der siebten und achten Reihe.

	a	b	c	d	e	f	g	h	
8	a8	b8	c8	d8	e8	f8	g8	h8	8
7	a7	b7	c7	d7	e7	f7	g7	h7	7
6	a6	b6	c6	d6	e6	f6	g6	h6	6
5	a5	b5	c5	d5	e5	f5	g5	h5	5
4	a4	b4	c4	d4	e4	f4	g4	h4	4
3	a3	b3	c3	d3	e3	f3	g3	h3	3
2	a2	b2	c2	d2	e2	f2	g2	h2	2
1	a1	b1	c1	d1	e1	f1	g1	h1	1
	a	b	c	d	e	f	g	h	

Für das Aufschreiben der Züge wird in diesem Buch die „abgekürzte Notation“ (Kurznotation) verwendet. Bei der abgekürzten Notation werden Ausgangsfeld und Bindestrich weggelassen. Die Figur wird mit dem großen Anfangsbuchstaben, in manchen Veröffentlichungen mit einem Figurensymbol bezeichnet; auf das „B“ (für Bauer) wird der Einfachheit halber verzichtet. Falls zwei gleiche Figuren auf das gleiche Feld ziehen können (bei Springer oder Turm), muss der ursprüngliche Standort (Angabe der Reihe oder der Linie) hinzugefügt werden. Wenn zum Beispiel zwei Springer auf c3 und d2 stehen und derjenige auf c3 zieht nach e4, lautet der Zug in der abgekürzten Schreibweise ♘3e4.

Das Schlagen eines Steins wird in der Kurznotation durch ein „x“, zum Beispiel ♔xe2 bezeichnet.

Schlägt ein Bauer, wird die Linie angegeben, auf der er steht, und die Linie und das Feld auf die er hinüberwechselt. Das „x“ entfällt. Die Züge 1. e2-e4 d7-d5 2. e4xd5 heißen in Kurzform 1. e4 d5 2. exd5.

Stehen drei Punkte hinter der Zugzahl (zum Beispiel 1. ...), folgt ein Zug der schwarzen Partei; der weiße Zug ist also bereits geschehen.

Erläuterungen zur Schachnotation:

Kleine Rochade 0-0
Große Rochade 0-0-0
Schachgebot .... +
Doppelschachgebot .... ++
Schlagfall (Kurznotation) x
Matt .... ≠

Bei der Umwandlung eines Bauern in die Dame wird das Symbol der Figur, in die sich der Bauer verwandelt, hinter den letzten Zug des Bauern auf die Grundreihe gesetzt, z. B. in der Lösung der Aufgabe Nr. 49 (S. 78) 18. fxe8 ♕+.

Kortschnoi – Petersson

1

Weiß: Kortschnoi – Schwarz: Petersson

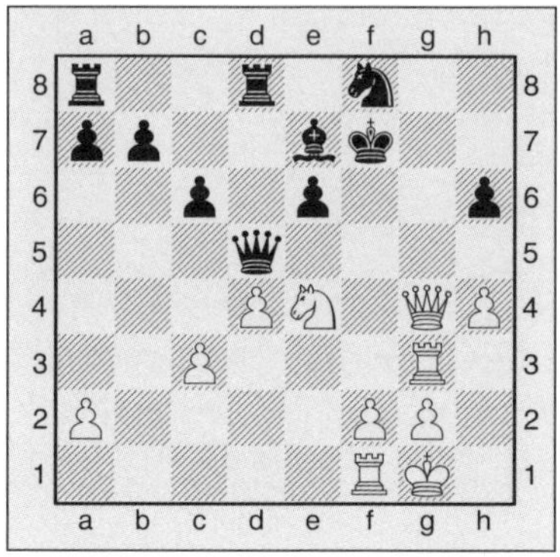

Stellung nach 30. ... ♖ed8

Der sowjetische Großmeister Viktor Kortschnoi (1976 nicht mehr in die UdSSR zurückgekehrt und heute in der Schweiz lebend) hat zweimal gegen Anatoli Karpow um die Weltmeisterschaft gekämpft (1978 und 1981). Beide Male unterlag er im Duell um die höchste Schachkrone, war aber in dieser Zeit unbestritten einer der erfolgreichsten Schachmeister. Sein forscher Kampfstil begeisterte, die siegbringenden Kombinationen sind immer sehenswert.

1. d4 d5 2. c4 dxc4 3. ♘f3 ♘f6 4. e3 ♗g4 5. ♗xc4 e6 6. h3 ♗h5 7. ♘c3 ♘bd7 8. 0-0 ♗e7 9. e4 ♘b6 10. ♗e2 0-0 11. ♗e3 ♗g6 12. ♗d3 ♘fd7 13. ♗f4 ♗d6 14. e5 ♗xd3 15. ♕xd3 ♗e7 16. ♖ad1 c6 17. ♕e4 ♖e8 18. ♖d3 ♘bd5 19. ♗c1 ♘f8 20. h4 ♘xc3 21. bxc3 ♕d5 22. ♕g4 f5 23. exf6 e.p. ♗xf6 24. ♘g5 ♕f5 25. ♕e2 h6 26. ♘e4 ♗e7 27. ♖f3 ♕d5. Mit einem Figurenopfer zertrümmert Kortschnoi nun die gegnerische Königsstellung. **28. ♗xh6 gxh6 29. ♖g3+ ♔f7 30. ♕g4 ♖ed8** (siehe Diagramm).

Scheinbar hat Weiß sich veropfert. Schwarz droht, mit dem König über e8 zu verschwinden. Doch Kortschnoi zeigt, dass er weiter vorausberechnet hat und droht ein Matt in vier Zügen. Schwierig ist es, den verblüffenden zweiten Zug der Kombination zu finden, der Schwarz zur sofortigen Kapitulation zwingt. Wie geht es weiter?
(Lösung Seite 175)

2

Weiß: Reti – Schwarz: Dr. Tartakower

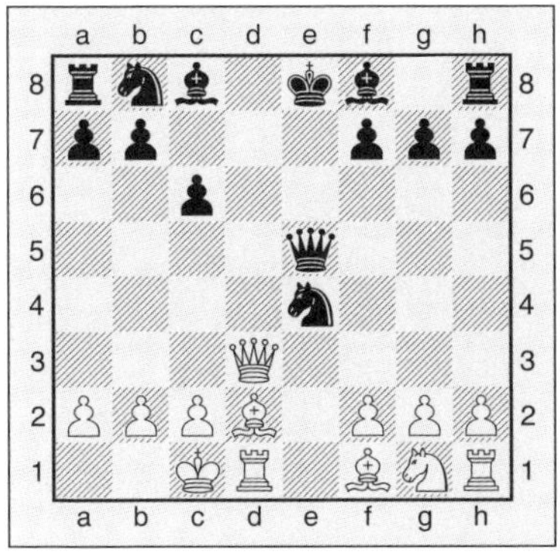

Stellung nach 8. ... ♘xe4

Die folgende Partie stellt aus mehreren Gründen ein Kuriosum dar: Einmal, weil sie nur elf Züge dauert. Zum anderen, weil die Partie zwischen zwei führenden Großmeistern der damaligen Zeit, nämlich 1910 in Wien, gespielt wurde. Und zum dritten, weil der Positionsspieler Reti den Taktiker Dr. Tartakower „taktisch“ erledigt. Die Schlusskombination ist ebenso überraschend wie wunderschön.

1. e4 c6 2. d4 d5 3. ♘c3 dxe4 4. ♘xe4 ♘f6 5. ♕d3 e5 6. dxe5 ♕a5+ 7. ♗d2 ♕xe5 8. 0-0-0

Der letzte Zug von Weiß muss beim Gegner Kopfschütteln und Zweifel hervorgerufen haben. Ist Reti vielleicht ein grober Fehler unterlaufen oder gar ein Versehen? Natürlich wäre 8. ... ♕**x**e4 schlecht wegen 9. ♖e1, aber was folgt auf ..... ♘**x**e4 ? Nach 9. ♖e1 kann recht gut 9. ... f5 geschehen, und Schwarz steht nicht schlecht. Deshalb zog Schwarz

8. ... ♘xe4 (siehe Diagramm).

Damit ist Schwarz in die von Weiß aufgestellte Falle getappt. Nun folgt eine diabolische Wendung, die Schwarz zur sofortigen Kapitulation zwingt; denn er wird in drei Zügen mattgesetzt. Wie hat Reti gespielt?

(Lösung Seite 175)

3
Weiß: Aljechin – Schwarz: S. Freeman

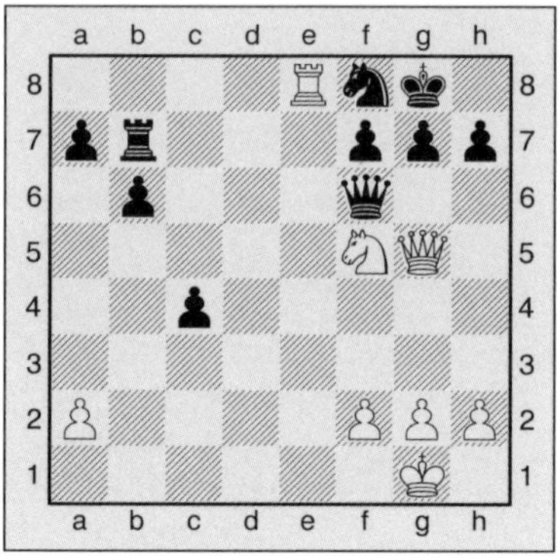

Stellung nach 23. ... ♘f8

Der Russe Aljechin ist einer der bedeutendsten Schachmeister der Schachgeschichte. Er hatte, mit nur einer kurzen Unterbrechung, den Weltmeistertitel von 1927 bis zu seinem Tode 1946 inne. Sein phänomenales Können zeigte sich im Blindspiel, wobei der Meister ohne Ansicht des Brettes spielt, die Züge des Gegners werden ihm mündlich mitgeteilt. Die folgende Partie hat Aljechin während einer Rekordblindveranstaltung in Paris 1925 gegen 25 Gegner gleichzeitig gespielt.

1. e4 e5 2. d4 exd4 3. c3 d5 4. exd5 ♕xd5 5. cxd4 ♗b4+ 6. ♘c3 ♘c6 7. ♘f3 ♘f6 8. ♗e2 0–0) 9. 0-0 ♗xc3 10. bxc3 b6 11. c4 ♕d8 12. d5 ♘e7 13. ♘d4 ♗b7 14. ♗b2 c6 15. ♗f3 cxd5 16. ♖e1 ♖e8 17. ♕c1 ♖b8 18. ♕g5 ♘g6 19. ♘f5 ♖xe1+ 20. ♖xe1 dxc4 21. ♗xb7 ♖xb7 22. ♗xf6 ♕xf6 23. ♖e8+ ♘f8.

Eine harmlose Stellung, in der man kaum eine überraschende Schlusswendung vermutet (siehe Diagramm).

Mit einer verblüffenden Pointe hebt Weiß die schwarze Stellung aus den Angeln und setzt den gegnerischen König in drei Zügen matt und das ohne Ansicht des Brettes. Mancher gute Schachspieler wäre froh, wenn er das Problem mit offenen Augen lösen könnte.

(Lösung Seite 175)

4

Weiß: F. Herrmann – Schwarz: Hussong

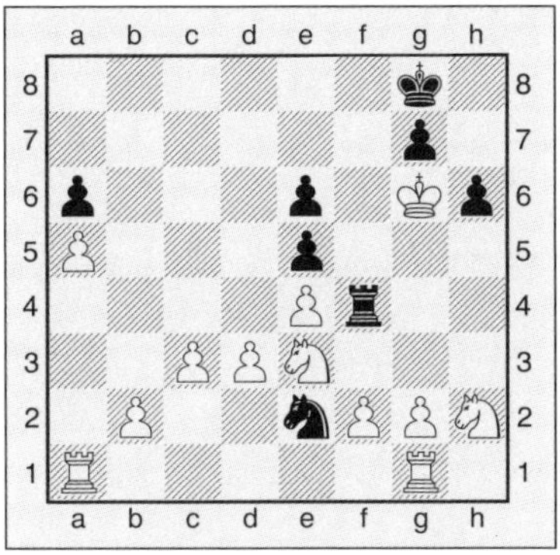

Stellung nach 31. ♘xh2

Einer der wenigen bekannten deutschen Meister ist Hussong, der seine Glanzzeit vor dem Zweiten Weltkrieg hatte. Er spielte 1930 in Frankfurt am Main eine Partie, die zu den schönsten der Schachgeschichte zählt:
1. e4 e5 2. ♘f3 ♘c6 3. ♗b5 a6 4. ♗c4 ♘f6 5. d3 ♗c5 6. ♗e3 d6 7. ♘bd2 ♗e6 8. ♗xc5 dxc5 9. ♗xe6 fxe6 10. ♘c4 ♘d7 11. a4 ♕f6 12. c3 0-0 13. 0-0 ♖ad8 14. a5 ♘e7 15. ♕b3 ♘g6 16. ♕xb7 ♘f4 17. ♘e1 ♕g5 18. ♔h1 ♖f6 19. ♘e3 ♖df8 20. ♕xc7 ♖f8f7 21. ♕c8+ ♘f8 22. ♕xc5 ♕h5 23. ♖g1 ♕xh2+
Ein wunderschönes Damenopfer, dessen Korrektheit sich nicht berechnen, sondern nur gefühlsmäßig erahnen lässt.
24. ♔xh2 ♖h6+ 25. ♔g3 ♘e2+ 26. ♔g4 ♖f4+ 27. ♔g5 ♖h2 (droht h6#, deshalb**...) 28. ♕xf8+ ♔xf8 29. ♘f3 h6+ 30. ♔g6 ♔g8** (droht ♖f6#) **31. ♘xh2** (siehe Diagramm).

Nun scheint Schwarz allerdings sein Pulver verschossen zu haben. Doch er hat noch einen letzten giftigen Pfeil im Köcher, der Weiß tödlich trifft, indem er ein undeckbares Matt auslöst.
(Lösung Seite 176)

5

Weiß: Reti – Schwarz: Bogoljubow

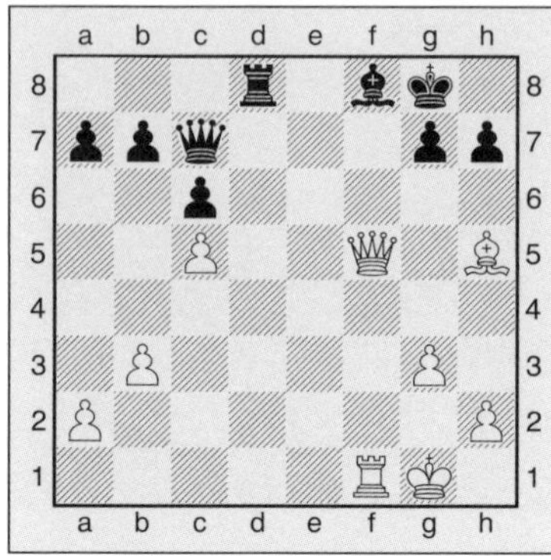

Stellung nach 23. ... ♖d8

Richard Reti aus Ungarn war einer der genialsten Meister der 20er und Anfang der 30er Jahre. In seiner Schachauffassung war er seiner Zeit weit voraus. Seine Strategie war es, die Zentrumsbauern zurückzuhalten und das Zentrum mit den Figuren zu beherrschen. Er erkannte als erster, dass vorgerückte Zentrumsbauern auch dankbare Angriffsziele darstellen. Leider raffte Reti ein früher Tod dahin; er starb in Ungarn, noch keine 40 Jahre alt. Hier ist eine typische Partie Retis gegen den gewaltigen Bogoljubow aus dem New Yorker Turnier 1924.

1. ♘f3 ♘f6 2. c4 e6 3. g3 d5 4. ♗g2 ♗d6 5. 0-0 0-0 6. b3 ♖e8 7. ♗b2 ♘bd7 8. d4 c6 9. ♘bd2 ♘e4 10. ♘xe4 dxe4 11. ♘e5 f5 12. f3 exf3 13. ♗xf3 ♕c7 14. ♘xd7 ♗xd7 15. e4 e5 16. c5 ♗f8 17. ♕c2 exd4 18. exf5 ♖ad8 19. ♗h5 ♖e5 20. ♗xd4 ♖xf5 21. ♖xf5 ♗xf5 22. ♕xf5 ♖xd4 23. ♖f1 ♖d8 (siehe Diagramm).

Bei dieser harmlosen Stellung kommt keiner auf den Gedanken, dass noch etwas aufregendes passieren könnte. Mancher Spieler würde angesichts der verschieden felderfarbigen Läufer ein Unentschieden vorschlagen, nach, dem Motto: „gleiche Spieler, gleiches Material – remis. Reti fand jedoch mit zwei einfachen Zügen einen zwingenden Gewinn in Form eines undeckbaren Matts.
(Lösung Seite 176)

6
Weiß: Fox – Schwarz: N. N.

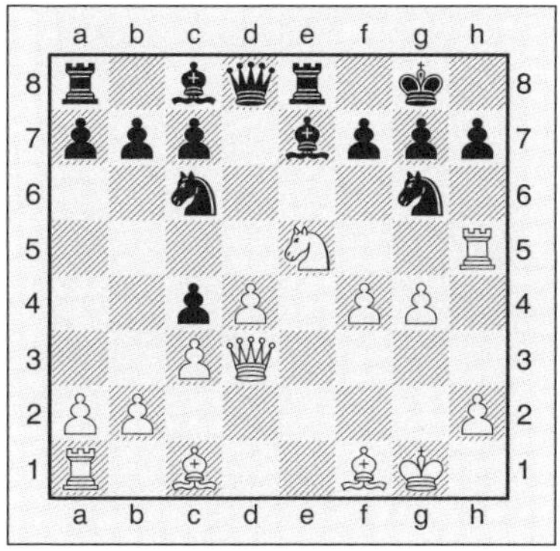

Stellung nach 17. ... dxc4

Die folgende Partie findet ihren krönenden Abschluss in einer verblüffenden Kombination, die in wenigen Zügen das Matt erzwingt. Eingeleitet wird dieser sehenswerte Schluss durch ein Figurenopfer, dessen Sinn zunächst völlig unverständlich scheint. Leider ist nur der Name des Siegers bekannt.
1. e4 e5 2. Sf3 Sc6 3. ♗b5 ♘f6 4. 0-0 ♘xe4 5. ♖e1 ♘d6 6. ♘xe5 ♗e7 (richtig, denn 6. ... ♘xb5 kostet nach 7. ♘xc6++ die Dame**) 7. ♗f1 0-0 8. d4 ♘f5 9. c3 d5 10. ♕d3 ♖e8 11. f4 ♘d6 12. ♖e3 ♘a5** (Natürlich war es besser, dem drohenden weißen Ansturm aktiv mit 12. ... ♗f5 nebst 13. ... ♗e4 erfolgreich zu begegnen.
Aber seien wir glücklich, dass Schwarz nicht so spielte, sonst hätte es diesen wunderschönen Schluss nicht gegeben.) **13. ♘d2 ♘f5 14. ♖h3 ♘h4 15. g4 ♘g6 16. ♖h5 ♘c6 17. ♘d2c4 dxc4** (siehe Diagramm).

Schwarz hat den dargebotenen Springer sicher ohne Zögern angenommen. Wer hätte das nicht getan, greift der Zug doch gleichzeitig die gegnerische Dame an, und die schwarze Stellung scheint gut gesichert. Doch darauf hat Weiß nur gewartet. Er antwortet mit einem brillanten Schlussakkord, wobei es genau auf die Reihenfolge der Züge ankommt.
(Lösung Seite 176)

7
Weiß: Edward Lasker – Schwarz: Sir Thomas

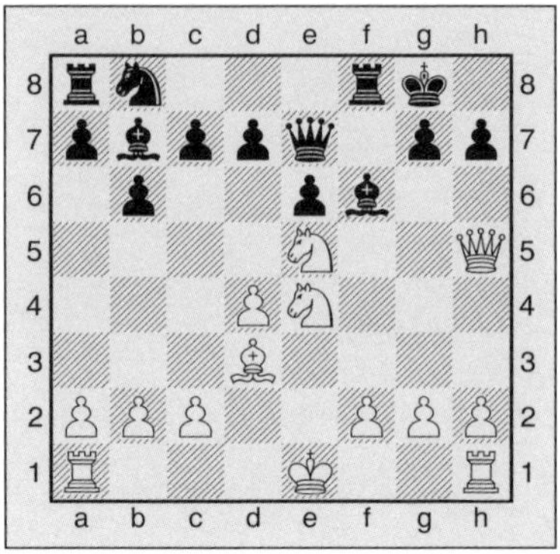

Stellung nach 10. ... ♕e7

Eine erzwungene Königswanderung von frappierendem Ausmaß steht am Ende der folgenden Partie, die 1921 in London zwischen dem Amerikaner Edward Lasker – nicht zu verwechseln mit seinem berühmten Namenskollegen Emanuel Lasker – und dem englischen Vorkämpfer Sir G. Thomas gespielt wurde. Kaum hat die Partie richtig begonnen – die Eröffnung ist noch nicht abgeschlossen – schlägt Weiß zu und überrascht seinen Gegner mit einer unglaublichen Zugfolge, in deren zwingendem Ablauf der schwarze König ins Verderben gezogen wird. Der lückenlose Verlauf dieser phantastischen Wendung ist ein Musterbeispiel der Vorausberechnungskunst menschlichen Geistes.
1. d4 e6 2. ♘f3 f5 3. ♘c3 ♘f6 4. ♗g5 ♗e7 5. ♗xf6 ♗xf6 6. e4 fxe4 7. ♘xe4 b6 8. ♘e5 0-0 9. ♗d3 ♗b7 10. ♕h5 ♕e7 (siehe Diagramm).

Die nun folgende Schlusskombination von Weiß beginnt mit einem Paukenschlag und erzwingt in acht Zügen das Matt. Dabei muss sich der schwarze König unfreiwillig auf eine lange Reise begeben: Er wird gezwungen, über das ganze Brett von g8 bis nach g1 zu marschieren, wo er vom Turm auf a1 mattgesetzt wird. Und nun frisch ans Werk.
(Lösung Seite 177)

8
Weiß: Marschall – Schwarz: Burn

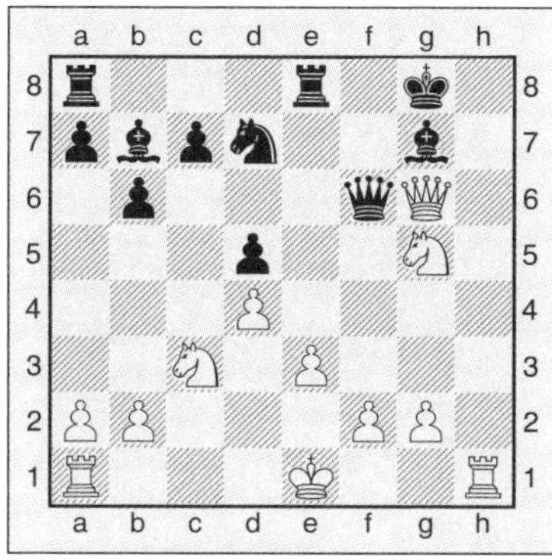

Stellung nach 16. ... ♕f6

Der beste amerikanische Schachspieler zu Beginn des letzten Jahrhunderts war Marshall. Durch seine Teilnahme wurde jedes Turnier belebt. Sein Spiel zeichnete sich durch virtuose Angriffsführung aus, jede Partie legte er scharf auf Gewinn an. Marshall gelangen auch wunderschöne Opfersiege. Da er jedoch oft den Bogen überspannte, musste er manche bittere Niederlage hinnehmen – ein Grund dafür, dass er es nie zu höchsten Schachehren brachte. In der folgenden Partie dringt er mit seinem aggressiven Angriffsstil durch und krönt seinen Überfall mit einem imponierenden Schlusszug, der Schwarz sofort den Garaus macht.

1. d4 d5 2. c4 e6 3. ♘c3 ♘f6 4. ♗g5 ♗e7 5. e3 0-0 6. ♘f3 b6 7. ♗d3 ♗b7 8. cxd5 exd5 9. ♗xf6 ♗xf6 10. h4 g6 11. h5 ♖e8 12. hxg6 hxg6 13. ♕c2 ♗g7 14. ♗xg6 fxg6 15. ♕xg6 ♘d7 16. ♘g5 ♕f6 (siehe Diagramm).

Scheinbar ist es Schwarz gelungen, den weißen Ansturm abzuwehren; denn auf den ersten Blick ist nicht zu erkennen, wie der weiße Angriff erfolgversprechend fortgesetzt werden kann. Doch Marshall hat weitergerechnet, und er hat noch eine Überraschung parat, die dem schwarzen König nicht schmeckt. Was hat er gespielt?
(Lösung Seite 177)

9

Weiß: Aljechin – Schwarz: Subico

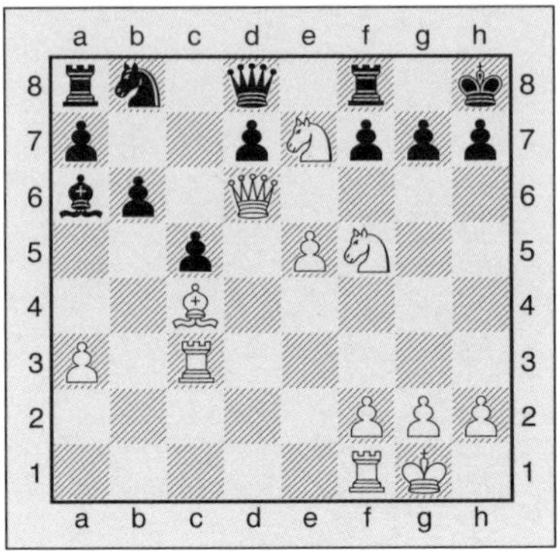

Stellung nach 19. ... ♗a6

Wieder soll eine der berühmten „Blindpartien“ des wohl produktivsten und genialsten Schachweltmeisters aller Zeiten, des Russen Alexander Aljechin, als Anschauungsmaterial dienen. Dabei weiß man nicht, was man beim Spielen ohne Ansicht des Brettes bei Aljechin mehr bewundern soll, die scharfe Angriffsführung mit frühzeitigen materiellen Opfern, die unglaubliche Vorstellungskraft, die nötig ist, um eine so scharfe Partie durchzuspielen, oder die phänomenale Leistung, so kombinatorische Glanzstücke wie den Schluss dieser Partie aus dem Gedächtnis auf das Brett zu zaubern.

1. e4 e5 2. d4 exd4 3. c3 dxc3 4. ♘xc3 ♗b4 5. ♗c4 ♕e7 6. ♘ge2 ♘f6 7. 0-0 0-0 8. ♗g5 ♕e5 9. ♗xf6 ♕xf6 10. ♘d5 ♕d6 11. e5 ♕c5 12. ♖c1 ♕a5 13. a3 ♗xa3 14. bxa3 c6 15. ♘e7+ ♔h8 16. ♕d6 ♕d8 17. ♘d4 b6 18. ♘df5 c5 19. ♖c3 ♗a6 (siehe Diagramm).

In dieser Stellung kündigte Aljechin ein Matt in vier Zügen an, d. h., Schwarz wird nach vier weißen Zügen mattgesetzt, gleichgültig wie er sich verteidigt. Der einleitende Zug dieser Schlusskombination gehört zu den berühmtesten der Schachgeschichte. Wie hat Aljechin fortgesetzt?
(Lösung Seite 177)

10
Weiß: Malmgren – Schwarz: Cuadrado

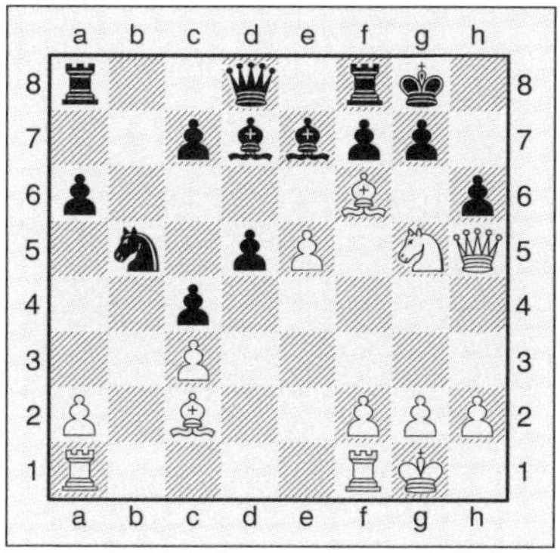

Stellung nach 18. ... ♘b5

Eine besondere Art der Schachbegegnung ist das Fernschach. Dabei werden die einzelnen Züge postalisch übermittelt. Eine Schachpartie dauert meist mehrere Monate, nicht selten länger als ein Jahr. Um ein Turnier in angemessener Zeit abwickeln zu können, müssen die Spieler mehrere Partien gleichzeitig austragen. Die folgende Partie wurde 1954 bei der Fernschachweltmeisterschaft gespielt. Sie ist ein Beispiel dafür, dass es auch im Fernschach, obwohl die Spieler länger als in einer Turnierpartie über jeden Zug nachdenken können, Kurzschlüsse und überraschende Wendungen gibt.

1. e4 e5 2. ♘f3 ♘c6 3. ♗b5 a6 4. ♗a4 ♘f6 5. 0-0 ♘xe4 6. d4 b5 7. ♗b3 d5 8. dxe5 ♗e6 9. ♕e2 ♗e7 10. c4 bxc4 11. ♗a4 ♗d7 12. ♘c3 ♘xc3 13. bxc3 ♘a7 14. ♗c2 ♕c8 15. ♗g5 ♕d8 16. ♗f6 0-0 (Schwarz hätte sich doch auf den Hexentanz nach 16. ... gxf6 17. exf6 einlassen sollen, denn jetzt kommt er vom Regen in die Traufe.)

17. ♘g5 h6 18. ♕h5 ♘b5 (siehe Diagramm).

Natürlich war der weiße Springer auf g5 wegen 19. ♕h7≠ tabu. Schwarz glaubte seine Königsstellung genügend gesichert, doch er irrte. Weiß beendet nun die Partie mit einem Knalleffekt. Welche Züge folgen?

(Lösung Seite 178)

11
Weiß: Duncan – Schwarz: Siegheim

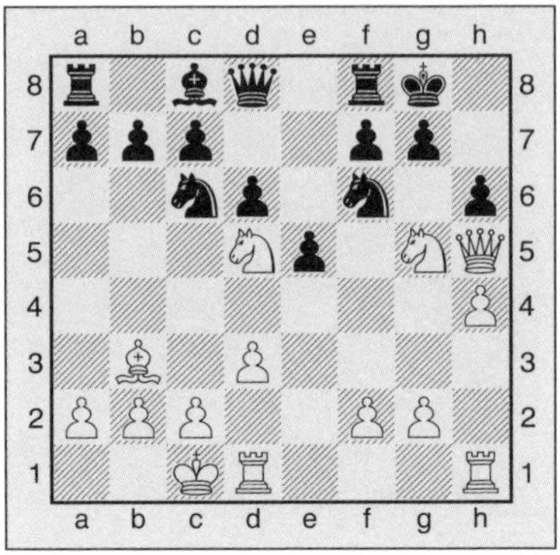

Stellung nach 13. ... ♘f6

Die folgende Partie besticht durch ihren überraschenden Schluss. In einer scharfen Variante der Italienischen Partie opfert Weiß einen Bauern und greift aufgrund des Entwicklungsvorsprungs forsch an. Schwarz verteidigt sich geschickt und behält den Mehrbauern. Fast scheint es, als ob es Schwarz gelungen ist, den weißen Ansturm abzuwehren. In dieser entscheidenden Stellung unterläuft Schwarz ein verhängnisvoller Fehlgriff, den Weiß sofort mit einem verblüffenden Zug zum Gewinn nutzt, indem er in der kompakten schwarzen Rochadestellung eine Schwachstelle aufdeckt. **1. e4 e5 2. ♘c3 ♘f6 3. ♗c4 ♘xe4 4. ♕h5** (auf 4. ♘xe4 war von Schwarz 4. d5 geplant**) ♘d6 5. ♗b3 ♗e7 6. d3 0-0 7. ♘f3 ♘c6 8. ♗g5 ♘e8 9. 0-0-0 d6 10. ♗e7: ♕xe7 11. ♘d5 ♕d8 12. ♘g5 h6 13. h4 ♘f6** (siehe Diagramm).

Es ist kaum zu glauben, dass der naheliegende letzte Zug von Schwarz zwangsläufig zum Verlust führt. Statt dessen hätte 13. ... ♗e6 die Stellung gehalten. Doch Weiß nützt diesen Fehler sofort aus. Er erkennt die Schwächen in der schwarzen Königsstellung und leitet mit einem Glanzzug einen erfolgreichen Mattangriff ein, der zwar typisch, aber keinesfalls leicht zu sehen ist.
(Lösung Seite 178)

12
Weiß: Rojahn – Schwarz: Angos

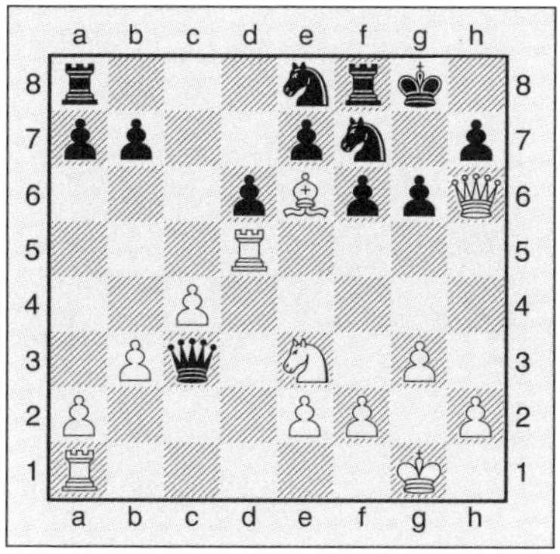

Stellung nach 21. ... ♕c3

Alle zwei Jahre findet das große Schachfestival der Nationen, die Schach-Olympiade (Mannschaftsweltmeisterschaft), statt. Dieses Weltturnier ist auch immer ein Tummelplatz für Schachspieler solcher Länder, in denen das Schach noch in der Entwicklung steht. Dass man aber auch in schachlich schwächeren Ländern zu spielen versteht, soll die folgende Partie demonstrieren, die 1958 bei der Schach-Olympiade in München in der Finalgruppe C in der Begegnung Norwegen – Griechenland gespielt wurde.
1. c4 ♘f6 2. g3 g6 3. ♗g2 ♗g7 4. ♘c3 d6 5. ♘f3 ♘fd7 6. d4 0-0 7. ♗g5 c5 8. 0-0 ♘c6 9. dxc5 ♘xc5 10. ♕d2 ♗e6 11. ♗h6 ♗xh6 12. ♕xh6 f6 13. b3 ♗f7 14. ♖fd1 ♘e6 15. ♗h3 ♕a5 16. ♘d5 ♘c7 17. ♘e3 ♘e5 18. ♘d4 ♘e8 19. ♘e6 ♗xe6 20. ♗xe6+ ♘f7 21. ♖d5 ♕c3 (siehe Diagramm).

Die schwarze Königsstellung erscheint mit ihrer Konzentration an Verteidigungsfiguren als ein uneinnehmbares Bollwerk. Doch Weiß erkennt den Schwachpunkt in der Festung und erstürmt diese mit einem mutigen Zug, der die schwarze Stellung öffnet. Ein weiterer Zug verwandelt anschließend den Königspalast in eine verteidigungslose Ruine.
(Lösung Seite 178)

13

Weiß: Fischer – Schwarz: Miagmasuren

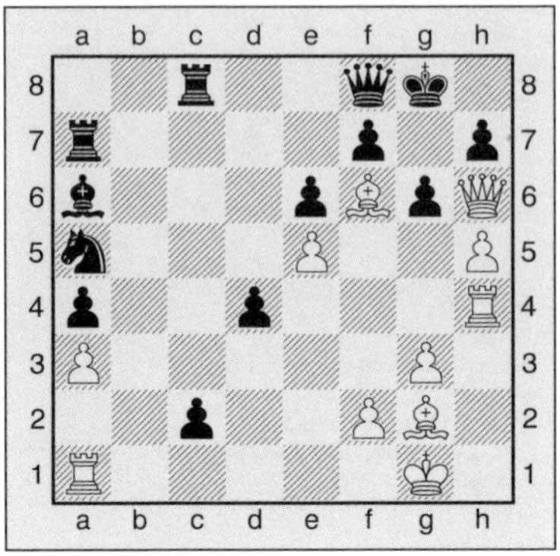

Stellung nach 30. ... ♕f8

Der Amerikaner Robert (Bobby) Fischer zählt zu den Ausnahmeerscheinungen im Schachsport. Seine Partien sind Perlen der Schachkunst. Er errang 1972 über den Sowjetrussen Boris Spassky die Weltmeisterschaft, trat drei Jahre später gegen den neuen Herausforderer Anatoli Karpow (UdSSR) wegen Nichterfüllung seiner Bedingungen nicht an und zog sich im Anschluss daran völlig vom Wettkampfsport zurück. Die folgende Partie aus dem Turnier in Sousse (Tunesien) zeigt seinen unnachahmlichen Stil, mit unauffälligen Zügen eine entscheidungsreife Position vorzubereiten.

1. e4 e6 2. d3 d5 3. ♘d2 ♘f6 4. g3 c5 5. ♗g2 ♘c6 6. ♘f3 ♗e7 7. 0-0 0-0 8. e5 ♘d7 9. ♖e1 b5 10. ♘f1 b4 11. h4 a5 12. ♗f4 a4 13. a3 bxa3 14. bxa3 ♘a5 15. ♘e3 ♗a6 16. ♗h3 d4 17. ♘f1 ♘b6 18. ♘g5 ♘d5 19. ♗d2 ♗xg5 20. ♗xg5 ♕d7 21. ♕h5 ♖fc8 22. ♘d2 ♘c3 23. ♗f6 ♕e8 24. ♘e4 g6 25. ♕g5 ♘xe4 26. ♖xe4 c4 27. h5 cxd3 28. ♖h4 ♖a7 29. ♗g2 dxc2 30. ♕h6 ♕f8 (siehe Diagramm).

Auf leisen Sohlen hat Weiß ein Mattnetz vorbereitet, während er seinen Gegner auf der Damenseite fast uneingeschränkt gewähren ließ. Der Verteidigungszug mit der schwarzen Dame kommt zu spät. Mit einem Kraftzug erzwingt Weiß die Entscheidung.
(Lösung Seite 179)

14
Weiß: Vidmar – Schwarz: Euwe

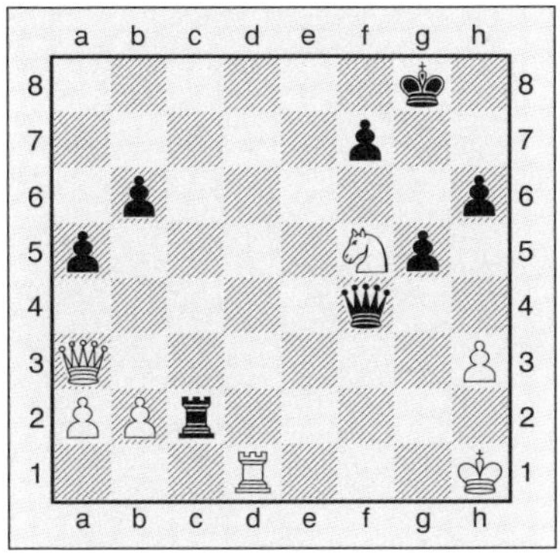

Stellung nach 36. ... ♔g8

Die Partie zwischen dem jugoslawischen Großmeister Dr. Vidmar und dem holländischen Ex-Weltmeister Dr. Euwe beinhaltet ein Duell auf Biegen oder Brechen. In dem kompromisslosen Gefecht dreht Weiß in fast hoffnungsloser Lage den Spieß um und erzwingt mit einer sehenswerten Schlusskombination noch den Sieg. Ein großartiger Opferzug ist dabei der Schlüssel zum Erfolg.

1. d4 ♘f6 2. ♘f3 g6 3. ♗g5 ♗g7 4. ♘bd2 c5 5. e3 b6 6. ♗d3 ♗b7 7. 0-0 h6 8. ♗f4 d6 9. c3 ♘h5 10. ♕b3 ♘xf4 11. exf4 0-0 12. ♖ad1 ♘c6 13. ♗b1 cxd4 14. cxd4 e6 15. ♘e4 ♘e7 16. ♕a3 ♘f5 17. ♖d2 ♕e7 18. ♘g3 ♘xg3 19. fxg3 ♖fc8 20. g4 ♖c7 21. f5 exf5 22. gxf5 g5 23. ♖e1 ♕f6 24. h3 ♖ac8 25. ♖dd1 ♖c4 26. d5 a5 27. ♘d2 ♕d4+ 28. ♔h1 ♕xd5 29. ♗e4 ♖xe4 30. ♘xe4 ♕xf5 31. ♘xd6 ♗xg2+ 32. ♔xg2 ♖c2+ 33. ♔h1 ♕f4 34. ♖e8+ ♗f8 35. ♖xf8+ ♔xf8 36. ♘f5+ ♔g8 (auf 36. ... ♔e8 folgt 37. ♕e7≠) siehe Diagramm.

Der weiße König befindet sich im Würgegriff von Dame und Turm des Gegners. Die Abwehr dieser Drohung bringt dem Weißen Materialverlust und eine verlorene Stellung ein. Der schwarze König hingegen hat einen freien Fluchtweg über die Randlinie. Doch Weiß hat weiter gerechnet und wandelt den drohenden Verlust in einen glänzenden Sieg um.
(Lösung Seite 179)

Shiff – Kashdan

15

Weiß: Shiff – Schwarz: Kashdan

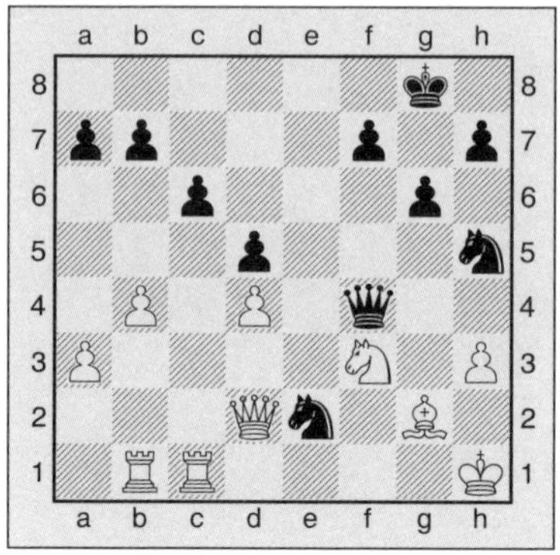

Stellung nach 30. ♕d2

Die folgende Partie aus einer US-Meisterschaft zeichnet sich aus durch einen stürmischen Opferangriff, in dessen Schlussverlauf Schwarz den Gewinn der gegnerischen Dame verschmäht und dafür ein ausgefallenes Matt auf das Brett zaubert.

1. d4 ♘f6 2. c4 e6 3. ♘c3 ♗b4 4. ♕c2 d5 5. a3 ♗e7 6. cxd5 exd5 7. ♗f4 c6 8. h3 0-0 9. e3 ♖e8 10. ♗d3 ♘bd7 11. ♘f3 ♘f8 12. ♘e5 ♗d6 13. 0-0 ♘e6 14. ♗h2 g6 15. ♘f3 ♘g7 16. ♗xd6 ♕xd6 17. ♖fc1 ♗f5 18. ♘d2 ♖e7 19. b4 ♖ae8 20. ♖ab1 ♗xh3 (Der Hexentanz beginnt: Schwarz opfert, was das Zeug hält – Weiß verteidigt sich, so gut es geht.**) 21. gxh3 ♖xe3 22. ♗f1 ♘f5 23. fxe3 ♕g3+ 24. ♗g2 ♕xe3+** (auf 24. ... ♘xe3 war 25. ♘f1 geplant**) 25. ♔h1 ♘g3+ 26. ♔h2 ♕f4 27. ♘f3 ♖e2 28. ♘xe2 ♘xe2+ 29. ♔h1 ♘h5 30. ♕d2** (siehe Diagramm).

Und nun platzt die Bombe. Schwarz hat zwei Türme geopfert und muss mit dem verbleibenden Material auskommen. Der gute Schachspieler sieht schnell, dass die weiße Dame als Entschädigung gewonnen werden kann, was wahrscheinlich auch zum Sieg führt. Aber Schwarz spielt besser, er sieht eine Wendung, die das Matt erzwingt und die zum Rüstzeug eines jeden Schachmeisters gehört. Wie sieht die Wendung aus?
(Lösung Seite 179)

16
Weiß: Besser – Schwarz: Haakert

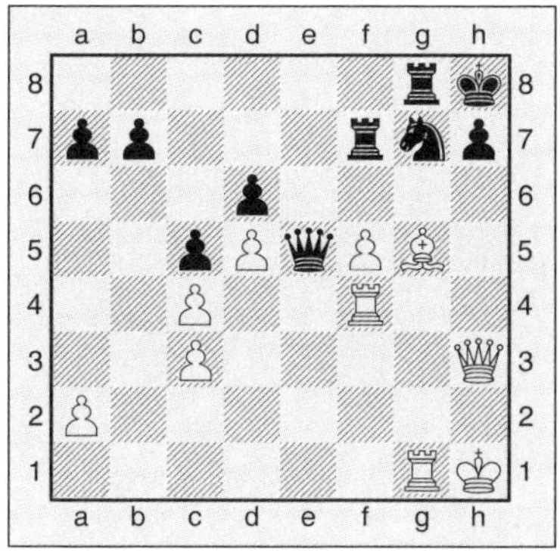

Stellung nach 25. ... ♕e5

Die nachstehende Partie aus der Deutschen Einzelmeisterschaft 1967 in Kiel nimmt einen eigenartigen Verlauf. Schwarz versucht, seine Königsstellung völlig zu blockieren und dadurch vor einem gegnerischen Angriff zu schützen. Die weißen Steine führte Hans Besser aus Aachen, die damalige Überraschung beim Titelturnier. Ihm gelingt es mit äußerster Energie, das schwarze Bollwerk aufzuknacken. So kompromisslos Weiß die Partie spielte, so zwingend beendete er sie auch. Mit einer prächtigen Schlusskombination nützt er die etwas unglückliche Stellung der schwarzen Verteidigungsfiguren geschickt aus.

1. c4 ♘f6 2. ♘c3 g6 3. d4 ♗g7 4. e4 d6 5. f4 0-0 6. ♘f3 c5 7. d5 e6 8. ♗e2 exd5 9. exd5 ♘h5 10. 0-0 ♗xc3 11. bxc3 ♘g7 12. ♗d3 ♗g4 13. f5 ♘d7 14. ♗h6 g5 15. ♕d2 f6 16. h4 ♗xf3 17. gxf3 ♘e5 18. hxg5 ♘xd3 19. ♕xd3 fxg5 20. f4 gxf4 21. ♖xf4 ♕f6 22. ♕h3 ♔h8 23. ♔h1 ♖f7 24. ♖g1 ♖g8 25. ♗g5 ♕e5 (siehe Diagramm).

Der schwarze König befindet sich scheinbar in einem sicheren Versteck, gut bewacht von einer starken „Leibgarde“, und die Dame gut postiert in der Mitte des Bretts. Was soll da noch passieren? Ein Trugschluss – denn wie ein Blitz aus heiterem Himmel schlägt es in die schwarze Stellung ein. (Lösung Seite 180)

Leupold – Niedermaier

17

Weiß: Leupold – Schwarz: Niedermaier

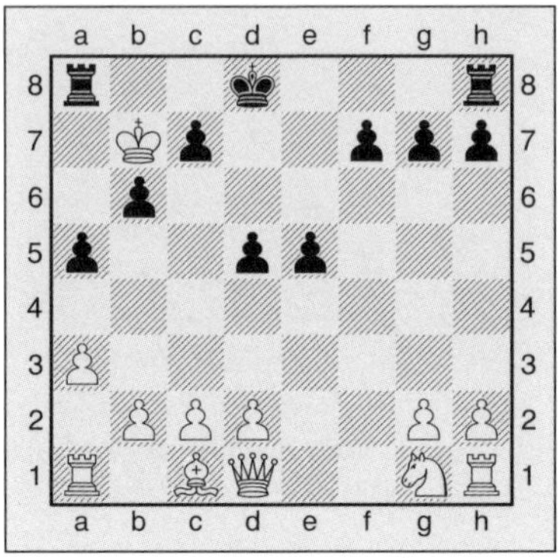

Stellung nach 17. ♔xb7

Einen außergewöhnlichen Verlauf nahm die folgende Partie bei der Bayerischen Jugendmeisterschaft 1966. Schon im dritten Zug (!) opfert Schwarz eine Figur und zwingt den weißen König zu einer weiten Reise. Beide Gegner kannten natürlich das theoretische Abspiel, der Weiße aber nicht gut genug, denn er tappt schließlich in eine sehenswerte Mattfalle.

1. e4 e5 2. ♘c3 ♗c5 3. ♘a4 ♗xf2+ 4. ♔xf2 ♕h4+ 5. ♔e3 (auf 5. g3 folgt ♕xe4 mit Angriff auf Turm und Springer) **♕f4+ 6. ♔d3 d5 7. ♔c3** (7. ♘c3 wird mit f5 beantwortet) **♕xe4 8. ♔b3 ♘a6 9. a3** (auf 9. ♗xa6 wird dem Anziehenden die offene b-Linie zum Verhängnis) **♕xa4+ 10. ♔xa4 ♘c5+ 11. ♔b4 a5+ 12. ♔xc5 ♘e7 13. ♗b5+ ♔d8 14. ♗c6** (erzwungen!) **b6+ 15. ♔b5 ♘xc6** (droht 16. ... ♘d4+ und 17. ... ♗d7≠) **16. ♔xc6 ♗b7+ 17. ♔xb7** (siehe Diagramm).

Übermut demonstriert Weiß mit seinem letzten Zug. Mit zwei Figuren und einer beweglichen Dame mehr fühlte er. sich sehr stark. Natürlich hätte er mit 17. ♔b5 ♗a6+ 18. ♔c6 ♗b7+ usw. remis erzwingen können, doch nach dem ausgeführten Zug sitzt der weiße König in der Falle. Gibt es für Weiß noch eine Rettung, oder kann Schwarz die Kerkertüre schließen? Wie kann Schwarz fortfahren?

(Lösung Seite 180)

18

Weiß: Bogoljubow – Schwarz: Dame als Simultangegnerin

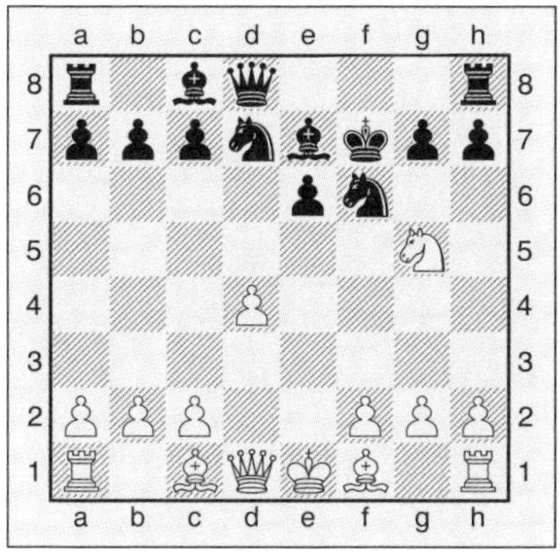

Stellung nach 8. ♘g5+

Als das Mannheimer Meisterturnier 1914 wegen des Kriegsbeginns abgebrochen wurde, blieb Efim Bogoljubow in Deutschland und wurde mit anderen russischen Teilnehmern (u. a. Aljechin) interniert. Im Jahre 1927 nahm er die deutsche Staatsbürgerschaft an. Nach dem Krieg drang er in die Weltspitze vor und errang zahlreiche internationale Turniersiege. Bis zu seinem Tode im Jahre 1952 hat er den deutschen Schachsport belebt. Von den starken Spielern gefürchtet, beim Schachpublikum wegen seiner Schlagfertigkeit beliebt, war Bogoljubow immer ein gern gesehener Simultanspieler. Als er bei einer Reihenvorstellung in einer deutschen Großstadt eine am Spiel teilnehmende Dame auf dem Schachbrett in arge Bedrängnis brachte, ereignete sich folgender Vorfall:

1. e4 e6 2. d4 d5 3. ♘c3 dxe4 4. ♘xe4 ♘d7 5. ♘f3 ♘f6 6. ♘eg5 ♗e7 7. ♘xf7 ♔xf7 8. ♘g5+ (siehe Diagramm).

Hier war die Dame sehr betrübt:

„Wenn ich mit dem König nach g8 gehe, nehmen Sie mir durch den Springer alles weg; ziehe ich aber ♔e8, so verliere ich die Dame ... " Von Mitleid gerührt machte der Großmeister das Angebot: „Bitta sähr, wenn Sie wollen, drähn wir Brett uhm?" und der Meister spielte mit den schwarzen Steinen weiter:

8. ... ♔g8 9. ♘xe6 – er schien verloren, stellte seiner Gegnerin aber eine teuflische Falle, in die sie auch prompt tappte.

(Lösung Seite 180)

19

Weiß: Pfister – Schwarz: Güroff

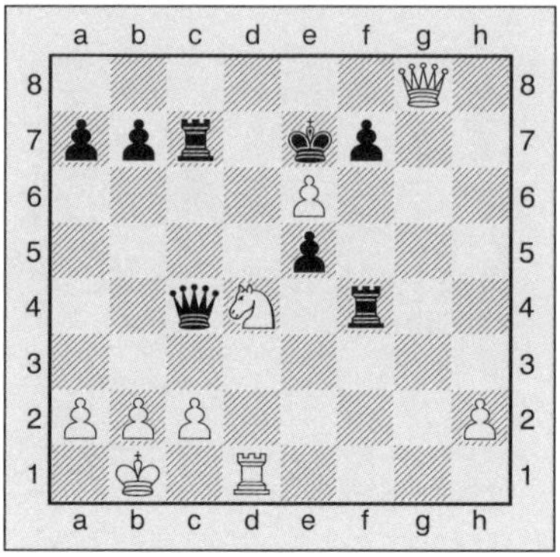

Stellung nach 26. ... ♔e7

Nicht nur auf höchster Meisterebene werden glanzvolle Schlusskombinationen gespielt, sondern auch in unteren Klassen. In der folgenden Auseinandersetzung beim Meisterschaftskampf der Schach-Bayernliga zwischen Bamberg und Würzburg aus dem Jahre 1969 gelang dem unterfränkischen Meisterspieler Pfister eine phantastische Schlusswendung, die jedem Weltklassespieler zur Ehre gereichen würde. Mit einer prachtvollen Kombination beendete er überraschend die Partie:

1. e4 c5 2. ♘f3 ♘c6 3. d4 cxd4 4. ♘xd4 ♘f6 5. ♘c3 d6 6. ♗g5 ♗d7 7. ♕d2 ♖c8 8. ♗c4 ♕a5 9. ♗xf6 gxf6 10. 0-0-0 ♘e5 11. ♗b3 ♘c4 12. ♗xc4 ♖xc4 13. ♘b3 ♕a6 14. ♔b1 e6 15. ♖he1 ♖c7 16. ♕f4 ♖g8 17. ♕xf6 ♗g7 18. ♘d5 exd5+ 19. exd5+ ♗e6 20. ♕f5 ♗e5 21. dxe6 ♕c4 22. ♘d4 ♖xg2 23. f4 ♖f2 24. ♕xh7 ♖xf4 25. ♖xe5 dxe5 26. ♕g8+ ♔e7 (siehe Diagramm).

Weiß scheint sich veropfert zu haben, wie soll er fortfahren? Doch der weiße Schlusszug schlägt wie eine Bombe ein und entscheidet die Partie sofort mit undeckbarem Matt. Kein Problemautor kann eine schönere Rätselaufgabe schaffen, wie der die weißen Steine führende Spieler sie auf das Brett zauberte.

(Lösung Seite 181)

20

Weiß: Spielmann – Schwarz: Walter

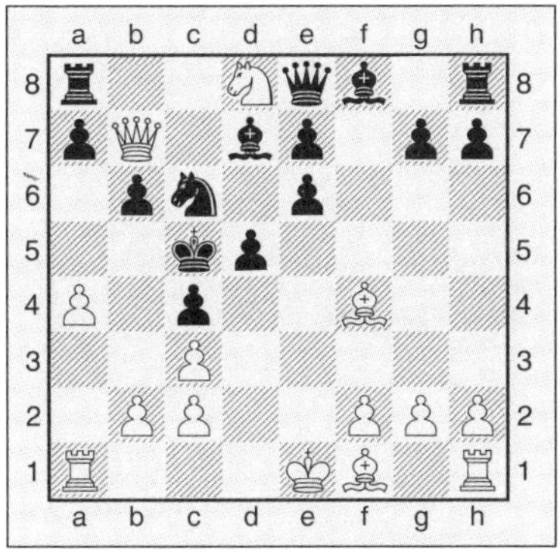

Stellung nach 18. ... ♔c5

Zu den stärksten Schachmeistern in den 20er und 30er Jahren gehörte Rudolf Spielmann, der am 5. Mai 1883 in Wien geboren und am 21. August 1942 in Stockholm gestorben ist. Mit seinem angriffsfreudigen Spiel und seinen Angriffs- und Kombinationskünsten wurde er von der Schachwelt geschätzt, weil er damit dem Publikum höchste Spannung zu bieten verstand. Für den eleganten Partieschluss in der folgenden Partie beim Turnier in Trentschin-Teplitz im Jahre 1928 wurde Spielmann ein Schönheitspreis verliehen. In der Tat ist die Jagd des schwarzen Königs sehenswert. **1. e4 c6 2. ♘c3 d5 3. ♘f3 ♘f6 4. e5 ♘e4 5. ♕e2 ♘xc3 6. dxc3 b6 7. ♘d4 c5 8. e6 fxe6 (oder 8. ... cxd4 9. ♕b5+ ♗d7 10. exf7+ ♔xf7 11. ♕xd5+ 12. ♕xa8) 9. ♕h5+ ♔d7 10. ♘f3 ♔c7 11. ♘e5 ♗d7 12. ♘f7 ♕e8 13. ♕e5+ ♔b7 14. ♗f4 c4 15. ♕c7+ ♔a6 16. ♘d8 ♘c6 17. ♕b7+ ♔b5 18. a4+ ♔c5** (siehe Diagramm).

Nach einer Marathonwanderung scheint der schwarze König endlich vor den zudringlichen Angriffen der weißen Figuren durch das ruhige Plätzchen auf c5 sicher zu sein. Doch der Schein trügt, der Anziehende beendet die Königsjagd mit einem „Blattschuss von klassischer Schönheit und setzt den schwarzen König in zwei Zügen matt.

(Lösung Seite 181)

Foulds – Lang

21

Weiß: Foulds – Schwarz: Lang

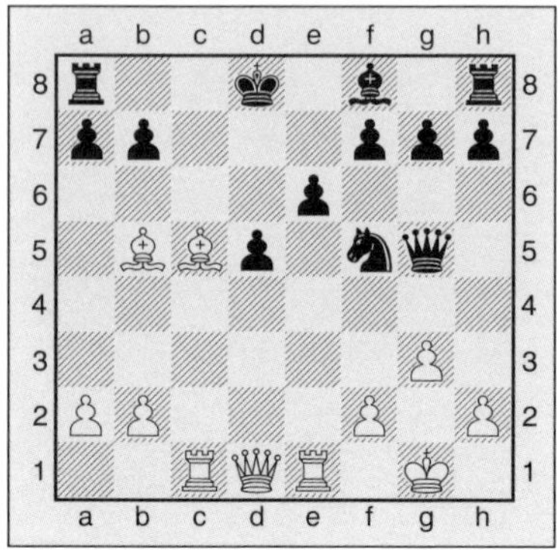

Stellung nach 17. ... ♕g5

Die folgende Partie wurde um die Meisterschaft von Neuseeland im Jahre 1956 gespielt. Sie enthält eine brillante Schlusskombination, in deren Verlauf ein überraschendes Figurenopfer gleich drei schlüssige Mattvarianten auslöst.

1. e4 e6 2. d4 d5 3. e5 c5 4. c3 ♘c6 5. ♘f3 ♕b6 6. ♗d3 cxd4 7. cxd4 ♗d7 8. 0-0

Damit leitet Weiß ein doppeltes Bauernopfer ein, nach dessen Annahme Schwarz in Entwicklungsrückstand gerät.

8. ... ♘xd4 9. ♘xd4 ♕xd4 10. ♘c3 ♕xe5 11. ♖e1 ♕d6 12. ♘b5 ♗xb5 13. ♗xb5+ ♔d8 14. ♗e3 ♘e7 15. ♖c1 ♘f5 16. ♗c5 ♕f4 17. g3 ♕g5 (siehe Diagramm), und jetzt platzt die Bombe.

Mit zwei Mehrbauern als Unterpfand und dem stabilen Bauernwall vor der Königsstellung wähnte sich Schwarz sicher vor überraschenden Mattangriffen. Doch Weiß stürmte die Stellung mit einem wuchtigen Frontalangriff, der die schwarze Position wie ein Kartenhaus zusammenstürzen lässt. Wie läuft der strategische und kombinatorische Angriffsplan ab?

(Lösung Seite 181)

22

Weiß: Unzicker – Schwarz: Heinrich

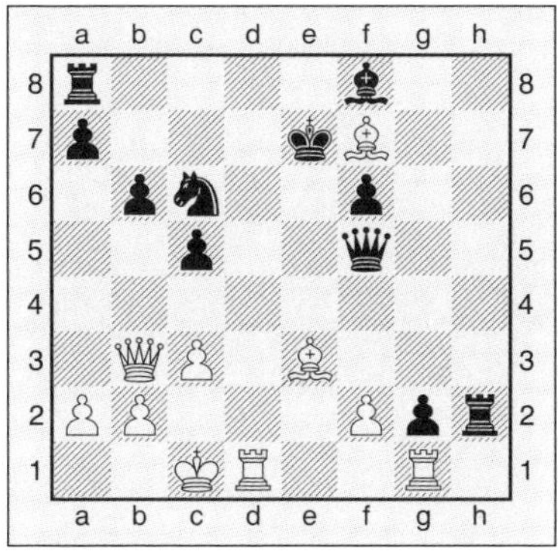

Stellung nach 18. ... ♔xe7

Der deutsche Großmeister Wolfgang Unzicker aus München (geb. 26. Juni 1925 in Pirmasens) kämpfte sich nach dem Zweiten Weltkrieg zur Nummer eins der bundesdeutschen Schach-Elite empor. Mehr als zwei Jahrzehnte war er der national und international erfolgreichste deutsche Schachmeister. Sieben deutsche Einzelmeisterschaften und acht deutsche Mannschaftsmeisterschaften am Spitzenbrett für seinen Verein SC 1836 München, dem er immer treu geblieben ist, drücken seine Vormachtstellung im deutschen Schachsport aus. Am Spitzenbrett der deutschen Nationalmannschaft hatte er maßgeblichen Anteil an internationalen Erfolgen. Sein sicherer Kampfstil ließ riskante Kombinationen nicht zu, und seine schnörkellose Spielweise wirkte dennoch nie langweilig, weil er es verstand, den geraden Weg zum Mattangriff einzuschlagen.
1. e4 c6 2. d4 d5 3. ♘c3 dxe4 4. ♘xe4 ♘f6 5. ♘xf6+ gxf6 6. ♗c4 ♗f5 7. ♘e2 h5 8. ♘g3 h4 9. ♘xf5 ♕a5+ 10. c3 ♕xf5 11. ♕b3 b6 12. ♗xf7+ ♔d8 13. ♗e3 h3 14. 0-0-0 hxg2 15 ♖hg1 ♖xh2 16. d5 c5 17. d6 ♘c6 18. dxe7++ ♔xe7 (siehe Diagramm).

In dieser Stellung hat Weiß einen überraschenden Mattangriff parat, dem Schwarz nichts entgegensetzen kann. In höchstens drei Zügen ist die Partie zu Ende.
(Lösung Seite 182)

23

Weiß: Radić – Schwarz: Arendt

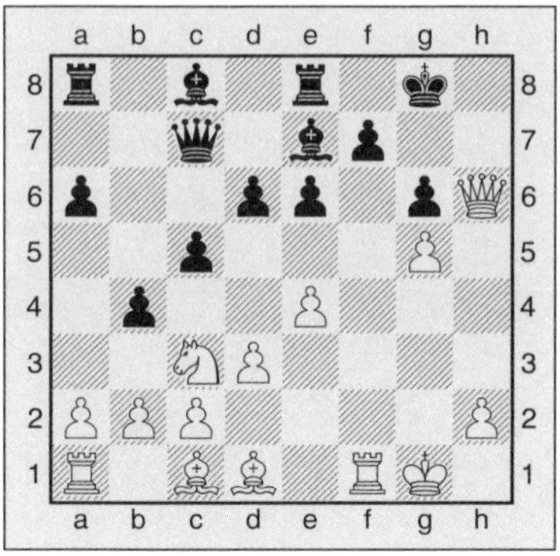

Stellung nach 17. ... ♖e8

Ein grandioses Kabinettstückchen gelang in der folgenden Partie um die Deutsche Mannschaftsmeisterschaft 1973 dem für den Bamberger Schachclub spielenden jugoslawischen Meisterspieler Paul Radić in der Begegnung mit den Stuttgarter Schachfreunden. Nach eigenwilliger Eröffnungsbehandlung und kompromisslosem Königsangriff erzwingt Weiß ein Matt in 16 **(!)** Zügen. Paul Radić, aus der Meistergarde von Belgrad hervorgegangen, wurde als hervorragender Blindsimultanspieler bekannt: Am 12. April 1959 absolvierte er in Titovo-Uzice (Jugoslawien) ein Blindsimultanspiel (ohne Ansicht der Schachbretter) gegen 35 Spieler gleichzeitig. Das war damals Europarekord. Anfang der 70er Jahre hat sich der Diplomingenieur in Bamberg niedergelassen.

1. e4 c5 2. ♘c3 d6 3. f4 ♘c6 4. ♘f3 ♘f6 5. d3 e6 6. ♗e2 ♗e7 7. 0-0 0-0 8. ♕e1 a6 9. ♗d1 b5 10. ♕g3 ♕c7 11. ♕h3 h6 12. g4 ♘h7 13. g5 hxg5 14. ♘xg5 ♘xg5 15. fxg5 b4 (Originell ist, dass der angegriffene weiße Springer 17 Züge lang nicht genommen werden kann – und zur Mattfigur wird.) **16. ♕h5** (droht 17. ♖f4 und 18. ♖h4) **16. ... g6 17. ♕h6 ♖e8** (siehe Diagramm).

Was sich nun abspielt, findet sich nur in klassischen Vorbildern: Eine Serie von Materialopfern, welche eine köstliche Königswanderung bis zum Matt auslöst. Erstaunlich, dass auch der weiße Turm auf a1 mitwirkt.

(Lösung Seite 182).

24

Weiß: Liu Wen Che – Schwarz: Donner

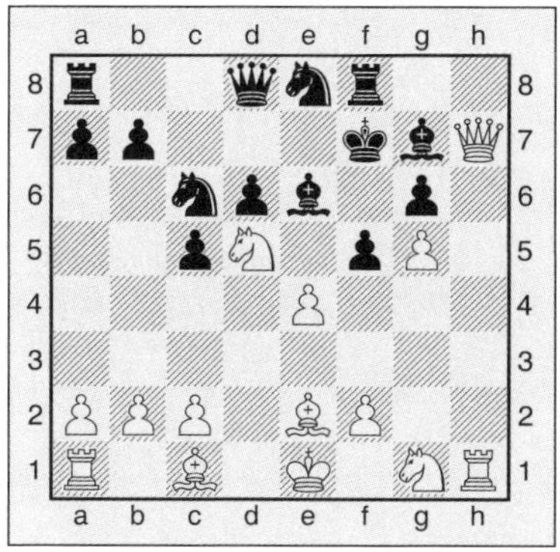

Stellung nach 15. ... ♔f7

Überraschungssiege unbekannter Spieler über profilierte Meister sind das Salz in der Suppe eines Schachturniers. Ein besonders drastisches Beispiel ereignete sich bei der Schach-Olympiade 1978 in Buenos Aires, der im Turnus von zwei Jahren stattfindenden Mannschafts-Weltmeisterschaft. Immer wieder bringen schwächere Schachnationen Spieler hervor, die durchaus in der Lage sind, auch Weltklassespielern hin und wieder ein Bein zu stellen. In Buenos Aires saßen sich damals in der Begegnung China gegen Holland mit Jan Hein Donner ein international erfolgreicher und bekannter Spitzenkönner und mit dem jungen Chinesen Liu Wen Che ein unbeschriebenes Blatt gegenüber. Der selbstsichere Holländer erlebte dabei eine peinliche Überraschung.

1. e4 d6 2. d4 ♘f6 3. ♘c3 g6 4. ♗e2 ♗g7 5. g4 h6 6. h3 c5 7. d5 0-0 8. h4 e6 9. g5 hxg5 10. hxg5 ♘e8 11. ♕d3 exd5 12. ♘xd5 ♘c6 13. ♕g3 ♗e6 14. ♕h4 f5 15. ♕h7+ ♔f7 (siehe Diagramm).

Schwarz hat offensichtlich den weißen Mattangriff nicht ernst genommen, doch die Strafe folgt auf dem Fuße. Plötzlich überrascht Weiß seinen Gegner mit einer lückenlosen Mattkombination, in deren Verlauf der schwarze König nach längstens sieben Zügen zur Strecke gebracht wird.
(Lösung Seite 183)

25

Weiß: Nacht – Schwarz: Dr. Troianescu

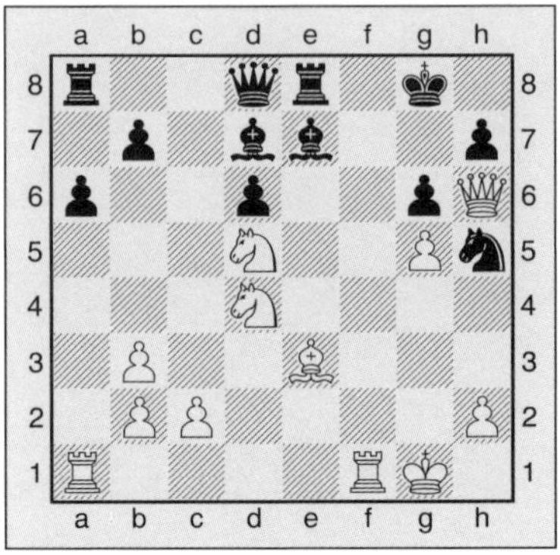

Stellung nach 22. ... fxg6

Diese Partie aus der Landesmeisterschaft 1960 von Rumänien ist ein weiteres Beispiel dafür, dass auch Großmeister manchmal gegen ein Debakel machtlos sind. Wenn in einer sturmreifen Position die Züge einer Mattkombination so nahtlos wie hier aneinanderpassen, dann muss der Delinquent hilflos seiner “Hinrichtung” zusehen. Auch dem international erfolgreichen Dr. Troianescu ging es in der folgenden Partie nicht anders. Als die Mattlawine ins Rollen kam, war keine Rettung mehr möglich. Es musste nur der erste Stein (sprich der entscheidende Zug) bewegt werden.

1. e4 c5 2. ♘f3 ♘c6 3. d4 cxd4 4. ♘xd4 ♘f6 5. ♘c3 d6 6. ♗c4 ♕b6 7. ♘d4e2 e6 8. 0-0 ♗e7 9. ♗b3 0-0 10. ♗e3 ♕c7 11. ♘e2d4 a6 12. f4 ♘a5 13. ♕f3 ♗d7 14. g4 ♘e8 15. g5 ♕d8 16. ♕h5 ♘xb3 17. axb3 g6 18. ♕h6 ♘g7 19. f5 exf5 20. exf5 ♖e8 21. ♘d5 ♘h5 22. fxg6 fxg6 (siehe Diagramm).

Schwarz steht mit dem Rücken zur Wand und hofft, sich ausreichend verteidigen zu können. Doch der Angreifer findet den Schwachpunkt in der schwarzen Stellung und beendet die Partie mit einer prächtigen Schlusskombination in wenigen Zügen.

(Lösung Seite 183)

26

Weiß: Vatter – Schwarz: Klundt

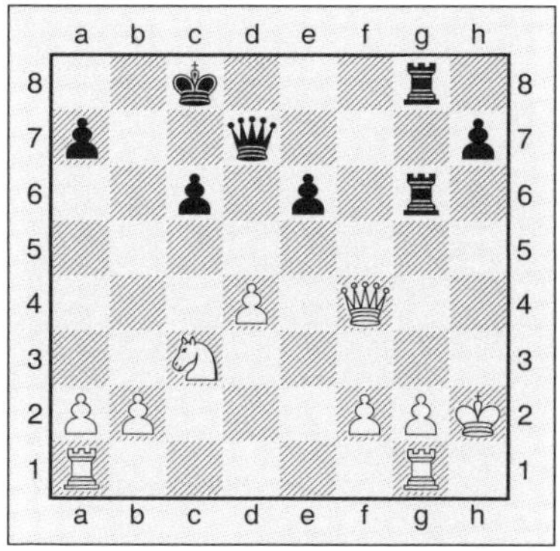

Stellung nach 23. ♕xf4

Die Wettkämpfe der deutschen Schach-Bundesliga bringen immer wieder Leckerbissen auf den 64 Feldern hervor. Neben den seit Bestehen der höchsten Spielklasse im Jahre 1974 dominierenden Mannschaften der SG Solingen und der SG Porz hat sich seit Anfang der 80er Jahre die Schachabteilung des FC Bayern München (aus dem Schachverein Anderssen-Bavaria hervorgegangen) als weitere Spitzenmannschaft hinzugesellt. Einer der diesem Team am längsten angehört und zudem zu den erfolgreichsten Mannschaftsmitgliedern zählt, ist Klaus Klundt. In der folgenden Partie am dritten Brett der Bundesligabegegnung mit dem SK Zähringen am 4. April 1981 zauberte der Münchener einen Glanzzug aufs Brett, der die Partie mit einem Schlag entschied.

1. e4 c5 2. c3 ♘f6 3. e5 ♘d5 4. d4 cxd4 5. xcd4 d6 6. ♘f3 ♘c6 7. ♗c4 ♘b6 8. ♗b5 dxe5 9. ♘xe5 ♗d7 10. ♘xd7 ♕xd7 11. 0-0 e6 12. ♕g4 ♗d6 13. ♕xg7 0-0-0 14. ♗e3 ♖hg8 15. ♕h6 f5 16. ♗xc6 bxc6 17. ♔h1 ♖g6 18. ♕h3 ♖dg8 19. ♖g1 ♘d5 20. ♘c3 ♘xe3 21. ♕xe3 ♗xh2 22. ♔xh2 f4 23. ♕xf4 (siehe Diagramm).

Weiß hatte wohl keine Wahl, zum Überleben musste er den vergifteten Köder in Form des Bauernopfers schlucken. Jetzt deckt Schwarz seine Karten auf und hebt die weiße Stellung mit einem verblüffenden Zug aus den Angeln.

(Lösung Seite 183)

Sämisch – Koller

27

Weiß: Sämisch – Schwarz: Koller

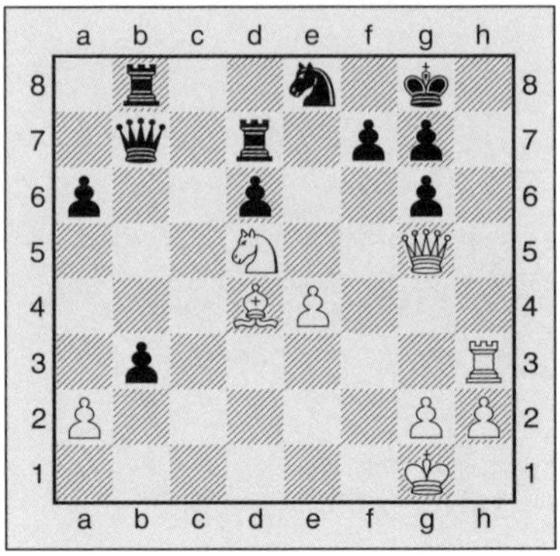

Stellung nach 28. ... cxb3

Fritz Sämisch (1896 – 1975) war eine der schillerndsten deutschen Schachpersönlichkeiten. Er war der erste deutsche Großmeister nach dem Zweiten Weltkrieg. Seinen größten internationalen Erfolg errang er 1925 im Turnier von Baden-Baden, wo er hinter Aljechin und Rubinstein, bei Teilnahme fast der gesamten Weltelite, den dritten Platz errang. Berühmt wurde er durch seine tiefgründigen Neuerungen in der Eröffnungstheorie, wobei manche Varianten seinen Namen tragen. Als Simultan- und Blindspieler hat er in unzähligen Veranstaltungen sein großes Können unter Beweis gestellt. In der folgenden Partie, die er 1949 in Bern blind spielte, demonstrierte er ohne Ansicht des Brettes eine zwingende Opferkombination, welche die schwarze Königsstellung tödlich lähmt.

1. e4 c5 2. ♘f3 d6 3. ♗b5+ ♗d7 4. ♗xd7+ ♕xd7 5. 0-0 ♘c6 6. d4 cxd4 7. ♘xd4 e6 8. c4 ♘f6 9. ♘c3 ♗e7 10. b3 0-0 11. ♗b2 ♖fd8 12. ♕d2 ♘e8 13. ♖ad1 a6 14. ♘d4c2 ♕c7 15. ♘e3 ♕b8 16. ♕e2 b5 17. ♖d2 ♘e5 18. f4 ♘g6 19. ♕f2 ♕b6 20. f5 ♗g5 21. ♘c3d5 exd5 22. ♗d4 ♕b7 23. fxg6 hxg6 24. ♘xd5 ♗xd2 25. ♕xd2 ♖ab8 26. ♕g5 ♖d7 27. ♖f3 bxc4 28. ♖h3 cxb3 (siehe Diagramm).

Schwarz glaubte seine Königsstellung optimal gesichert zu haben, doch Sämisch findet einen Weg, den Königspalast im Sturm zu erobern.
(Lösung Seite 184)

28

Weiß: Petrosjan – Schwarz: Pachmann

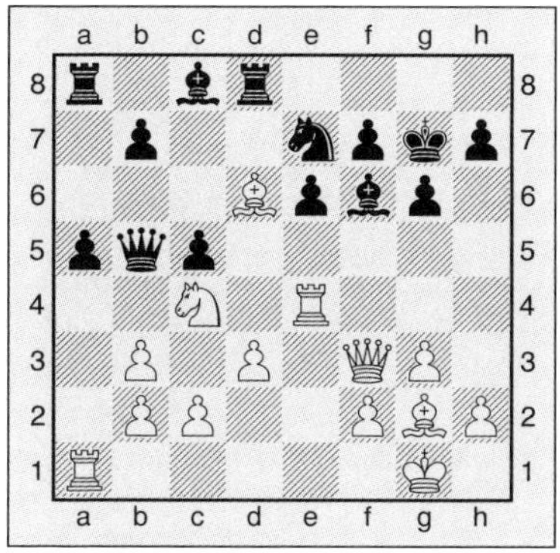

Stellung nach 18. ... ♖d8

Der sowjetische Großmeister Tigran Petrosjan (1929 – 1984) war von 1963 bis 1969 Weltmeister. Er galt als Remiskünstler und schwer zu besiegender Gegner. Meist zog er defensiv und lauerte auf Fehler der Gegenspieler. Dass er aber nicht nur positionell, sondern auch kombinatorisch zuschlagen konnte, zeigt der überraschende Mattangriff in der folgenden Partie (Bled 1961) gegen den tschechischen Großmeister Ludek Pachman, damals lange Zeit der stärkste Spieler der CSSR und auch international ein schwer zu besiegender Kontrahent. Doch diese Begegnung von zwei Positionsspielern endet in einer sehenswerten kombinatorischen Schlusswendung. **1. ♘f3 c5 2. g3 ♘c6 3. ♗g2 g6 4. 0-0 ♗g7 5. d3 e6 6. e4 ♘g8e7 7. ♖e1 0-0 8. e5 d6 9. exd6 ♕xd6 10. ♘b1d2 ♕c7 11. ♘b3 ♘d4 12. ♗f4 ♕b6 13. ♘e5 ♘xb3 14. ♘c4 ♕b5 15. axb3 a5 16. ♗d6 ♗f6 17. ♕f3 ♔g7 18. ♖e4 ♖d8** (siehe Diagramm).

Weiß hat mit seinem letzten Zug eine Mattkombination vorbereitet, die Schwarz nicht erkennt. Ahnungslos tappt er in die von Petrosjan wohlvorbereitete Mattfalle, aus der es nunmehr kein Entrinnen gibt und der schwarze König in wenigen Zügen mattgesetzt wird.
(Lösung Seite 184)

29

Weiß: Portisch – Schwarz: Reshevsky

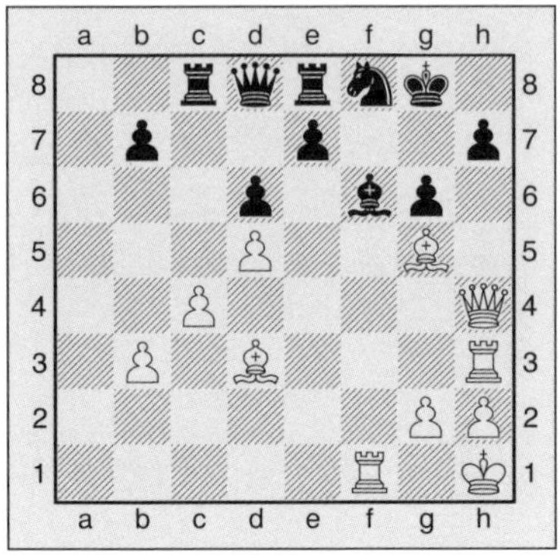

Stellung nach 26. ... fg6:

Der ungarische Großmeister Lajos Portisch gehörte seit Ende der 60er Jahre zur absoluten Weltspitze, doch zu einem Titelkampf um die Weltmeisterschaft hat es nie gereicht. Sein Gegner in der folgenden Partie, Großmeister Samuel Reshevsky aus den USA, galt jahrzehntelang als der beste Spieler der westlichen Hemisphäre. In dieser Begegnung im Jahre 1973 in Petropolis wird Reshevsky in eine gedrückte Verteidigungsstellung gedrängt, aus der er sich in ein Unentschieden zu retten hoffte. Doch Portisch inszenierte einen „Sturm auf die Bastille", die er schließlich in eindrucksvoller Weise erstürmen konnte.

1. c4 c5 2. ♘f3 g6 3. e4 ♘c6 4. d4 cxd4 5. ♘xd4 ♘f6 6. ♘c3 ♘xd4 7. ♕xd4 d6 8. ♗g5 ♗g7 9. ♕d2 0-0 10. ♗d3 a5 11. 0-0 a4 12. ♖c1 ♗e6 13. ♕c2 ♘d7 14. f4 ♖c8 15. b3 axb3 16. axb3 ♘f6 17. ♔h1 ♕a5 18. f5 ♗d7 19. ♘d5 ♕d8 20. ♕f2 ♗c6 21. ♕h4 ♗xd5 22. exd5 ♖e8 23. ♖f3 ♘d7 24. ♖cf1 ♗f6 25. ♖h3 ♘f8 26. fxg6 fxg6 (siehe Diagramm).

Schwarz mag wohl auf den Ausspruch des dänischen Großmeisters Bent Larsen vertraut haben: "Mit einem Springer auf f8 wirst du niemals matt!" – Weiß jedenfalls hat diese Philosophie mit dem nun folgenden zwingenden Mattangriff gründlich zerstört; denn der schwarze König fällt schnell in die Hände der weißen Angreifer.

(Lösung Seite 184)

30

Weiß: Spielmann – Schwarz: Hönlinger

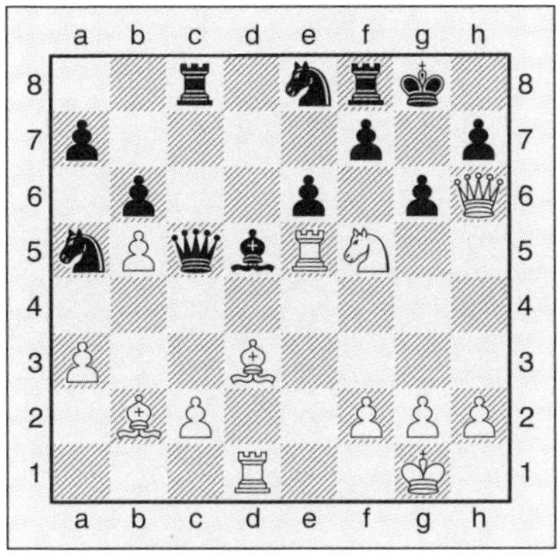

Stellung nach 24. ... ♗d5

Die folgende Partie eines in Wien 1929 gespielten Matches enthält einen Opfertanz von beeindruckendem Ausmaß und eine Schlusskombination wie aus dem Lehrbuch:

1. e4 c6 2. d4 d5 3. ♘c3 dxe4 4. ♘xe4 ♘f6 5. ♘g3 e6 6. ♘f3 c5 7. ♗d3 ♘c6 8. dxc5 ♗xc5 9. a3 0-0 10. 0-0 b6 11. b4 ♗e7 12. ♗b2 ♕c7 13. b5 ♘a5 14. ♘e5 ♗b7 15. ♘g4 ♕d8 16. ♘e3 ♘d5 17. ♕h5 g6 18. ♘g4

Dieser kecke Springerzug bildet die Pointe des vorhergegangenen Damenausfalls. Die weiße Königin ist wegen 19. ♘h6≠ tabu.

18. ... ♗f6 19. ♘xf6+ ♘xf6 20. ♕h6 ♖c8 21. ♖ad1 ♕e7 22. ♖fe1 ♘e8 23. ♘f5

Ein großartiger Zug! Auf 23. ... gxf5 folgt 24. ♗xf5 f6 25. ♗xe6+ ♔h8 26. ♖d7.

23. ... ♕c5 24. ♖e5 ♗d5 (siehe Diagramm).

Nun folgt ein Schulbeispiel eines phantastischen Opferreigens, der die mattaktiven Figuren erst demaskiert und die missliche Lage des schwarzen Königs aufzeigt.

(Lösung Seite 185)

Anderssen – Dufresne

31

Weiß: Anderssen – Schwarz: Dufresne

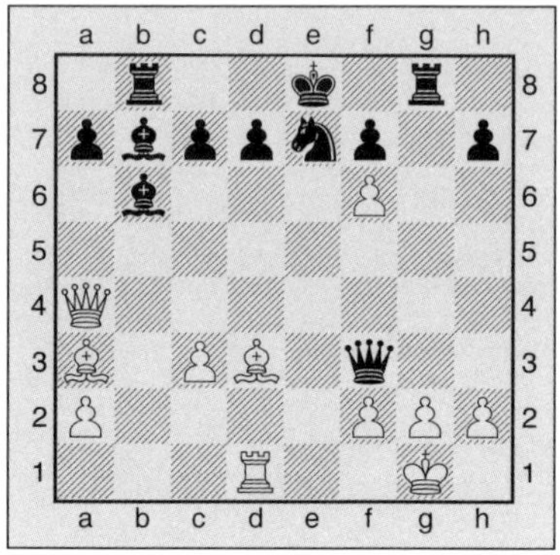

Stellung nach 20. ... ♘xe7

Der deutsche Meister Adolf Anderssen (1818 – 1879) galt seit seinem Sieg im ersten internationalen Turnier der Neuzeit, London 1851, wo er die gesamte europäische Schachelite besiegte, als erster inoffizieller Weltmeister. Die Fachwelt begeisterte sich am Stil Anderssens und an dessen verblüffenden Opferkombinationen. Seine beiden spektakulärsten Partien fehlen in keiner klassischen Partiensammlung, die "Unsterbliche", 1851 in London gegen Kieseritzky gespielt, und die nachfolgende Partie, die, im Jahre 1853 in Berlin gespielt, als die „Immergrüne" in die Schachgeschichte eingegangen ist. Sie zeichnet sich durch eine tiefgründige und opferreiche Mattkombination aus.

1. e4 e5 2. ♘f3 ♘c6 3. ♗c4 ♗c5 4. b4 ♗xb4 5. c3 ♗a5 6. d4 exd4 7. 0-0 d3 8. ♕b3 ♕f6 9. e5 ♕g6 10. ♖e1 ♘ge7 11. ♗a3 b5 12. ♕xb5 ♖b8 13. ♕a4 ♗b6 14. ♘bd2 ♗b7 15. ♘e4 ♕f5 16. ♗xd3 ♕h5 17. ♘f6+ gxf6 18. exf6 ♖g8 19. ♖ad1 ♕xf3 20. ♖xe7+ ♘xe7 (siehe Diagramm).

Auf den ersten Blick scheint Weiß verloren, weil die schwarzen Angriffskräfte die weiße Königsstellung fast tödlich umklammert halten. Doch die Situation täuscht. Weiß hat den nun folgenden Mattangriff auf den schwarzen König gut vorbereitet. Der schwarze König wird in wenigen Zügen mattgesetzt.

(Lösung Seite 185)

32

Weiß: Clemenz – Schwarz: Eisenschmidt

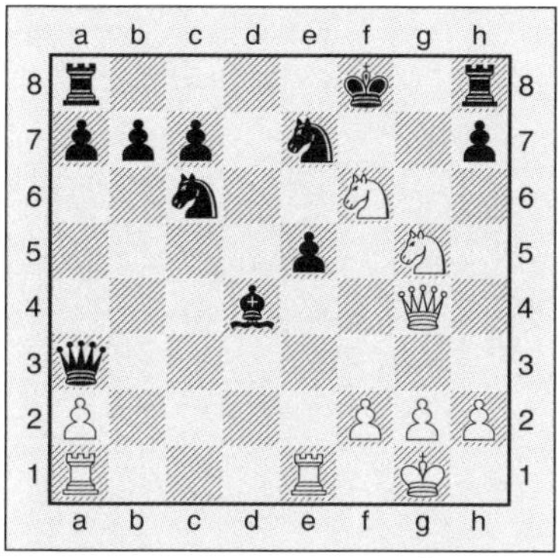

Stellung nach 21. ... ♕xa3

Die folgende Partie (Dorpat 1862) demonstriert den typischen Kampfstil vor der Jahrhundertwende. Gefragt war ein offener Schlagabtausch, wobei der Angriff Vorrang hatte. Weniger langatmige Positionspartien, sondern kurzweilige Kombinationspartien waren das Ergebnis dieser bevorzugten Spielweise selbst unter den Meistern des königlichen Spiels. Die daraus entstandenen Spielzüge dienen besonders gut als Anschauungsmaterial, zumal die Spieler dieser Zeit ebenso tiefsinnige Mattkombinationen hervorbrachten wie heute. Die nachstehende Begegnung zeichnet sich vor allem durch ein erzwungenes und ausgefallenes Mattbild von besonderer Eigenart aus.

1. e4 e5 2. ♘f3 ♘c6 3. ♗c4 ♗c5 4. b4 ♗xb4 5. c3 ♗a5 6. d4 exd4 7. 0-0 ♗b6 8. cxd4 d6 9. ♘c3 ♗d7 10. e5 dxe5 11. ♖e1 ♘ge7 12. ♘g5 ♗e6 13. ♗xe6 fxe6 14. ♘xe6 ♕d6 15. ♘xg7+ ♔f8 16. ♕g4 ♗xd4 17. ♘e4 ♕b4 18. ♘e6+ ♔e8 19. ♘f6+ ♔f7 20. ♘g5+ ♔f8 21. ♗a3 ♕xa3 (siehe Diagramm).

Mit dem 21. Zug hat Weiß Zeit für eine tödliche Mattfalle des schwarzen Königs gewonnen. Die einzig mögliche Verteidigung führt dabei zwangsläufig zu einer köstlichen Mattstellung.

(Lösung Seite 185)

33

Weiß: Zimmermann – Schwarz: W. Hübner

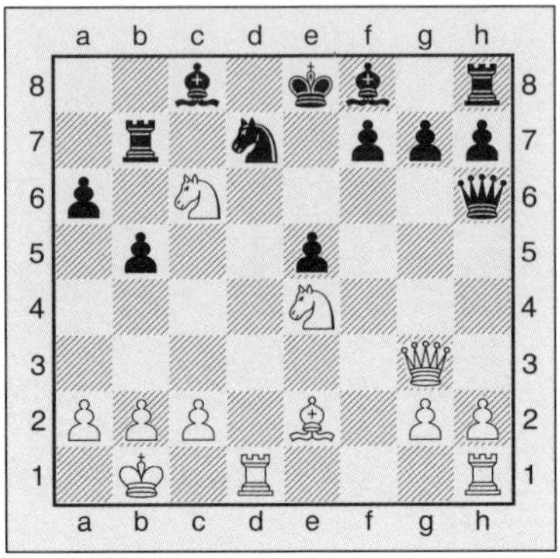

Stellung nach 17. ... e5

Im Wettkampfalltag der deutschen Schachbundesliga sind spektakuläre Partieschlüsse nicht gerade an der Tagesordnung. Mit einer der originellsten Kombinationen endete die Partie von Wolfgang Hübner, dem Bruder des Großmeisters Dr. Robert Hübner, in der Begegnung der SG Porz gegen SV Koblenz im Spieljahr 1976/77. Nachdem Schwarz in einer Sizilianischen Verteidigung in erheblichen Entwicklungsrückstand geraten war, versuchte er sich durch ein Bauernopfer schließlich zu befreien, was daneben ging. Mit einem überraschenden und eleganten Mattangriff macht Weiß kurzen Prozess.

1. e4 c5 2. Sf3 d6 3. d4 cxd4 4. Sxd4 Sf6 5. Sc3 a6 6. Lg5 e6 7. f4 b5 8. e5 dxe5 9. fxe5 Dc7 10. exf6 De5+ 11. Le2 Dxg5 12. Dd3 Dxf6 13. 0-0-0 Ta7 14. Dg3 Sd7 15. Sc6 Tb7 16. Se4 Dh6+ 17. Kb1 e5 (siehe Diagramm).

Schwarz befindet sich in einer gedrückten Stellung. Mit seinem letzten Zug wollte er einen Bauern opfern, um sich Luft zu verschaffen, löste dabei aber ungewollt eine zündende Idee seines Gegners aus. Der fast ungeschützte schwarze König wird in höchstens vier Zügen mattgesetzt.
(Lösung Seite 186)

34

Weiß: Spielmann – Schwarz: L’hermet

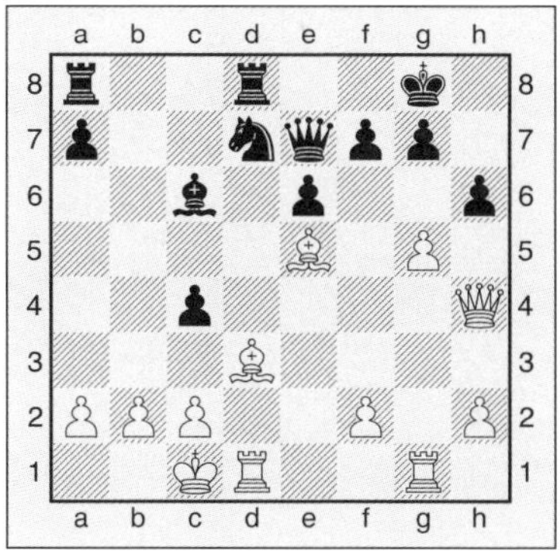

Stellung nach 21. ... ♘d7

In der Partie aus dem Turnier zu Magdeburg im Jahre 1927 zeigte Rudolf Spielmann eine begeisternde Schlusswendung. Gemäß dem weisen Schachspruch “Nichts ist schwieriger, als eine gewonnene Partie zu gewinnen wird gerade der Spieler in Gewinnstellung leicht verführt, übereilt zu handeln. Nicht selten kommt es vor, dass dadurch gewonnene Partien noch verloren werden. In dieser Partie hat sich Weiß eine überlegene Gewinnstellung erspielt und lässt sich nicht mehr die Butter vom Brot nehmen. Mit einem doppelten Figurenopfer vereitelt Weiß jede Gegenwehr seines Kontrahenten.

1. e4 e6 2. d4 d5 3. ♘d2 dxe4 4. ♘xe4 ♘d7 5. ♘f3 ♘gf6 6. ♘xf6 ♘xf6 7. ♗d3 h6 8. ♕e2 ♗d6 9. ♗d2 0-0 10. 0-0-0 ♗d7 11. ♘e5 c5 12. dxc5 ♗xe5 13. ♕xe5 ♗c6 14. ♗f4 ♕e7 15. ♕d4 ♖fd8 16. ♗d6 ♕e8 17. ♖hg1 b6 18. ♕h4 bxc5 19. ♗e5 ♕e7 20. g4 c4 21. g5 ♘d7 (siehe Diagramm).

Ein Blick auf die Stellung zeigt, dass Weiß auf Gewinn steht. Die einzige Frage ist nur, wie es erfolgversprechend weitergeht. Da die beiden weißen Läufer angegriffen sind, bleibt keine Zeit für Vorbereitungszüge, schnelles Handeln ist erforderlich. Weiß spielt die schönste und wohl auch beste Fortsetzung, die zum Matt führt.

(Lösung Seite 186)

Barle – Jele

35

Weiß: Barle – Schwarz: Jele

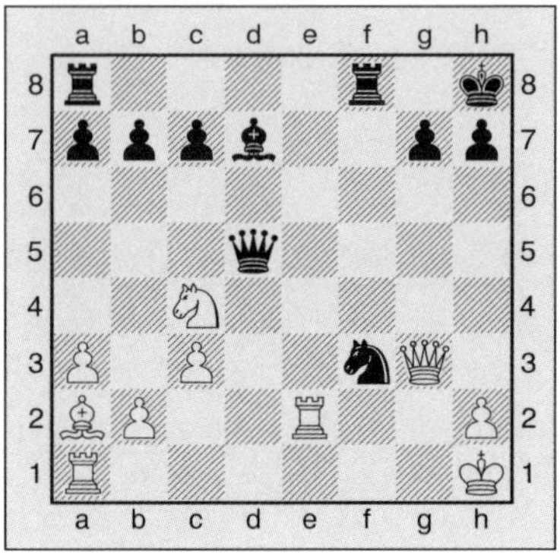

Stellung nach 28. ♖e2

Im Jahre 1979 wurde in Bled und Portoroz das Dr. -Vidmar-Gedenkturnier ausgetragen, das der holländische Großmeister Jan Timman gewann. Unter insgesamt 16 Teilnehmern belegten die Kontrahenten dieser Partie Plätze in der unteren Tabellenhälfte. Die Begegnung der beiden Spieler zeichnete sich durch einen nicht alltäglichen Partieschluss aus. Schwarz nützt die stark geschwächte weiße Königsstellung in einer originellen Zugfolge aus und setzt den Monarchen nach einem raffinierten Winkelzug ohne Umschweife matt.

1. e4 e6 2. d4 d5 3. ♘c3 ♗b4 4. ♘ge2 dxe4 5. a3 ♗e7 6. ♘xe4 ♘c6 7. c3 ♘f6 8. ♘xf6+ ♗xf6 9. ♘g3 e5 10. d5 ♘e7 11. ♗c4 0-0 12. ♕f3 ♘g6 13. ♘e4 ♗e7 14. 0-0 ♔h8 15. ♗a2 f5 16. ♘d2 ♗d6 17. ♘c4 e4 18. ♕e2 ♗f4 19. g3 ♗xc1 20. ♖fxc1 ♗d7 21. f4 exf3e.p. 22. ♕xf3 f4 23. ♖e1 ♕g5 24. ♖e4 ♘h4 25. ♕f2 fxg3 26. ♕xg3 ♘f3+ 27. ♔h1 ♕xd5 28. ♖e2 (siehe Diagramm).

Mit diesem Rückzug des Turms hoffte Weiß, den drohenden Springerabzug parieren und seine Königsstellung sichern zu können. Doch die schwarze Fortsetzung macht alle Hoffnung des Gegners zunichte. Ein Figurenopfer von ausgefallener Originalität liefert den weißen König ans Messer: Er wird längstens in fünf Zügen in einem köstlichen Mattbild überwältigt.
(Lösung Seite 186)

36

Weiß: Rösch – Schwarz: Schlage

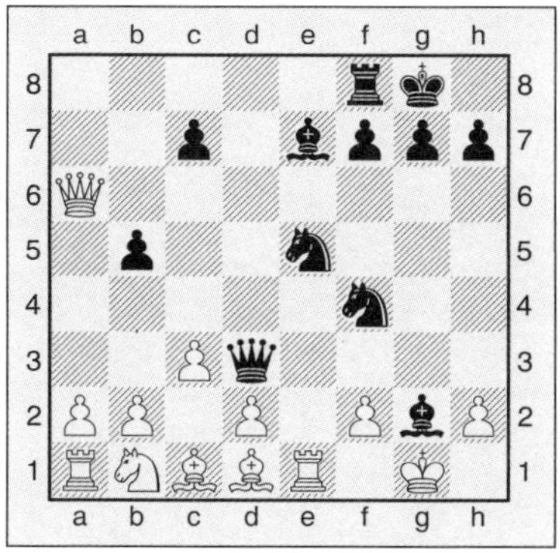

Stellung nach 15.♖e1

Willi Schlage aus Berlin (1888 –1940) war deutscher Meister. Er galt als kenntnisreicher Theoretiker und konnte auf eine umfangreiche Bibliothek zurückgreifen. Beim Hamburger Hauptturnier im Jahre 1910 gelang ihm das nachfolgende Kabinettstückchen. Während die gegnerische weiße Dame auf Abwege gerät und dabei „Holz“ einsammelt, bereitet Schwarz einen soliden Königsangriff vor, der schließlich erfolgreich in einer zwingenden Mattfalle des weißen Königs endet. Den Schlüssel zu dem interessanten Partieschluss bildet ein Glanzzug, der – nomen est omen –mit einem Schlag gewinnt.

1. e4 e5 2. ♘f3 ♘c6 3. ♗b5 a6 4. ♗a4 ♘f6 5. ♕e2 b5 6. ♗b3 ♗e7 7. c3 0-0 8. 0-0 d5 9. exd5 ♘xd5 10. ♘xe5 ♘f4 11. ♕e4 ♘xe5 12. ♕xa8 (ein Beutezug, der den Weißen teuer zu stehen kommt) **♕d3 13. ♗d1 ♗h3 14. ♕xa6 ♗xg2 15. ♖e1** (siehe Diagramm).

Da sich die weiße Dame in der Ferne verirrt hat und nicht mehr zurückfindet, ist der bedrohte König den schwarzen Angriffsfiguren auf Gedeih und Verderben ausgeliefert, zumal die übrigen weißen Figuren auf der Grundlinie fast zur Bedeutungslosigkeit degradiert sind. Welcher schwarze Zug führt unmittelbar zum Matt?

(Lösung Seite 187)

37

Weiß: Menchik – Schwarz: Graf

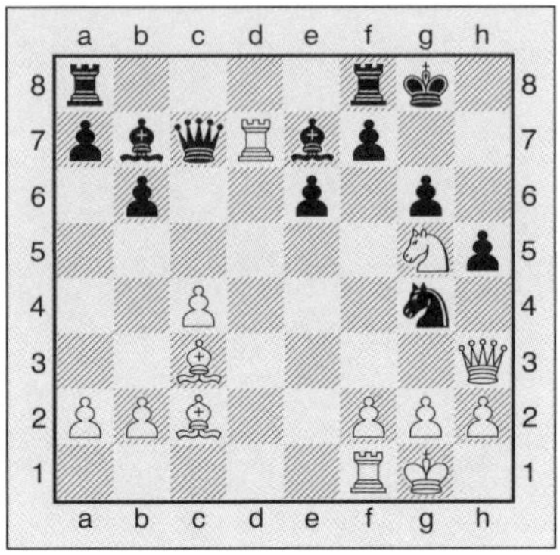

Stellung nach 21. ♖d7

Vera Menchik-Stevenson (*1906 Moskau – †1944 London), die erste Damenweltmeisterin in der Schachgeschichte (1927 – 1944), war die erste Frau, die in Männerturnieren spielte, anfangs belächelt, später auf Grund ihrer Erfolge bewundert. Unter Damen hatte sie keine Konkurrenz und verteidigte ihren Titel jeweils souverän. Sie blieb bis heute die einzige Frau, die es mit Meistern von internationalem Rang aufnehmen konnte. Sie ist ein Opfer des Krieges geworden und kam bei einem Bombenangriff auf London ums Leben. Die nachfolgende Partie wurde um die Weltmeisterschaft 1937 gegen die deutsche Herausforderin Sonja Graf gespielt.
1. c4 e6 2. ♘c3 d5 3. d4 ♘f6 4. ♘f3 ♘bd7 5. e3 c6 6. ♗d3 ♗e7 7. 0-0 0-0 8. e4 dxe4 9. ♘xe4 ♘xe4 10. ♗xe4 ♘f6 11. ♗c2 c5 12. dxc5 ♕a5 13. ♗e3 ♗xc5 14. ♗d2 ♕c7 15. ♗c3 ♗e7 16. ♕e2 b6 17. ♘g5 g6 18. ♕f3 ♗b7 19. ♕h3 h5 20. ♖ad1 ♘g4 21. ♖d7 (siehe Diagramm).

Nach diesem weißen Kraftzug hat Schwarz aufgegeben, weil der ins schwarze Lager eingedrungene weiße Turm nicht genommen werden kann; denn Weiß hat eine überraschende Antwort parat, wonach der schwarze König in wenigen Zügen zwingend mattgesetzt wird. Welchen Giftpfeil in Form eines Glanzzuges hatte Vera Menchik in ihrem Köcher?
(Lösung Seite 187)

38

Weiß: Anderssen – Schwarz: Zukertort

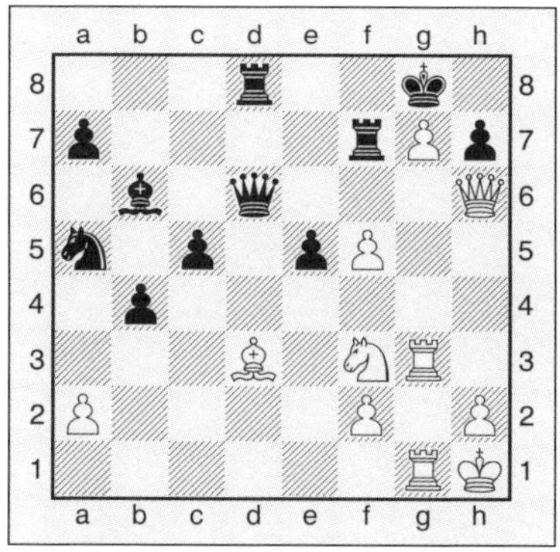

Stellung nach 28. ... ♕d6

Erst mit seiner Wettkampfniederlage gegen Steinitz im Jahre 1866 verlor Adolf Anderssen seinen in wichtigen Turnieren erworbenen Ruf als weltbester Schachmeister. Sein letzter ganz großer Erfolg gelang ihm beim ersten internationalen deutschen Turnier in Baden-Baden 1870. Damit ging die romantische Schachepoche zu Ende; denn die Fachwelt liebte Anderssen als Angriffsspieler, der Opferkombinationen aufs Brett zauberte, wie man sie zuvor nicht gesehen hatte. Die folgende Partie wurde im Turnier zu Barmen im Jahre 1896 gespielt.

1. e4 e5 2. ♘f3 ♘c6 3. ♗c4 ♗c5 4. b4 ♗xb4 5. c3 ♗c5 6. 0-0 d6 7. d4 exd4 8. cxd4 ♗b6 9. d5 ♘a5 10. ♗b2 ♘e7 11. ♗d3 0-0 12. ♘c3 ♘g6 13. ♘e2 c5 14. ♖c1 ♖b8 15. ♕d2 f6 16. ♔h1 ♗c7 17. ♘g3 b5 18. ♘f5 b4 19. ♖g1 ♗b6 20. g4 ♘e5 21. ♗xe5 dxe5 22. ♖g3 ♖f7 23. g5 ♗xf5 24. exf5 ♕xd5 25. gxf6 ♖d8 26. ♖cg1 ♔h8 27. fxg7+ ♔g8 28. ♕h6 ♕d6 (siehe Diagramm).

Die unsichere schwarze Königsstellung veranlasste den Nachziehenden, mit seinem letzten Zug die weiße Dame zu vertreiben. Doch der Anziehende hat die nun folgende Schlussoffensive gründlich vorbereitet: Er kündigte in dieser Stellung ein Matt in fünf Zügen an. Die elegante Lösung stellt ein Musterbeispiel wie aus dem Schachlehrbuch dar.

(Lösung Seite 187)

39

Weiß: Rosanes – Schwarz: Anderssen

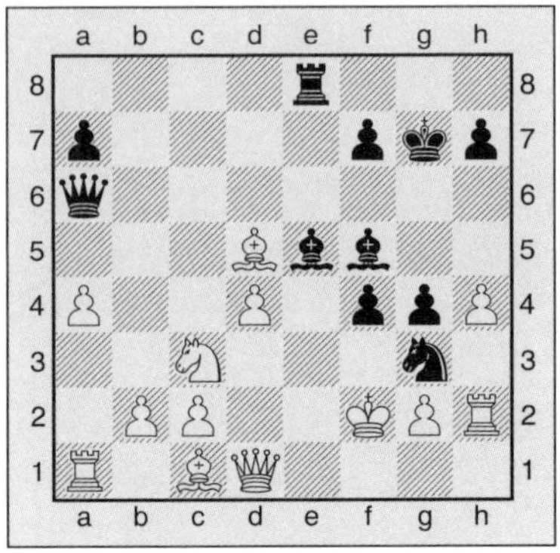

Stellung nach 20. a4

Die nachfolgende Partie gehört zu den schönsten, die Adolf Anderssen gespielt hat. Die Schlusszüge gleichen einem kunstvollen Problem. In fast unnachahmlicher Art gelang es dem pointenreichen deutschen Meister immer wieder, Gewinnstellungen mit ideenreichen Schlussangriffen abzuschließen. In dieser Partie demonstriert er einen Mattangriff, in Vorbereitung und Ausführung aus einem Guss: Ein weitsichtiges Turmopfer und ein genialer Königszug (15. ... ♔g7) entfalten die dynamischen schwarzen Angriffskräfte und lähmen gleichzeitig die weiße Stellung. Als krönender Abschluss folgt zum Schluss eine ebenso zwingende wie problemartige Mattwendung.

1. e4 e5 2. f4 exf4 3. ♘f3 g5 4. h4 g4 5. ♘e5 ♘f6 6. ♗c4 d5 7. exd5 ♗d6 8. d4 ♘h5 9. ♗b5+ c6 10. dxc6 bxc6 11. ♘xc6 ♘xc6 12. ♗xc6+ ♔f8 13. ♗xa8 ♘g3 14. ♖h2 ♗f5 15. ♗d5 ♔g7 16. ♘c3 ♖e8+ 17. ♔f2 ♕b6 18. ♘a4 ♕a6 19. ♘c3 ♗e5 20. a4 (siehe Diagramm).

Noch glaubt Weiß, das Unheil abwenden zu können, denn 20. ♗xd4+ (mit der Drohung 21. ♕f1+) geht nicht, weil 20. ♕xd4+ (mit Schach!) das notwendige Tempo für die Verteidigung garantiert. Und mit dem beabsichtigten Zug 21. ♘b5 soll Schwarz der Wind aus den Segeln genommen werden. Doch Weiß wird aus allen Träumen gerissen, denn Schwarz kündigt ein Matt in vier Zügen an. Wie hat er gespielt?

(Lösung Seite 188)

40

Weiß: Torre – Schwarz: Timman

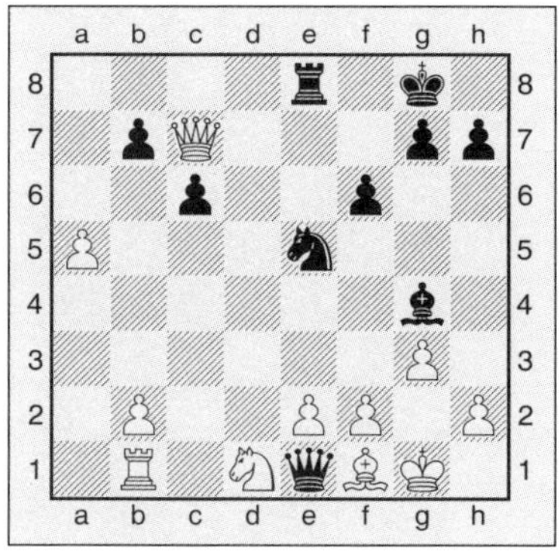

Stellung nach 27. ♖b1

Im Jahre 1975 hat die englische Fernsehgesellschaft BBC den "TV-World-Cup" ins Leben gerufen, ein Turnier, zu dem jeweils die acht besten Spieler der Welt eingeladen wurden. Der Modus: In zwei Vierergruppen spielt jeder gegen jeden, die beiden Gruppensieger bestreiten das Endspiel. Die besten Partien werden, nachträglich mit Analysen versehen, über den Bildschirm ausgestrahlt. Beim Turnier 1982 siegte Ex-Weltmeister Anatoli Karpow nach Stichentscheid über Ex-Weltmeister Boris Spassky. In der Vorrunde wurde die nachfolgende Partie zwischen den beiden Großmeistern Jan Timman (Holland) und Eugenio Torre (Philippinen) gespielt.
1. d4 ♘f6 2. ♘f3 d5 3. c4 dxc4 4. ♘c3 c6 5. a4 ♗f5 6. ♘e5 ♘bd7 7. ♘xc4 ♕c7 8. g3 e5 9. dxe5 ♘xe5 10. ♗f4 ♖d8 11. ♕c1 ♗d6 12. ♘xd6 ♕xd6 13. ♗g2 0-0 14. 0-0 a5 15. ♕e3 ♘fd7 16. ♖ad1 ♕e6 17. ♕a7 ♗c2 18. ♖d2 ♕b3 19. ♖c1 ♗f5 20. ♗xe5 ♘xe5 21. ♖xd8 ♖xd8 22. ♕xa5 ♖e8 23. ♘d1 ♗g4 24. ♗f1 f6 25. ♕c7 ♕b4 26. a5 ♕e1 27. ♖b1 (siehe Diagramm).

Weiß schickt sich gerade an, die eingedrungene schwarze Dame mittels ♘c3 wieder zu vertreiben, womit auch die Drohung von Schwarz mit ♗h3 pariert wäre. Doch Schwarz kommt der weißen Verteidigung zuvor und macht kurzen Prozess: Der weiße König wird in spätestens vier Zügen matt gesetzt.
(Lösung Seite 188)

Gil – Tempone

41

Weiß: Gil – Schwarz: Tempone

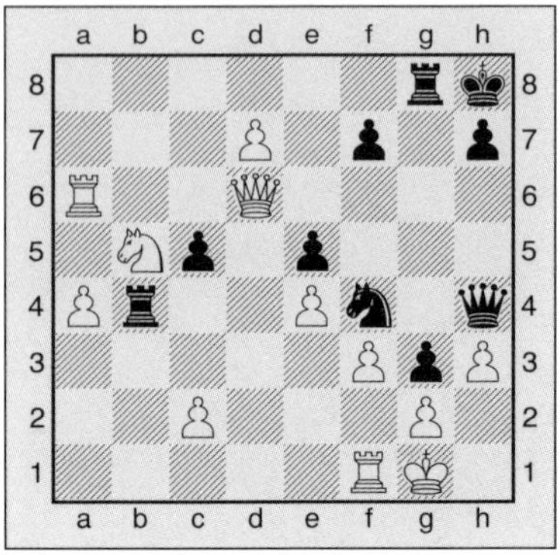

Stellung nach 29. ♕d6

Die folgende Partie von der Junioren-Weltmeisterschaft 1982 in Kopenhagen zeigt kompromissloses Angriffsschach. Beide Kontrahenten spielen auf Biegen odcr Brechen. Bei dem Turniermodus (Schweizer System bei 52 Teilnehmern, wobei nicht jeder gegen jeden, sondern nur 13 Runden gespielt und immer punktgleiche Spieler zusammengelost werden) zählt nur ein Sieg, will man bei der Vergabe des Meistertitels ein gewichtiges Wort mitsprechen. Als Weiß den Bogen überspannt, wird seine Königsstellung schnell ausgehoben.

1. d4 c5 2. d5 e5 3. e4 d6 4. ♘c3 a6 5. a4 ♗e7 6. ♗e2 ♗g5 7. ♗xg5 ♕xg5 8. ♘f3 ♕h6 9. ♘d2 ♘d7 10. ♘c4 ♘e7 11. 0-0 0-0 12. ♕c1 g5 13. ♗g4 ♖d8 14. ♖a3 ♘f6 15. ♗xc8 ♖xac8 16. ♖b3 ♖c7 17. ♕d1 ♘g6 18. ♖b6 ♖cd7 19. ♘a5 ♕h4 20. ♘xb7 ♘f4 21. f3 ♖b8 22. ♖xd6 ♖dxb7 23. ♖xf6 g4 24. ♖xa6 g3 25. h3 ♖xb2 26. d6 ♖2b4 27. ♘b5 ♔h8 28. d7 ♖g8 29. ♕d6 (siehe Diagramm).

Mit seinem letzten Zug droht Weiß durch den vorgesehenen Damentausch den schwarzen Druck auf seine Königsstellung zu entkräften. Doch diese ist bereits sturmreif, und Schwarz zögert nicht, das weiße Bollwerk geschickt zu zertrümmern. Der weiße König wird in fünf Zügen mattgesetzt.
(Lösung Seite 188)

42

Weiß: Bier – Schwarz: N. N.

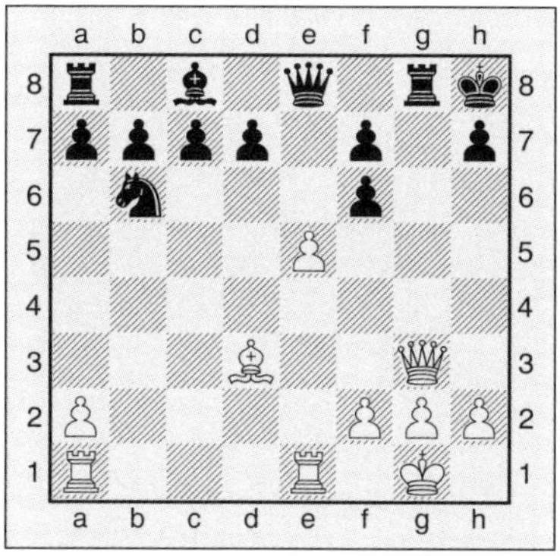

Stellung nach 17. ... gxf6

Höhepunkt der folgenden Partie ist ein phantastisch anmutender Zug des deutschen Meisters Max Bier (1854 – 1934 in Hamburg), der zwangsläufig zum Matt führt. Der Gegner ist namentlich nicht bekannt. Der gesuchte Zug deckt mit verblüffender Dynamik die Hilflosigkeit der schwarzen Position aufgrund der hoffnungslosen Grundlinienschwäche auf. Dass die Stellung aber auch noch in jeder Fortsetzung zum Matt führt, grenzt an ein Wunder. Das ist Schach, wie es nicht schöner und tiefer dargeboten werden kann. Ein Genuß für jeden Freund des königlichen Spiels.
1. e4 e5 2. ♘f3 ♘c6 3. ♗c4 ♗c5 4. b4 ♗xb4 5. c3 ♗a5 6. 0-0 ♘f6 7. d4 0-0 8. ♘xe5 ♘xe5 9. dxe5 ♘xe4 10. ♕d5 ♗xc3 11. ♘xc3 ♘xc3 12. ♕f3 ♘a4 13. ♕g3 ♔h8 14. ♗g5 ♕e8 15. ♖fe1 ♘b6 16. ♗f6 ♖g8 17. ♗d3 gxf6 (siehe Diagramm).

„Das kann doch nicht gutgehen!“, ist man hier versucht zu sagen. Was bekommt Weiß für die geopferte Figur? Einen Mattangriff auf h7 scheint Schwarz leicht abwehren zu können. Hat sich Weiß hier verrechnet? Keinesfalls, wie die Fortsetzung zeigt. Der Anziehende hat weiter vorausberechnet und wartet mit einem verblüffenden Zug auf, der das Figurenopfer rechtfertigt. Schwarz ist verloren, wie er “hingerichtet” wird, ist sehenswert.
(Lösung Seite 189)

43

Weiß: Morphy – Schwarz: N. N.

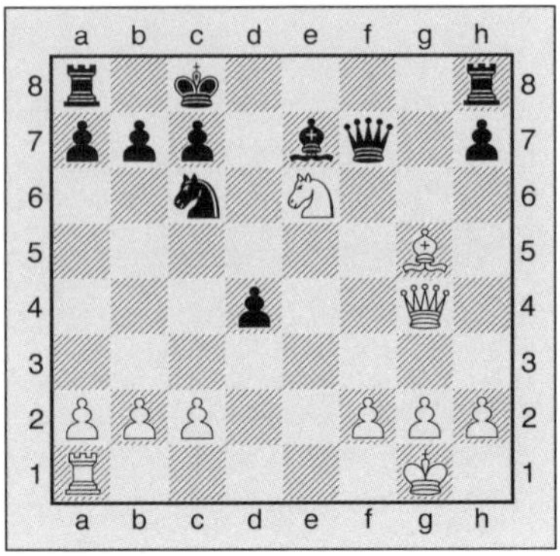

Stellung nach 19. ... ♔c8

Einer der größten Schachmeister der Schachgeschichte war der in New Orleans (USA) lebende Paul Morphy (1837 – 1884). Er galt als Wunderkind, bestand 1856 das juristische Staatsexamen mit Auszeichnung und widmete sich – weil er wegen seiner Jugend als Anwalt noch nicht zugelassen wurde – zunächst dem Schach, wobei er es in zwei Jahren zum stärksten Spieler der Welt brachte. Er kam nach Europa und schlug alle damals berühmten Meister. Nach seiner Rückkehr in die USA war er ein bekannter Mann, in Amerika überschlug man sich vor Begeisterung. Doch er eröffnete eine Anwaltspraxis und spielte nicht mehr Schach. Keine Figur der Schachgeschichte ist so legendenumwoben wie Paul Morphy, ein geheimnisvoller, genialer Mann, der aus dem Nichts auftauchte, ins Nichts verschwand, der Partien spielte, die zu den schönsten gehören, die die Welt je gesehen hat. Der Gegner der folgenden Partie ist nicht bekannt.

1. e4 e5 2. ♘f3 ♘c6 3. ♗c4 ♘f6 4. d4 exd4 5. 0-0 ♘xe4 6. ♖e1 d5 7. ♗xd5 ♕xd5 8. ♘c3 ♕h5 9. ♘xe4 ♗e6 10. ♘eg5 ♗b4 11. ♖xe6+ fxe6 12. ♘xe6 ♕f7 13. ♘fg5 ♕e7 14. ♕e2 ♗d6 15. ♘xg7+ ♔d7 16. ♕g4+ ♔d8 17. ♘f7+ ♕xf7 18. ♗g5+ ♗e7 19. ♘e6+ ♔c8 (siehe Diagramm).

Der flüchtende schwarze König sucht Schutz in der Ecke, doch Weiß antwortet mit einem wunderschönen Mattbild.

(Lösung Seite 189)

44

Weiß: Breyer – Schwarz: Esser

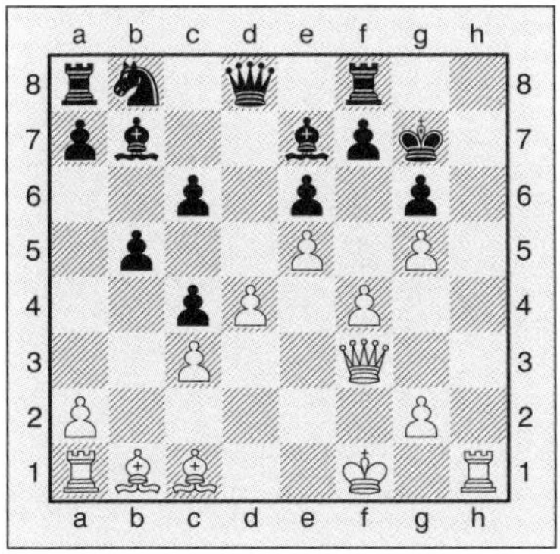

Stellung nach 16. ... ♔g7

Die folgende Partie, im Jahre 1917 in Budapest gespielt, stellt eine Auseinandersetzung dar, die man gemeinhin als Glanzpartie bezeichnet. Der ungarische Meister Gyula Breyer (1894 – 1921) führt einen kompromisslosen Angriff vor, wobei zwei originelle Königszüge (14. ♔f1 und 32. ♔e2) den erfolgreichen Mattangriff einleiten und abschließen. Der weit vorausberechnete Schlussangriff ist ein Lehrbeispiel zwingender Spielführung.
1. d4 d5 2. c4 e6 3. ♘c3 c6 4. e3 ♘f6 5. ♗d3 ♗d6 6. f4 0-0 7. ♘f3 dxc4 8. ♗b1 (Ein originelles Bauernopfer, das den Königsangriff beschleunigen soll.) **b5 9. e4 ♗e7 10. ♘g5 h6 11. h4 g6 12. e5 hxg5 13. hxg5 ♘d5 14. ♔f1** (Ein weit vorausberechneter Präventivzug, der den König aus der Schusslinie eines evtl. schwarzfeldrigen Läuferschachs bringt.) **♘xc3 15. bxc3 ♗b7 16. ♕f3 ♔g7** (siehe Diagramm).

Mit diesem Zug möchte Schwarz mittels 17. ... ♖h8 den weißen Königsangriff zum Erliegen bringen. Doch der Anziehende wartet nicht ab und schlägt sofort zu. Der von langer Hand vorbereitete Mattangriff ist lückenlos und dringt unter Materialopfern zwingend durch. Nach dem 27. Zug von Weiß gibt Schwarz wegen undeckbarem Matt auf. Wie hat Weiß gespielt?
(Lösung Seite 190)

45

Weiß: Hecht – Schwarz: Keene

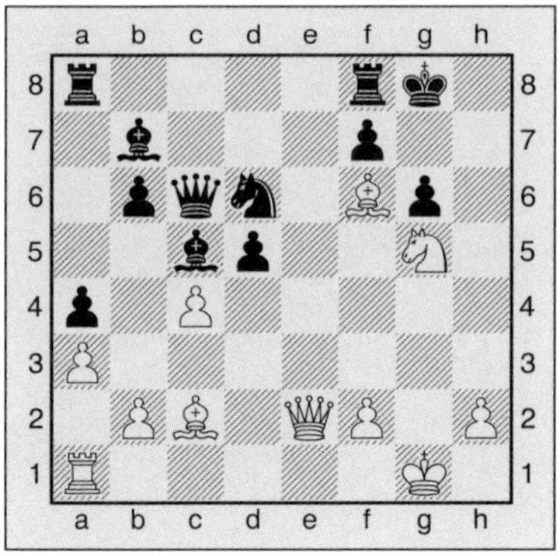

Stellung nach 25. ... exd5

Der deutsche Großmeister Hans-Joachim Hecht (geb. 1939 in Berlin), Deutscher Jugendmeister 1959, zählt seit Anfang der sechziger Jahre zu den stärksten deutschen Spielern. Vorübergehend als Schach-Profi tätig und als Sekundant von Dr. Robert Hübner fungierend, nahm er später wieder seinen bürgerlichen Beruf als Verwaltungsangestellter auf. In unzähligen Einsätzen der deutschen Nationalmannschaft zählte er immer zu den zuverlässigsten Mannschaftsmitgliedern. In der folgenden Partie gegen den englischen Großmeister Raymond Keene demonstriert er einen kombinatorischen Knockout (Clare-Benedict-Turnier 1966, Deutschland – England). **1. e4 c6 2. d4 d5 3. ♘c3 dxe4 4. ♘xe4 ♘d7 5. ♗c4 ♘gf6 6. ♘g5 e6 7. ♕e2 ♘b6 8. ♗d3 h6 9. ♘5f3 c5 10. dxc5 ♗xc5 11. ♘e5 0-0 12. ♘gf3 ♘bd5 13. a3 a5 14. 0-0 b6 15. c4 ♘e7 16. ♖d1 ♕e8 17. ♗d2 a4 18. ♗c3 ♘f5 19. g4 ♘d6 20. g5 hxg5 21. ♘xg5 ♗b7 22. ♗c2 g6 23. ♘d7 ♕xd7 24. ♗xf6 ♕c6 25. ♖d5 exd5:** (siehe Diagramm).

Beide Parteien haben ihre Streitkräfte bedrohlich auf die gegnerischen Königsstellungen gerichtet. Weiß hat mit dem Turmopfer im 25. Zug den schwarzen Angriff gestoppt und nützt den Zeitgewinn zu einem undeckbaren Gegenschlag in Form eines wagemutigen Zuges aus.

(Lösung Seite 190)

46

Weiß: Ljubojevic – Schwarz: Durao

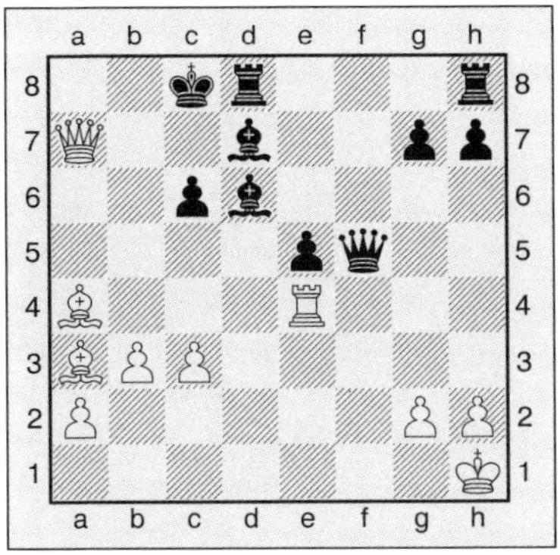

Stellung nach 24. ... ♔c8

Nicht immer werden zwingende Mattangriffe mit einem lautstarken Knall abgeschlossen, manchmal reicht auch ein stiller Schlusszug, wie ihn in der folgenden Partie der jugoslawische Großmeister Ljubomir Ljubojevic im Jahre 1976 vorführt. Nach einem Materialopfer dringt Weiß erfolgreich in die schwarze Königsstellung ein, doch zum zwingenden Matt scheint ein wichtiges Tempo zu fehlen. Aber Weiß macht diese letzte Hoffnung des Schwarzen durch einen leisen aber nachhaltigen Zug zunichte.

1. e4 e5 2. ♘f3 ♘c6 3. ♗b5 ♗c5 4. 0-0 ♘d4 5. ♘xd4 ♗xd4 6. c3 ♗b6 7. d4 c6 8. ♗a4 d6 9. ♘a3 ♗c7 10. d5 ♗d7 11. dxc6 bxc6 12. ♘c4 ♕e7 13. f4 ♘f6 14. fxe5 dxe5 15. b3 ♗b6+ 16. ♔h1 ♘e4: 17. ♗a3 ♕e6 18. ♕d3 f5 19. ♖ae1 ♗c7 20. ♖xf5 ♕xf5 21. ♖xe4 0-0-0 22. ♘d6+ ♗xd6 23. ♕a6+ ♔c7 24. ♕xa7+ ♔c8 (siehe Diagramm).

Mit dem drohenden Schachgebot auf f1 sowie dem zwangsläufigen Damentausch scheint Schwarz ein Matt seines Königs gerade noch verhindern zu können. Doch Weiß wollte sich damit nicht abfinden. Tatsächlich fand er die Lösung des Problems: Ein stiller und unscheinbarer weißer Zug legte die ganze Ohnmacht der schwarzen Stellung kompromisslos offen und zwang Schwarz zur sofortigen Aufgabe der Partie.

(Lösung Seite 191)

47

Weiß: Pirc – Schwarz: Aljechin

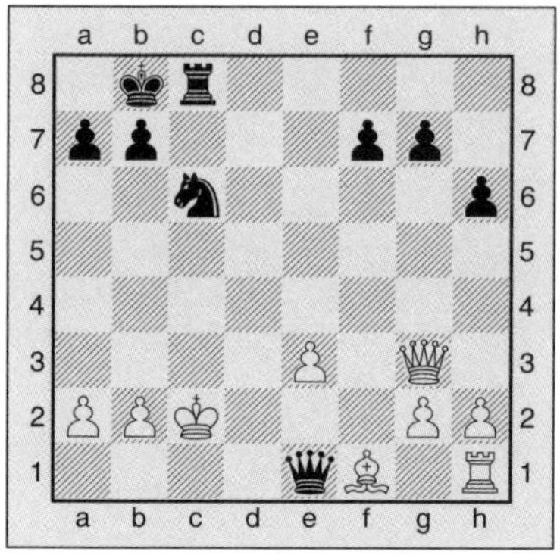

Stellung nach 22. ♕g3+

Die Partien des langjährigen Schachweltmeisters Alexander Aljechin zeichnen sich vor allem durch kühne Ideen, Originalität und Phantasiereichtum aus. Menschlich galt er als unnahbar und herrschsüchtig. Lange Jahre war er dem Alkohol verfallen. In die Schachgeschichte ist er jedoch als einer der größten Spieler aller Zeiten eingegangen. Kein anderer Schachspieler hat den Figuren auf dem Schachbrett bei unnachahmlichen Mattkombinationen soviel Leben eingehaucht wie Aljechin. Zu den Lehrbeispielen seiner Spielkunst gehört die folgende Partie aus dem Internationalen Turnier zu Veldes 1931.

1. d4 d5 2. c4 e6 3. ♘c3 c5 4. cxd5 cxd4 5. ♕a4+ ♗d7 6. ♕xd4 exd5 7. ♕xd5 ♘c6 8. ♗g5 ♘f6 9. ♕d2 h6 10. ♗xf6 ♕xf6 11. e3 0-0-0 12. 0-0-0 ♗g4 13. ♘d5 ♖xd5 14. ♕xd5 ♗a3 15. ♕b3 ♗xd1 16. ♕xa3 ♕xf2 17. ♕d3 ♗g4 18. ♘f3 ♗xf3 19. ♕f5+ ♔b8 20. ♕xf3 ♕e1+ 21. ♔c2 ♖hc8 22. ♕g3+ (siehe Diagramm).

In diesen angebotenen Damentausch hat Weiß seine ganze Hoffnung einer Rettung gesetzt. Doch Schwarz hat messerscharf gerechnet und vollendet die Jagd auf den weißen König erfolgreich; dieser wird in wenigen Zügen mattgesetzt. Wie hat Schwarz die Partie beendet?

(Lösung Seite 191)

48

Weiß: Winawer – Schwarz: Riemann

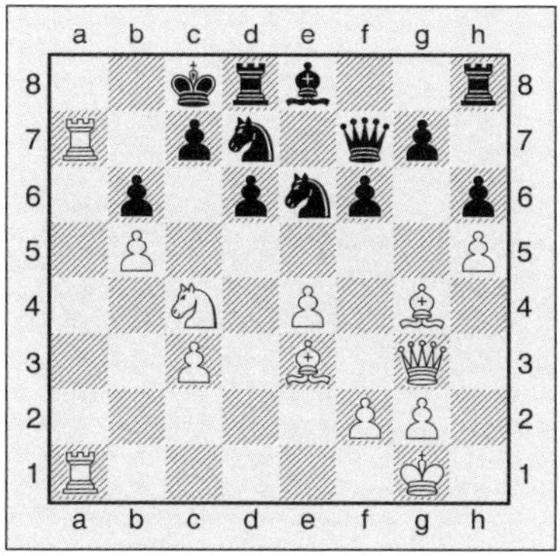

Stellung nach 27. ... ♕f7

Der polnische Meister Simon Winawer (1838 – 1920) pflegte einen Schachstil frei von Dogmen, spielte oft originelle Eröffnungen. Er verstand es, sich positionell aufzubauen und im geeigneten Moment mit taktischen Überfällen aufzuwarten. In der folgenden Partie aus dem Berliner Meisterturnier 1881 demonstriert er das auf hervorragende Weise: Wie ein Blitz aus heiterem Himmel schlägt Weiß in die gegnerische Stellung ein, mit der Folge, dass der schwarze König unrettbar verloren ist.

1. e4 e5 2. d4 exd4 3. ♕xd4 ♘c6 4. ♕e3 ♗b4+ 5. c3 ♗a5 6. ♕g3 ♕f6 7. ♗f4 d6 8. ♗b5 ♗d7 9. ♘d2 h6 10. ♘c4 ♗b6 11. h4 ♘ge7 12. ♘f3 ♘g6 13. ♘xb6 axb6 14. ♗e3 ♘ce5 15. ♗e2 ♗c6 16. ♘d2 0-0-0 17. h5 ♘f8 18. a4 ♕e7 19. b4 f6 20. b5 ♗e8 21. a5 bxa5 22. ♖xa5 b6 23. ♖a7 ♘ed7 24. 0-0 ♘e6 25. ♖fa1 ♘ec5 26. ♗g4 ♘e6 27. ♘c4 ♕f7 (siehe Diagramm).

Schwarz ist gefesselt und muss die “Hinrichtung” über sich ergehen lassen. Dennoch ist es verblüffend, wie Weiß die unabwendbare Schlussoffensive einleitet und durchführt. Mit einem prachtvollen Opferzug beginnt der zwingende Mattangriff, gegen den es schließlich keine Verteidigung mehr gibt. Welchen Weg schlägt Weiß ein?
(Lösung Seite 191)

Charousek – N. N.

49

Weiß: Charousek – Schwarz: N. N.

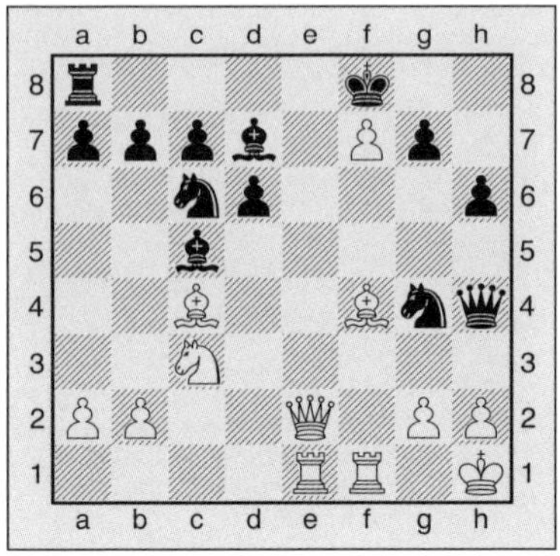

Stellung nach 16. ... ♘c6

Der ungarische Meister Rudolf Charousek (1873 – 1900) starb bereits im Alter von 27 Jahren an Tuberkulose. Trotz angegriffener Gesundheit gelang ihm eine Anzahl hervorragender Resultate bei Meisterturnieren. Dass er eine scharfe Klinge schlug, beweist die nachfolgende Partie, wobei der Name des Gegners nicht bekannt ist. Nach einem Bauernopfer in der Eröffnung (Gambit) kann sich Weiß eine starke Angriffsstellung aufbauen. Und er zögert keinen Augenblick, den Ausgang der Partie kombinatorisch zu lösen. Der Abschluss beinhaltet ein glänzendes, problemartiges Abspiel, das die Grundlinienschwäche der gegnerischen Stellung vortrefflich ausnützt.

1. e4 e5 2. d4 exd4 3. c3 dxc3 4. ♗c4 ♘f6 5. ♘f3 ♗c5 6. ♘xc3 d6 7. 0-0 0-0 8. ♘g5 h6 9. ♘xf7 ♖xf7 10. e5 ♘g4 11. e6 ♕h4 12. exf7+ ♔f8 13. ♗f4 ♘xf2 14. ♕e2 ♘g4+ 15. ♔h1 ♗d7 16. ♖ae1 ♘c6 (siehe Diagramm).

In einer kompromisslosen Angriffspartie von beiden Seiten ist eine Stellung entstanden, die auf des Messers Schneide steht. Während Schwarz in Angriffsposition zum weißen König steht, hat der weiße Angriff dem schwarzen König die Rochadestellung zerstört. Ein erheblicher Nachteil, weil der fast schutzlos ist. In dem nun folgenden Mattangriff nützt Weiß geschickt die schwache schwarze Königsstellung aus: Matt in drei Zügen, aber wie?

(Lösung Seite 192)

50

Weiß: Keres – Schwarz: Petrow

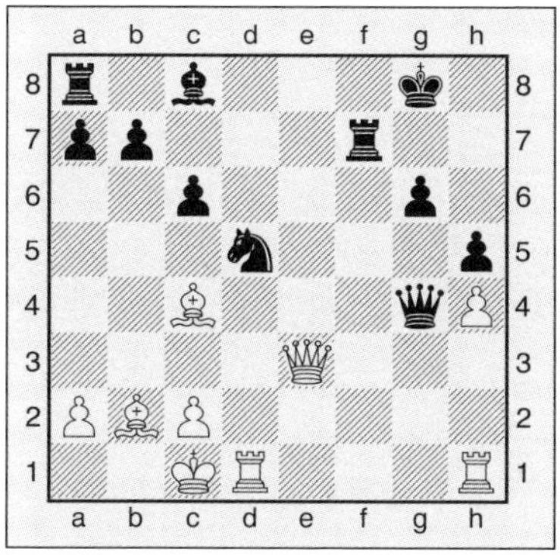

Stellung nach 21. ... c6

Der sowjetische Großmeister Paul Keres (1916 – 1975) gehört zu den wohl erfolgreichsten Meistern der Schachgeschichte. Man nannte ihn den "ewigen Zweiten", weil er von 1938 bis 1962 den Weltmeistertitel mehrmals knapp verpasste. Seine unzähligen Turniererfolge reihen sich wie eine lange Kette hervorragender Turnierergebnisse aneinander. Seine freundliche und gewinnende Art machten ihn überall auf der ganzen Welt bei seinen Schachmeisterkollegen und beim Publikum überaus beliebt. So wie seine Persönlichkeit war auch sein Schachstil, keine lauten Züge, sondern leise, aber nachhaltige. Seine Materialopfer waren immer korrekt. In der folgenden Partie um die Meisterschaft der UdSSR 1940 löste er mit einem stillen aber glänzenden Zug einen zwingenden Mattangriff aus.

1. e4 e5 2. f4 d5 3. exd5 e4 4. d3 ♘f6 5. ♘d2 exd3 6. ♗xd3 ♕xd5 7. ♘gf3 ♗c5 8. ♕e2+ ♕e6 9. ♘e5 0-0 10. ♘e4 ♘xe4 11. ♕xe4 g6 12. b4 ♗e7 13. ♗b2 ♗f6 14. 0-0-0 ♘c6 15. h4 h5 16. g4 ♗xe5 17. fxe5 ♕xg4 18. ♕e3 ♘xb4 19. e6 ♘d5 20. exf7+ ♖xf7 21. ♗c4 (Ein glänzender Zug: Weder die Dame – 22. ♖d8+ nebst Matt – noch der Läufer – 22. ♕e8+ nebst Matt – dürfen geschlagen werden.) **c6** (siehe Diagramm).

Es gibt keine Rettung mehr für Schwarz. Wie hat Weiß die Partie schnell entschieden?

(Lösung Seite 192)

Lösungsteil

Die Stellung, die zwingend zum Matt führt, und auch im Lösungsdiagramm dargestellt ist, wurde zum leichteren Auffinden mit ➤ gekennzeichnet.

Lösung zu Nr. 1

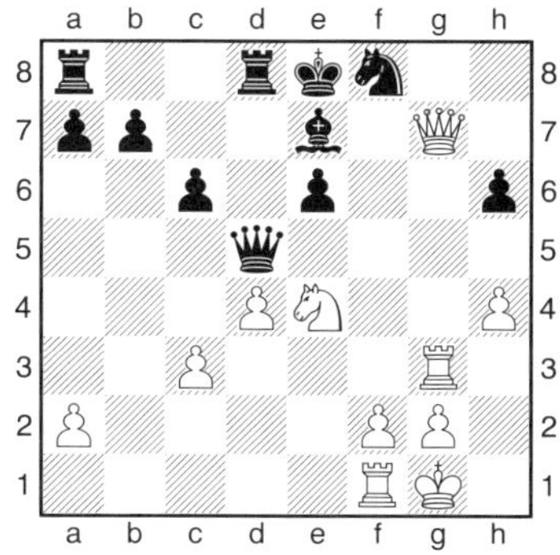

Nach **31. ♕g7+ ♔e8** krönte V. Kortschnoi seine Angriffskombination mit einem brillanten Damenopfer: ➤

32. ♕xe7+ ♔xe7
Damit ist Schwarz seiner wichtigsten Verteidigungs- und Schutzfigur beraubt, so dass der Weg frei ist für ein sehenswertes Epaulettenmatt:
33. ♖g7+ ♔e8 34. ♘f6≠.

Lösung zu Nr. 2

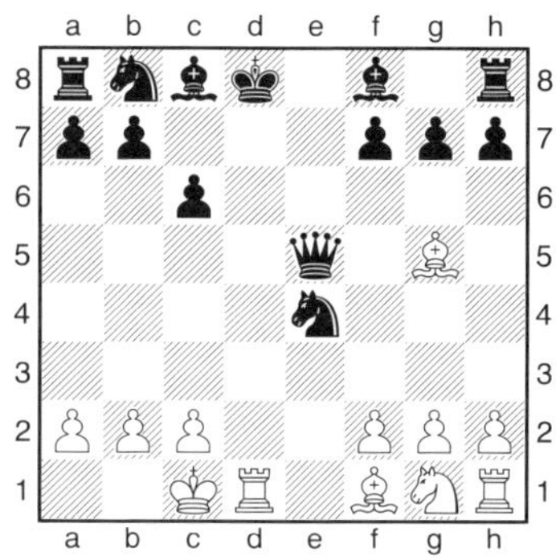

Weiß beginnt seinen Schlussangriff mit einem prächtigen Damenopfer, um den gegnerischen König in eine verderbliche Doppelschachsituation zu zwingen:
9. ♕d8+ ♔xd8 10. ♗g5++ (Doppelschach von Turm und Läufer) ➤ Wie der schwarze König jetzt auch zieht, er wird mattgesetzt:
10. ... ♔e8 11. ♖d8+, oder **10. ... ♔c7 12. ♗d8+.**
Da kann man nur noch staunen.

Lösung zu Nr. 3

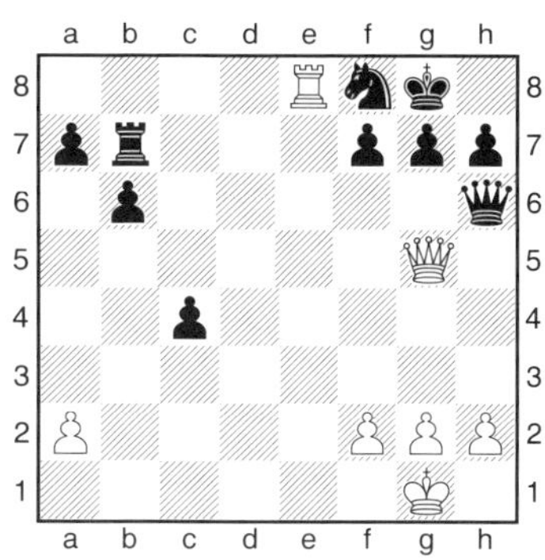

Mit einem doppelten Figurenopfer wird der schwarze König entblößt:
24. ♘h6+ ♕xh6 (auf ♔h8 folgt 25. ♖xf8#.) ➤

25. ♖xf8+ ♔xf8 26. ♕d8#- Tableau!

Lösung zu Nr. 4

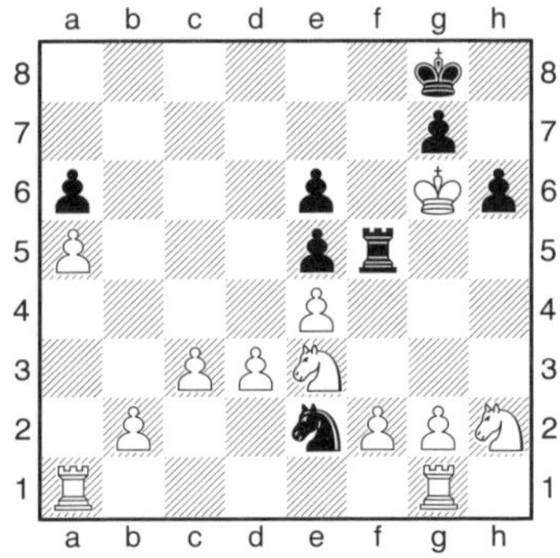

Mit einem problemhaften Zug beendet Hussong die Partie:

31. ... ♖f5 ➤

Weiß hat die Wahl, mit 32. ... ♖g5 oder 32. ... ♘f4 mattgesetzt zu werden.

Lösung zu Nr. 5

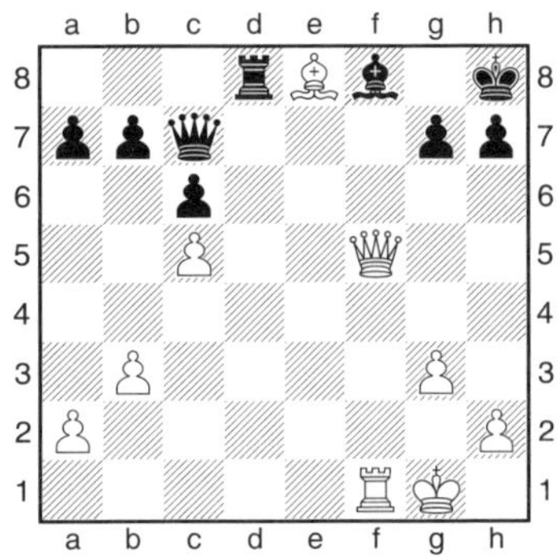

Nach **24. ♗f7+ ♔h8 25. ♗e8** befindet sich Schwarz in einer ausweglosen Situation: ➤

Was Schwarz auch immer zieht, er kann das Matt nicht verhindern:

25. ... ♖xe8 26. ♕xf8+ ♖xf8 27. ♖xf8#,

25. ... h6 26. ♕xf8+ ♔h7 27. ♗g6+ ♔xg6 28. ♕f5#,

25. ... h5 26. ♕xh5+♔g8 27. ♗g6 mit baldigem Matt.

Lösung zu Nr. 6

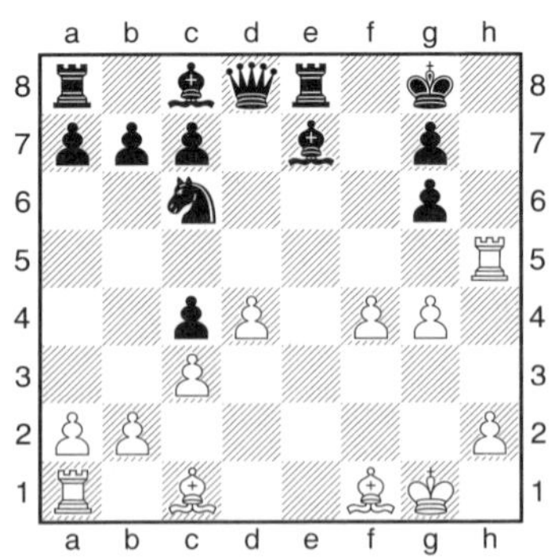

Es beginnt mit einem Paukenschlag, einem phantastischen Damenopfer. Nicht der Schönheit wegen schlägt zuerst die Dame und dann der Springer auf g6, sondern aus zwingendem Grund.

18. ♕xg6 hxg6 (auf 18. ... fxg6 folgt 19. ♗xc4+ ♔h8 20. ♘xg6# oder 19. ♔f8 20. ♘xg6+ hxg6 21. ♖h8#) 19. ♘xg6 (droht 20. ♖h8≠) fxg6: ➤

Die Angriffslinien sind geöffnet, der schwarze König fast schutzlos ausgeliefert:

20. ♗xc4+ nebst ♖h8#. Einmalig!

Lösung zu Nr. 7

Mit einem Damenopfer wird die weiße Schlussoffensive eingeleitet:
11. ♕xh7+ ♔xh7 12. ♘xf6++ (Doppelschach von Springer und Läufer) **♔h6** (erzwungen, weil auf ♔h8 13. ♘g6# folgt) **13. ♘eg4+ ♔g5 14. h4+ ♔f4 15. g3+ ♔f3 16. ♗e2+ ♔g2 17. ♖h2+ ♔g1 ➤**

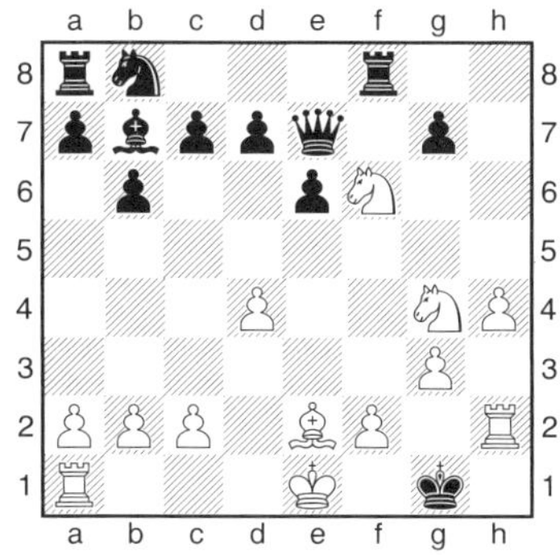

Der Leidensweg des schwarzen Königs ist zu Ende, jetzt folgt die “Hinrichtung”:
18. 0-0-0 oder **♔d2#.** Ein grandioses Schauspiel!

Lösung zu Nr. 8

Der bereitstehende Turm wird an der Front geopfert und verhindert, dass der schwarze König die Flucht ergreift und in eine verderbliche Situation gerät.
17. ♖h8+ ♔xh8 ➤

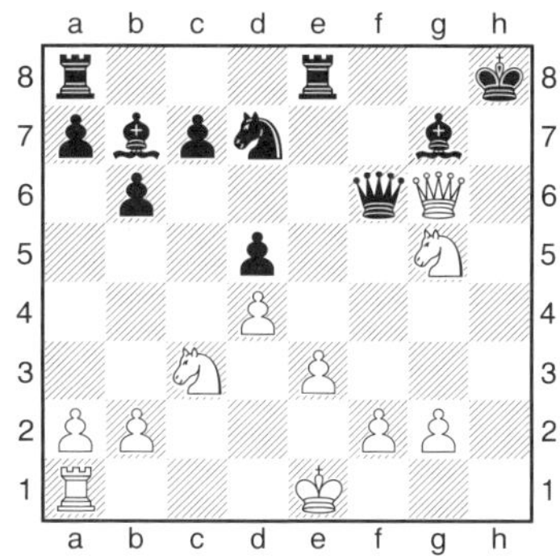

Der Rest ist Schweigen: **18. ♕h7#.**

Lösung zu Nr. 9

Mit einem faszinierenden Damenopfer fällt die Entscheidung:
20. ♕g6 (droht sowohl 21. ♕xg7# als auch 21. ♕xh7+ ♔xh7 22. ♖h3#) **fxg6 21. ♘xg6+ hxg6 ➤**

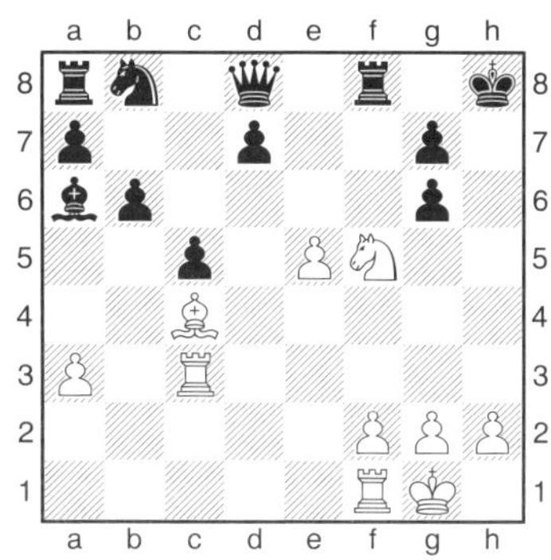

und der schwarze König steht verteidigungslos in der Ecke.
22. ♖h3+ ♕h4 23. ♖xh4#.

Lösung zu Nr. 10

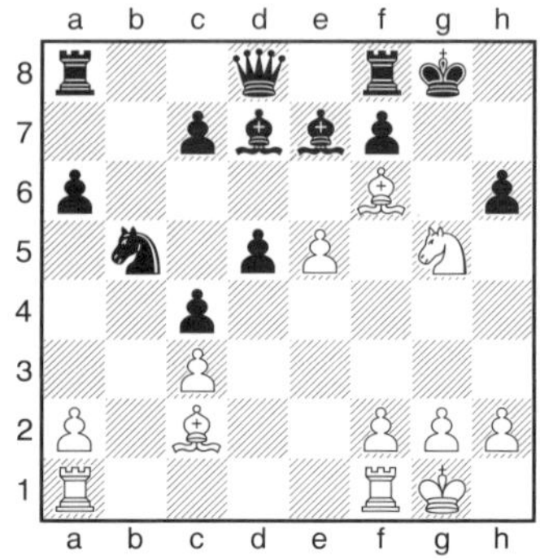

Die weiße Dame schlägt die entscheidende Bresche in die schwarze Stellung:

19. ♕xh6 (droht 20. ♕xg7 oder 20. ♕h7#) **gxh6:** ➤

20. ♗h7#. Ein Mattbild, das man sich einprägen sollte.

Lösung zu Nr. 11

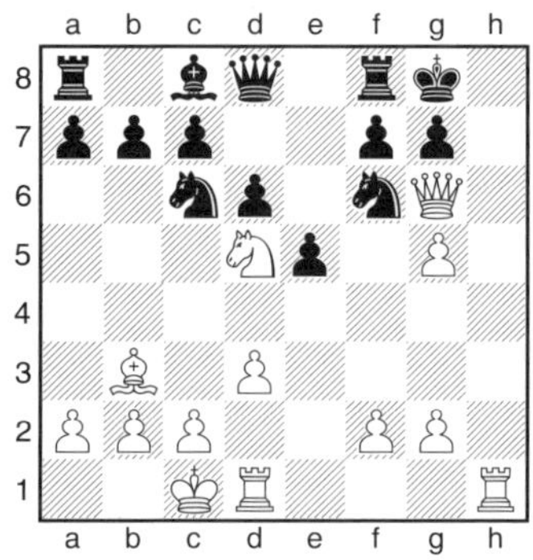

Wieder ist es die weiße Dame, die sich an die Front begibt:
14. ♕g6 (droht 15. ♘xf6+ ♕xf6 16. ♕h7#; auf 14. ... fxg6 folgt 15. ♘e7++ ♔h8 16. ♘xg6#) **hxg5 15. hxg5** ➤
Um das sofortige Matt zu verhindern, muss Schwarz spielen:
15. ... ♖e8, und Weiß beendet mit
16. ♘xf6+ die Partie wie folgt:
16. ... ♔f8 17. ♕xf7#, oder
16. ... ♕xf6 17. gxf6 nebst Damenmatt auf f7 oder g7.

Lösung zu Nr. 12

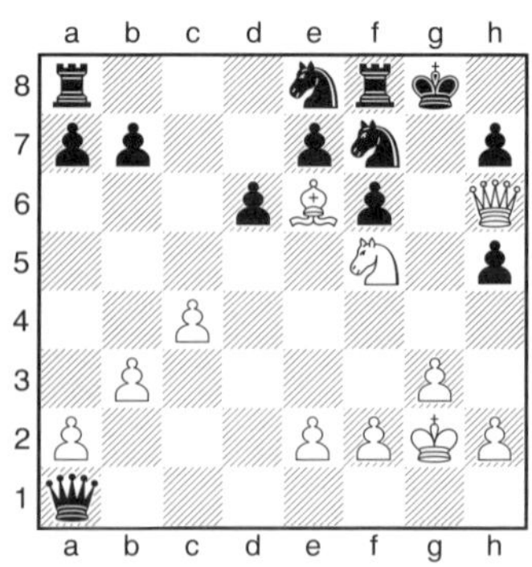

Ein elegant dargebotenes Turmopfer weicht die schwarze Stellung auf:
22. ♖h5 (Droht 23. ♕xh7#; doch bevor Schwarz schlägt, verspeist er den anderen Turm mit Schach...)
22. ... **♕xa1+ 23. ♔g2 gxh5 24. ♘f5** ➤
Die schwarze Stellung ist hilflos 24. ... ♔h8 wird lapidar mit ♕xf8# beantwortet, und gegen die weiße Drohung 25. ♘xe7+ ♔h8 26. ♕xf8# ist kein Kraut gewachsen.

Lösung zu Nr. 13

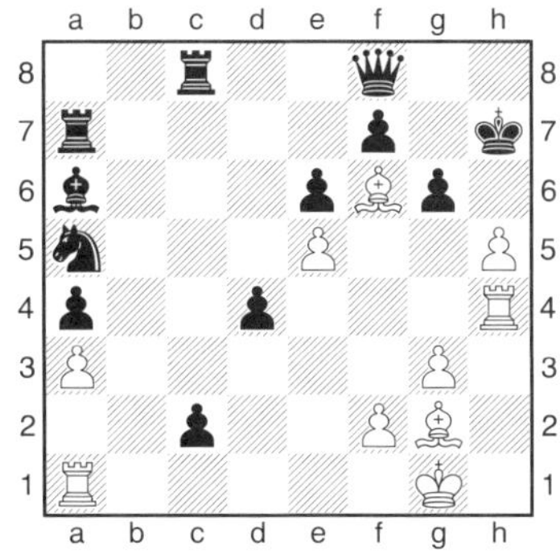

Ein prächtiges Damenopfer zieht den schwarzen König ins Verderben:
31. ♕xh7+ ♔xh7 ➤

32. hxg6++ (Doppelschach von Bauer und Turm) **♔xg6** (oder 32. ♔g8 33. ♖h8#) **33. ♗e4#.**

Lösung zu Nr. 14

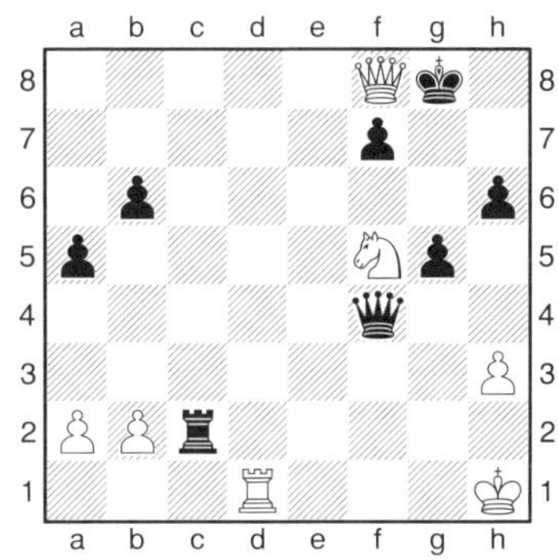

Ein wunderschönes Damenopfer besiegelt das Schicksal des schwarzen Königs:
37. ♕f8+ mit undeckbarem Matt. ➤

37. ... ♔h7 38. ♕g7#, oder
37. ... ♔xf8 38. ♖d8#.

Lösung zu Nr. 15

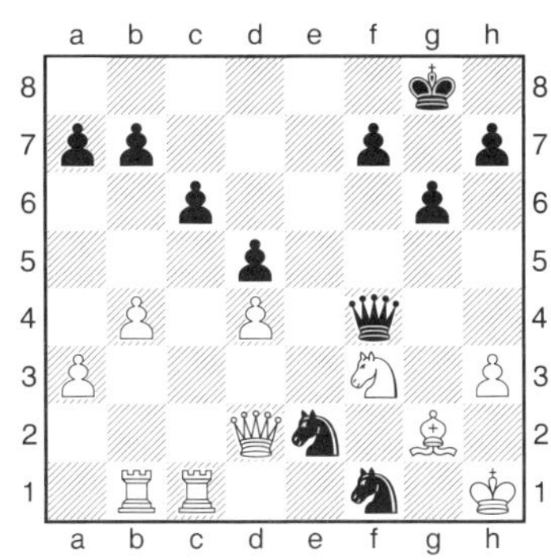

Mit einem Springerschach nebst einem Springerabzug beginnt es:
30. ... ♘hg3+ 31. ♔h2 ♘f1++ 32. ♔h1 ➤

Jetzt verschmäht Schwarz die weiße Dame und setzt elegant matt:
32. ... ♕h2+ 33. ♘xh2 ♘f1g3#.

Lösung zu Nr. 16

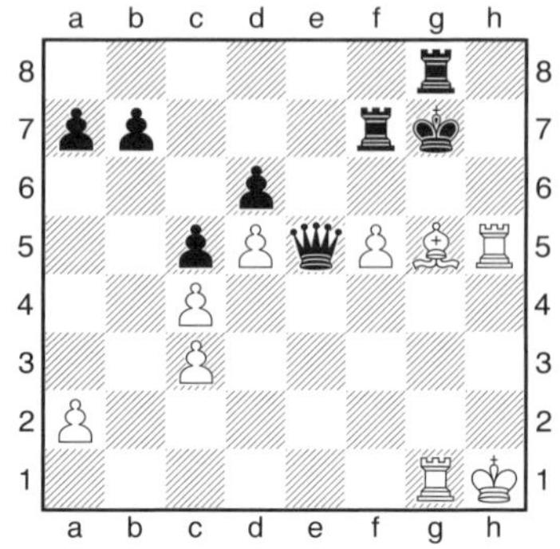

Mit einem prächtigen Damenopfer schlägt Weiß die Tür der schwarzen Königsstellung ein:

26. ♕xh7+ ♔xh7 27. ♖h4+ ♘h5 28. ♖xh5+ ♔g7 ➤

29. ♗e7+ (Schneidet die Fluchtwege des schwarzen Königs mit Abzugsschach elegant ab.) **♕g3 30. ♖xg3#.**

Lösung zu Nr. 17

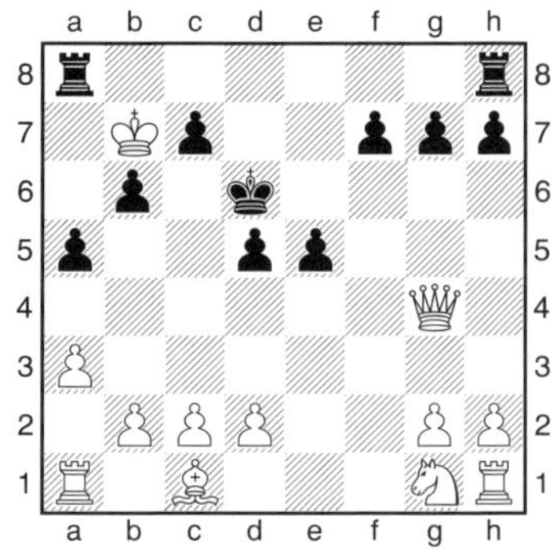

Ein schwarzer Königszug schneidet dem weißen Monarchen den Rückzug ab:

17. ... ♔d7 18. ♕g4+ ♔d6 und der schwarze König ist für die weiße Dame unerreichbar: ➤

Es folgt unabwendbar ♖hb8#.

Lösung zu Nr. 18

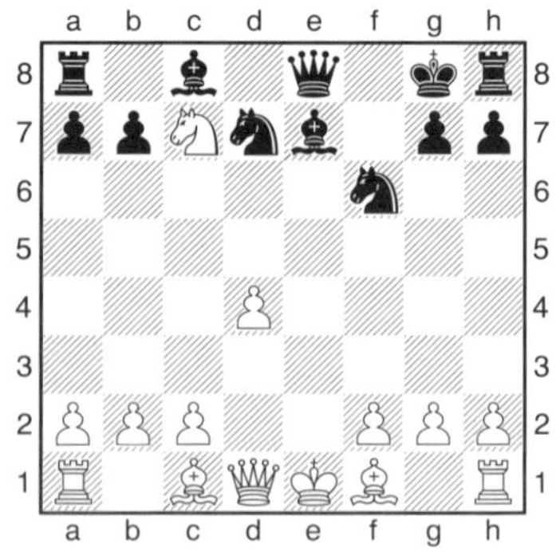

Der Meister rettete die Partie mit 9. ♕e8! Die Dame konnte der Verlockung nicht widerstehen und antwortete:

10. ♘xc7 ➤

... worauf Bogoljubow zum Gaudium des umstehenden Publikums die Partie mit einem Schlag beendete:

10. ... ♗b4++ Doppelschach und Matt. Tableau!

Lösung zu Nr. 19

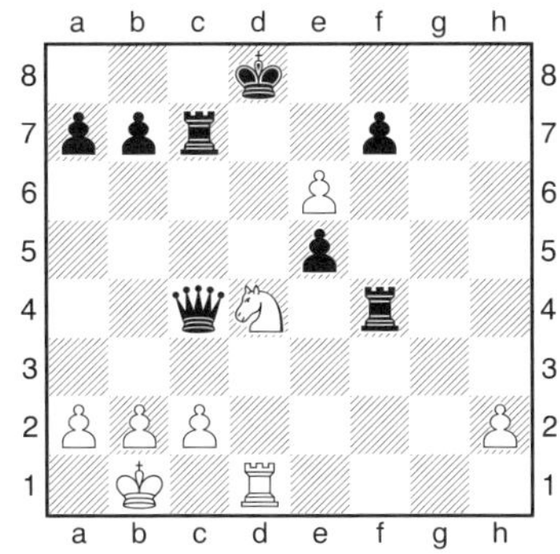

Ein wunderschönes Damenopfer macht dem schwarzen König sofort den Garaus:

27. ♕d8+ und Schwarz gab die Partie auf, denn er wollte sich die beiden Mattbilder nach **27. ... ♔xd8** nicht mehr zeigen lassen: ➤

28. ♘c6++ ♔c8 oder ♔e8 29. ♖d8#.

Lösung zu Nr. 20

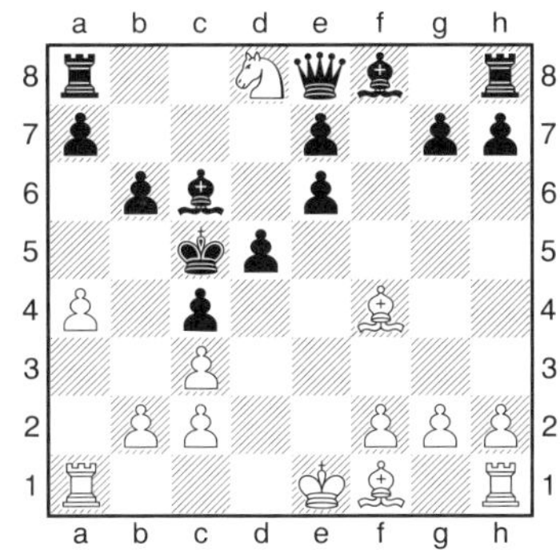

Weiß fackelt nicht lange und krönt die Partie mit einem Glanzopfer der Königin:

19. ♕xc6+ ♗xc6 ➤

... und der eingesperrte schwarze König muss den Gnadenstoß über sich ergehen lassen:

20. ♘xe6#, ein Partieschluss, der jeden Schachspieler begeistern muss.

Lösung zu Nr. 21

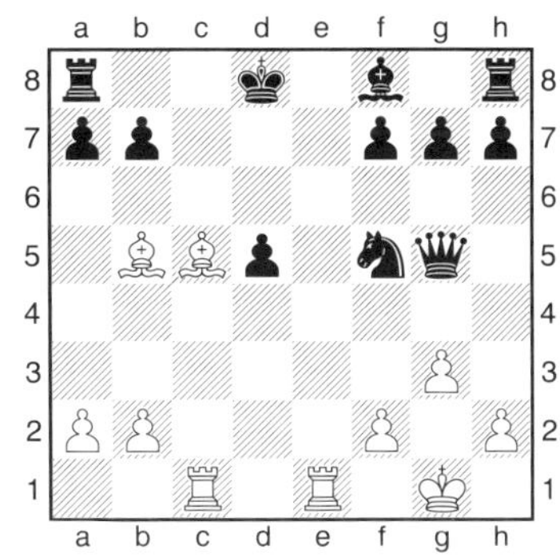

Heldenhaft durchbricht die weiße Dame die Festungsmauer, wodurch der schwarze König schutzlos ausgeliefert ist:

18. ♕xd5+ exd5 (oder 18. ... ♗d6 19. ♕xb7 ♕e7 20. ♕xa8+ ♔c7 21. ♗xd6++ ♔b6+ [♔xd6 22. ♕c6#] 22. ♕c6+ ♔a5 23. ♕a6# bzw. 18. ♘d6 19. ♕xg5+ 20. ♕d2 und baldiges Matt) ➤

19. ♗b6+ axb6 20. ♖e8#.

Lösung zu Nr. 22

Ein trockenes Läuferopfer macht aus der schwarzen Stellung eine sturmreife Ruine:

19. ♗xc5+ bxc5 (19. ... ♕xc5: 20. ♕e6#) ➤

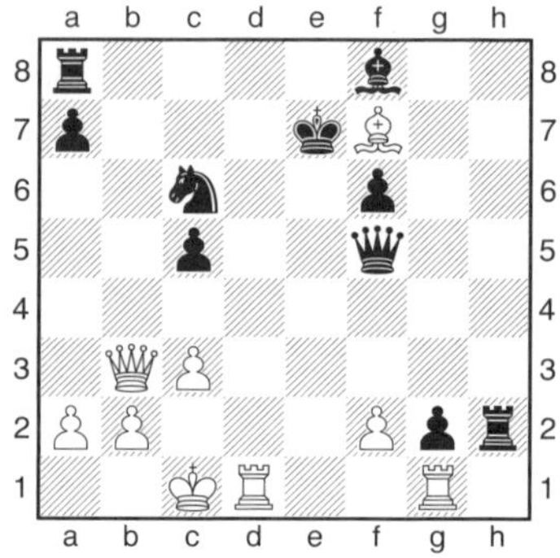

20. ♕b7+ nebst Matt.

Lösung zu Nr. 23

Bevor Schwarz nun mit 18. ... ♗f8 seine Königsstellung sichern kann, leitet Weiß mit einem Turmopfer eine erregende Verfolgungsjagd gegen den schwarzen König ein:

18. ♖xf7 (droht 19. ♕h7#) **♔xf7 19. ♕h7+ ♔f8 20. ♗h5 ♗d8** (20. gxh5 21. g6 nebst 22. ♗h6+) **21. ♕h8+ ♔f7** (21. ... ♔e7 22. ♕g7≠) **22. ♗xg6+ ♔xg6 23. ♕h6+ ♔f7 24. ♕h7+ ♔f8 25. ♕h8+ ♔f7 26. g6+ ♔xg6 27. ♕h6+ ♔f7 28. ♕h7+ ♔f6** (28. ... ♔f8 29. ♗h6+) ➤

Der Königsflügel ist nun von störendem Material befreit, so dass der schutzlose schwarze König in ein Mattnetz gezogen werden kann:

29. e5+ ♔xe5 (nicht 29. ... ♘xe5/ dxe5 wegen 30. ♘e4#) **30. ♗f4+ ♔xf4** (nicht 30. ... ♔d4 wegen 31. ♕e4#) **31. ♖f1+ ♔g4 32. h3+** und Schwarz gab auf, weil nach ♔g3 oder ♔g5 mit 33. ♘e4# der Leidensweg des schwarzen Königs beendet wird. Die fast komplette schwarze Armee musste das Debakel ohnmächtig mit ansehen. Schach in vollendeter Schönheit!

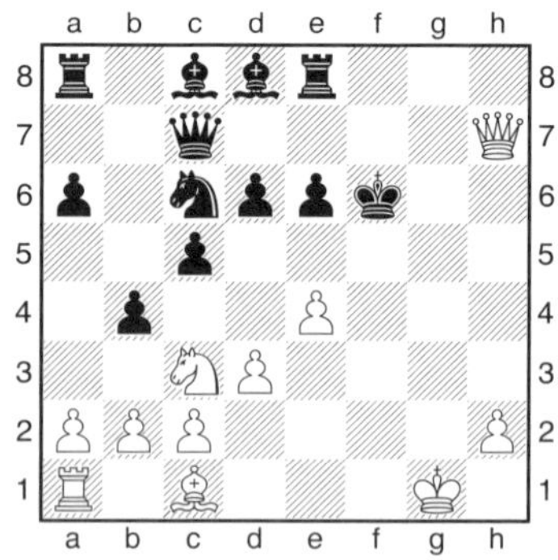

Lösung zu Nr. 24

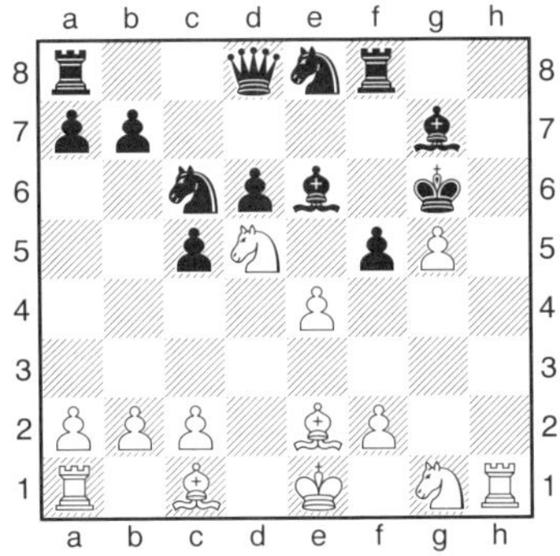

Schon das einleitende Damenopfer alleine ist sein Eintrittsgeld wert:
16. ♕xg6+ ♔xg6 (oder 16. ... ♔g8 17. ♕h7+ ♔f7 18. g6#) ➤
17. ♗h5+ ♔h7 18. ♗f7+ ♗h6 19. g6+ ♔g7 20. ♗xh6+ und Schwarz gab auf, weil er das Mattbild nach 20. ... ♔h8 21. ♗xf8+ nicht mehr sehen wollte.

Lösung zu Nr. 25

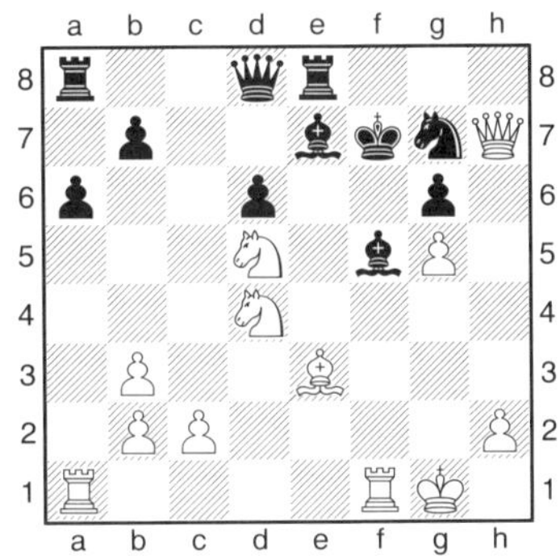

Ein leises Turmopfer bringt die schwarze Verteidigungsstellung wie ein Kartenhaus zum Einsturz:
23. ♖f7 (droht Damenmatt auf der siebten Reihe) **♔xf7 24. ♕xh7+ ♘g7 25. ♖f1+ ♗f5** ➤
26. ♖xf5+ und Schwarz gab auf, weil nach 26. ... gxf5 27. g6+ ♔f8 28. ♕h8# folgt.

Lösung zu Nr. 26

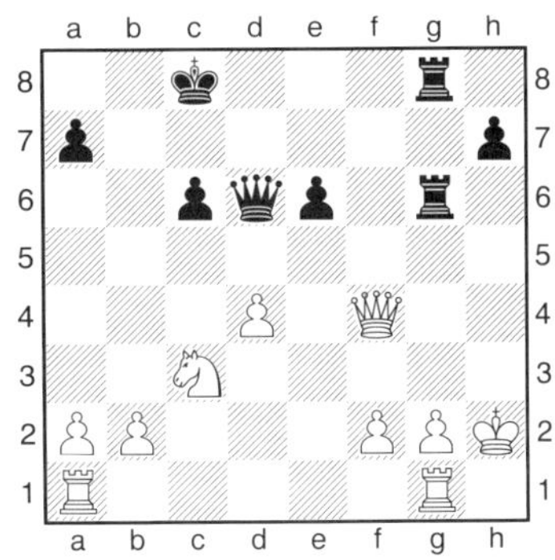

Ein stiller und eleganter Zug in Form eines überraschenden Damenopfers zwingt den Weißen zur sofortigen Kapitulation:
23. ... ♕d6 ➤

Das nach diesem einmalig schönen Damenopfer drohende Matt 24. ♖h6 kann nur durch Verzicht der Annahme aufgeschoben werden:
24. g3 ♕xf4 und weiße Züge werden wie folgt pariert:
25. gxf4 ♖h6#, 25. ♔g2 ♖xg3+ usw. Weiß gab deshalb die Partie auf.

Lösung zu Nr. 27

Ein Springer und ein Damenopfer bringen den schwarzen König in eine ausweglose Situation:
29. ♘f6+ ♘xf6 (oder 29. ... ♔f8 30. ♖h8+ ♔e7 31. ♘d5++ ♔e6 32. ♘f4#) **30. ♕xf6** ➤

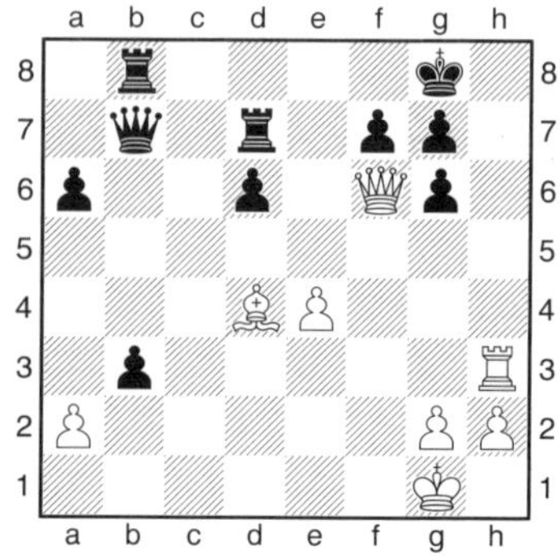

30. ... gxf6 31. ♗xf6 nebst **♖h8#.**

Lösung zu Nr. 28

Ein trockenes Damenopfer bildet die Ouvertüre zu dieser Schlusswendung:
19. ♕xf6+ ♔xf6 (oder 19. ... ♔g8 20. ♗e5) **20. ♗e5+ ♔g5 21. ♗g7** ➤
Schwarz gab auf, weil gegen **22. h4+** nebst **23. ♗f3** bzw. **♗h3#** kein Kraut gewachsen ist.

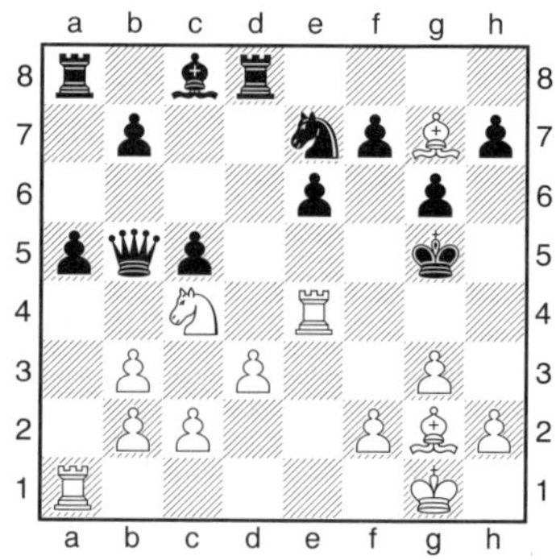

Lösung zu Nr. 29

Ein doppeltes Figurenopfer verwandelt die stolze schwarze Festung in eine Ruine.
27. ♗xg6 (droht 28. ♗xh7+ mit baldigem Matt) hxg6 28. **♖xf6** exf6 ➤
Das gesamte schwere Figurenmaterial auf der Grundlinie muss untätig mitansehen, wie der schwarze König die Schlacht verliert:
29. ♕h8+ ♔f7 30. ♖h7+ ♘xh7 31. ♕xh7+ ♔f8 32. ♗h6#. Reshevsky hat deshalb bereits vorher aufgegeben.

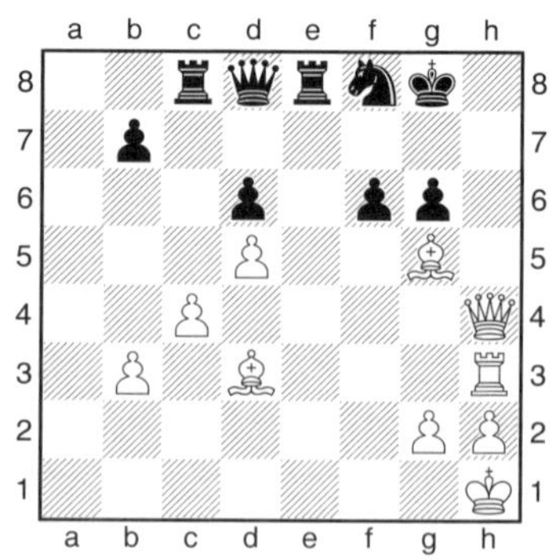

Lösung zu Nr. 30

Durch ein Springeropfer und das anschließende Damenopfer erwachen die beiden weißen Läufer zum Leben und bilden zusammen mit dem Zentralturm einen wunderbaren Dreiklang beim Mattsetzen des schwarzen Königs:

25. ♘e7+ ♕xe7 26. ♕xh7+ ♔xh7 ➤ **27. ♖h5+** (Durch das einleitende Springeropfer wurde dieser Turmzug erst möglich; der Bauer g6 ist durch den Läufer d3 gefesselt.) **♔g8 28. ♖h8#.** Schwarz hat bereits nach dem 25. Zug von Weiß aufgegeben.

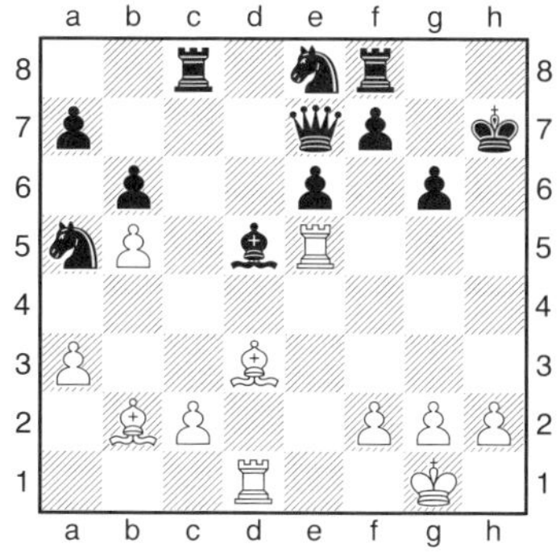

Lösung zu Nr. 31

Ein verblüffendes Damenopfer wird dem schwarzen König zum Verhängnis, den Rest besorgt das weiße Läuferpaar.

21. ♕xd7+ ♔xd7 ➤

22. ♗f5++ (Doppelschach) **♔e8** (23. ... ♔c6 24. ♗d7#) **23. ♗d7+ ♔f8** oder **♔d8 24. ♗xe7#.**

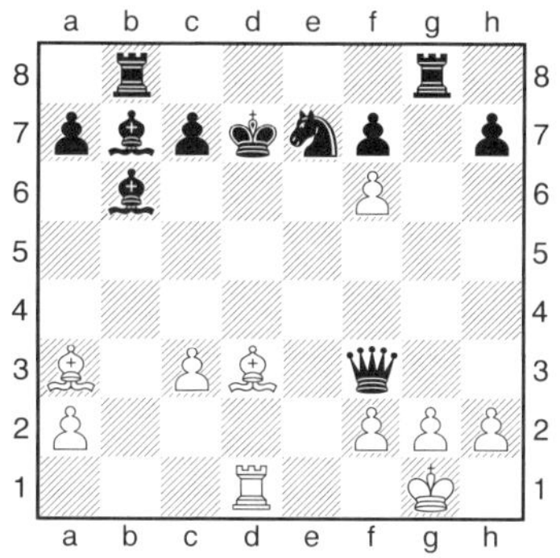

Lösung zu Nr. 32

Die folgende Mattdrohung mit der weißen Dame ist nur durch einen schwarzen Springerzug zu entkräften:

22. ♕e6 ♘d8 (oder 22. ... ♔g7 23. ♘h5+ ♔f8 24. ♕f7#) ➤

Doch ein wunderbares Damenopfer setzt den krönenden Abschluss:

23. ♕f7+ ♘xf7 24. ♘e6#. Voilá!

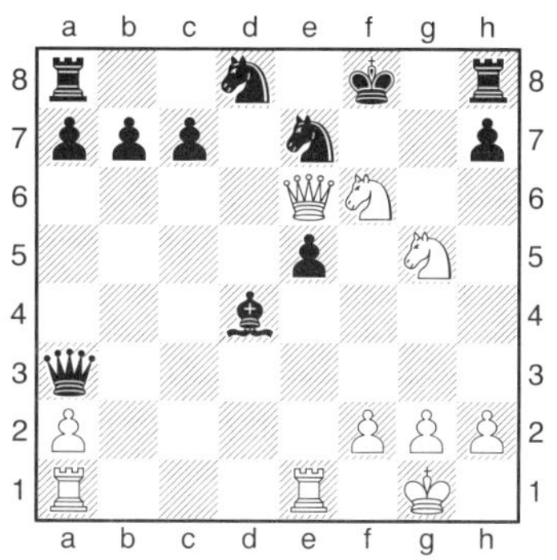

Lösung zu Nr. 33

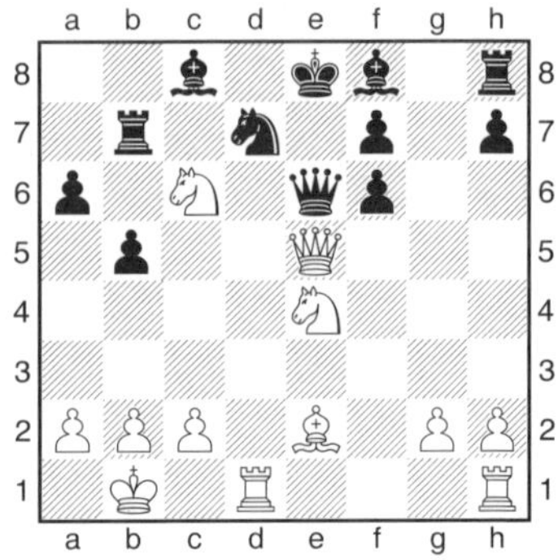

Das einleitende weiße Damenscheinopfer zeigt das ganze Dilemma der schwarzen Stellung auf:
18. ♕xe5+ ♕e6 (18. ... ♘xe5 19. ♖d8#) **19. ♘f6+** (der entscheidende Zwischenzug, denn wieder kann der schwarze Springer wegen des genannten Grundlinienmatts nicht nehmen) **gxf6** ➤
20. ♕xe6+ fxe6 21. ♗h5#.

Lösung zu Nr. 34

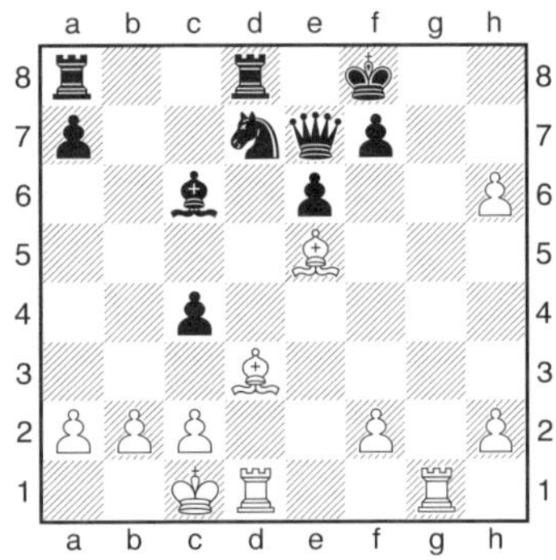

Dem folgenden Damenopfer liegt eine Pointe zugrunde; sie stellt die zwingendste Entscheidung dar:
22. ♕xh6 gxh6 (bei Ablehnung des Damenopfers droht Matt an allen Ecken und Enden) **23. gxh6+ ♔f8** ➤
24. ♖g8+
Dieses Turmopfer ist der Witz des Abspiels. Der flüchtige schwarze König wird zurückgeholt und in zwei Zügen mattgesetzt. Schwarz gab auf, weil der weiße Randbauer mit Matt einzieht.

Lösung zu Nr. 35

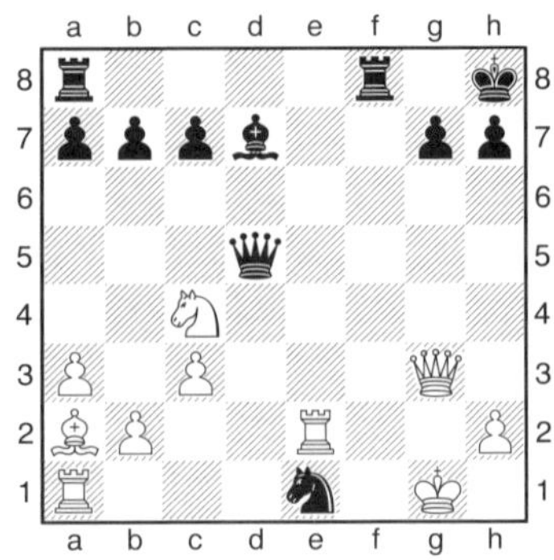

Mit dem einleitenden Springerabzug wird die weiße Grundlinie geschwächt:
28. ... ♘e1+ 29. ♔g1 (29. ♖g2 ♖f1#) ➤
Das nun folgende Damenopfer im Königswinkel setzt der Mattkombination die Krone auf:
29. ... ♕h1+ 30. ♔xh1 ♖f1+ und Weiß gab auf, weil er das originelle Mattbild nicht mehr sehen wollte:
31. ♕g1 ♗c6+ 32. ♖g2 ♗xg2#.

Lösung zu Nr. 36

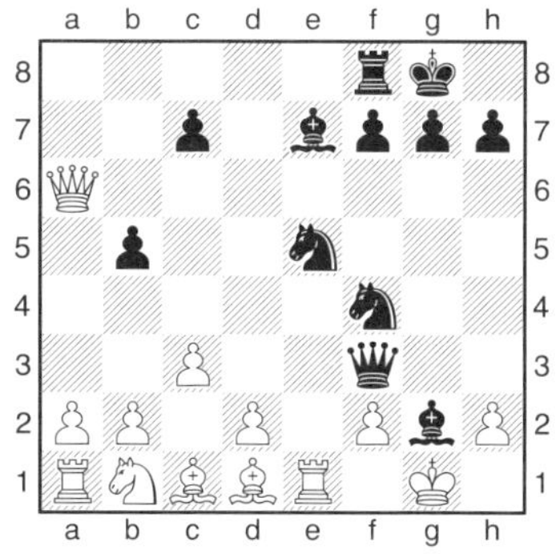

Ein provokatives Damenopfer droht den sofortigen Exitus:

15. ... ♕f3 (droht ♘h3#) ➤

Weiß gab auf, weil nichts mehr geht, z. B.

16. ♗xf3 ♘xf3#, oder **16. h3 ♘xh3+ 17. ♔h2 ♘g4#.**

Lösung zu Nr. 37

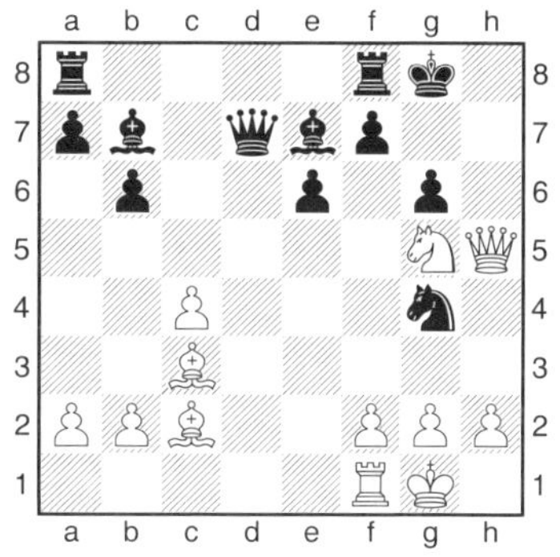

Nach **21. ... ♕xd7** wartet Weiß mit einem brillanten Damenopfer auf, das sofort entscheidet:

22. ♕xh5 ➤

Gegen die Mattdrohungen auf h7 und h8 gibt es nur die Annahme des Damenopfers:

22. ... gxh5 23. ♗h7#.

Lösung zu Nr. 38

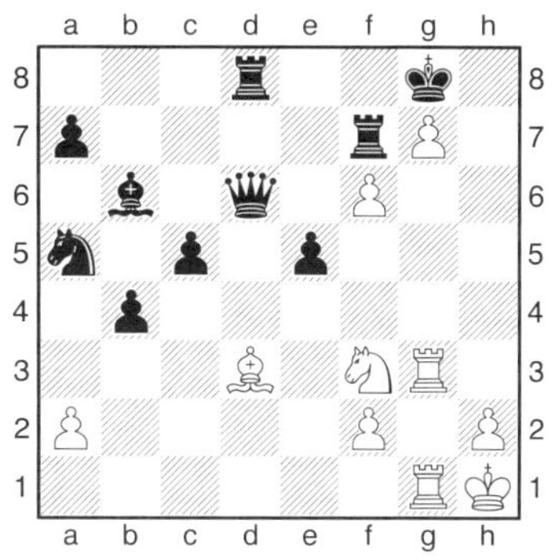

Die weiße Dame an der Front entscheidet die Auseinandersetzung durch kühne Selbstopferung:

29. ♕xh7+ ♔xh7 30. f6+ (droht 31. ♖h3 32. ♖h8) **♔g8** ➤

31. ♗h7+ ♔xh7 32. ♖h3+ ♔g8 33. ♖h8#

Lösung zu Nr. 39

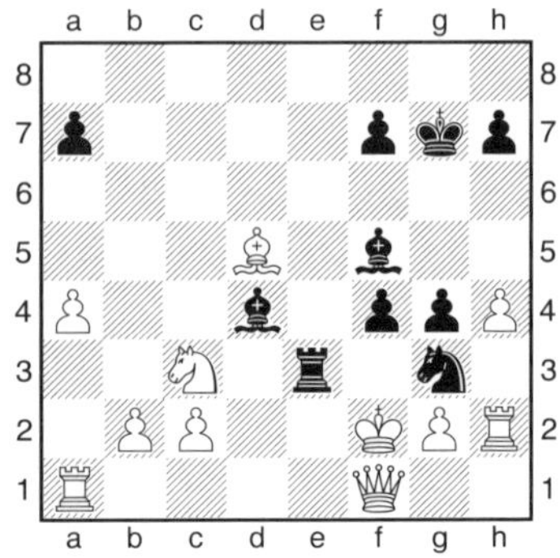

Mit dem Opfer der eigenen Dame lenkt Schwarz die gegnerische Dame von dem wichtigen Punkt d4 ab:

20. ... ♕f1+ 21. ♕xf1 ♗xd4+ 22. ♗e3 ♖xe3 ➤

Schwarz kann das Matt im nächsten Zug nicht verhindern, z. B. 23. ♔g1 ♖e1#, oder es folgt – wenn Weiß anders zieht – **23. ... ♖e2++** und Matt.

Lösung zu Nr. 40

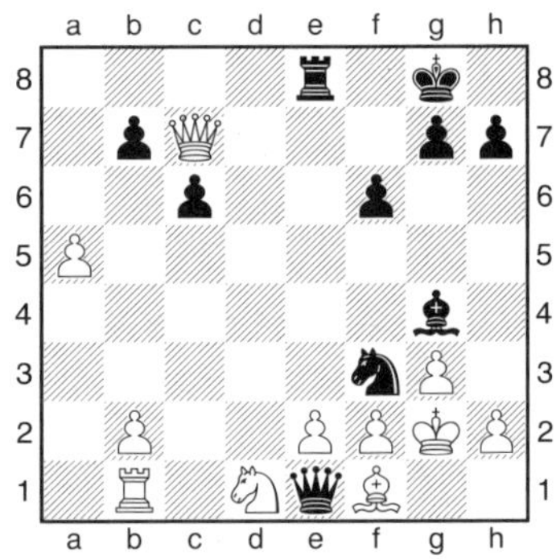

Ein Selbstopfer des zentralen schwarzen Springers entblößt die Schwäche in der weißen Königsstellung, das folgende Damenopfer die Schwäche auf der Grundreihe:

27. ... ♘f3+ (und es folgt auf 28. exf3 ♕xf1+ 29. ♔xf1 ♗h3+ 30. ♔g1 ♖e1#)

28. ♔g2 ➤

28. ... ♕xf1+ 29. ♔xf1 ♗h3#.

Lösung zu Nr. 41

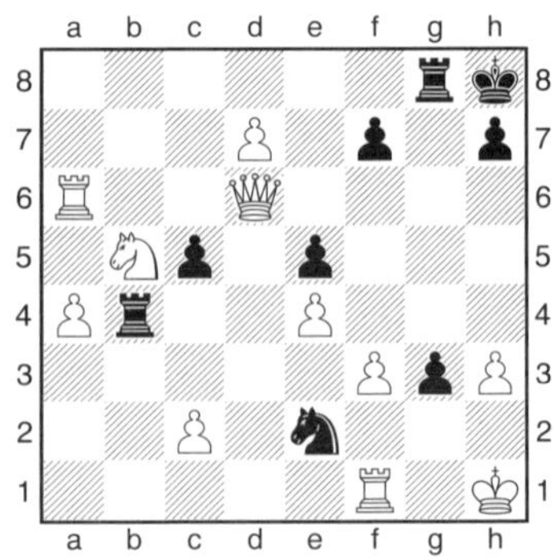

Wegen der weißen Gegendrohung muss die schwarze Mattführung mit Tempo (jeder Zug muss mit Schach erfolgen) ablaufen:

29. ... ♘f2+ 30. ♔h1 ♕xh3+ 31. gxh3: ➤

31. ... g2+ 32. ♔h2 gxf1♘+ und Weiß gab wegen 33. ♔h1 ♖g1# auf.

Lösung zu Nr. 42

Nach dem folgenden Bauernschlag ist Schwarz stehend k. o. – die einzelnen Abspiele beweisen es:
18. exf6 ♖xg3 19. ♖xe8+ ♖g8 20. ♖ae1

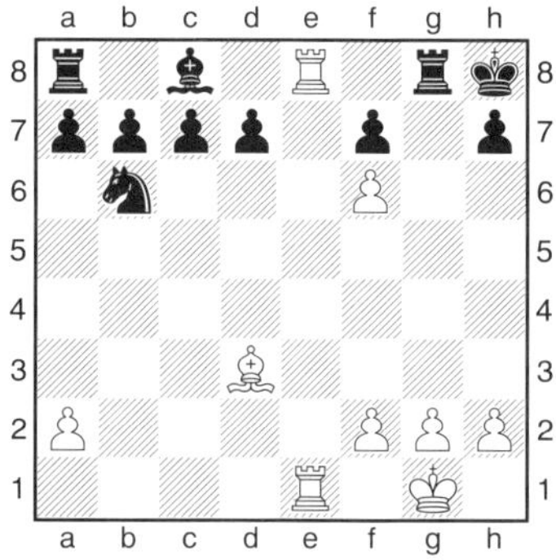

Weiß setzt in zwei Zügen matt, egal wie Schwarz zieht: **21. ♖xg8+ ♔xg8 22. ♖e8#.**
Aber auch anders ist das Matt nicht zu verhindern:

18. ... ♕f8 19. ♕h4 (droht 20. ♕xh7#) **♖g6 20. ♗xg6 fxg6 21. ♕h6**

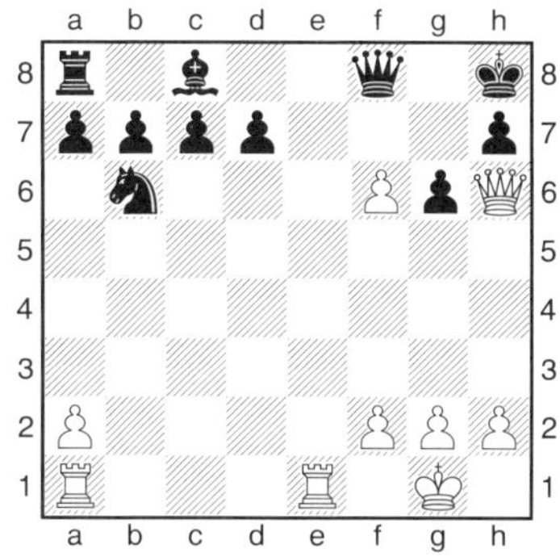

Weiß setzt in zwei Zügen matt, egal wie Schwarz zieht:
21. ... ♕xh6 22. ♖e8+ ♕f8 23. ♖xf8#, oder **21. ... ♔g8 22. ♖e8** (droht 23. ♕g7#) **♔f7 23. ♕xf8#.**
Was soll man dazu noch sagen?

Lösung zu Nr. 43

Die folgende Mattführung muss jeden Schachfreund entzücken, ein herrliches Damenopfer und ein köstliches Mattbild:
20. ♘c5+ ♔b8 (auf 20. ... ♔d8 folgt 21. ♕d7#) **21. ♘d7+ ♔c8 22. ♘b6++ ♔b8** ➤

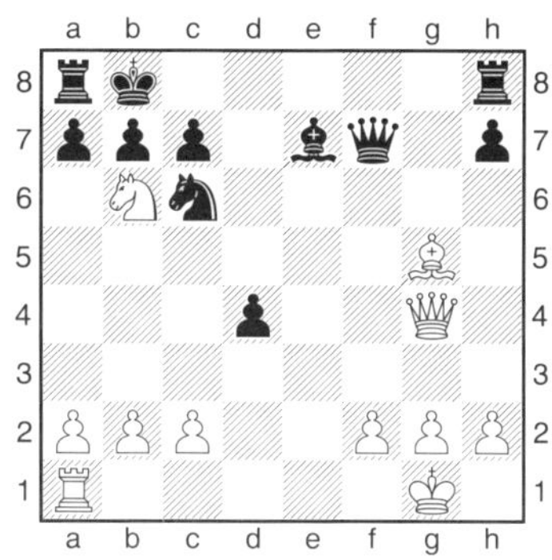

23. ♕c8+ ♖xc8 24. ♘d7#; ein ersticktes Matt, weil alle Fluchtfelder des mattgesetzten schwarzen Königs von eigenen Steinen besetzt sind.

Lösung zu Nr. 44

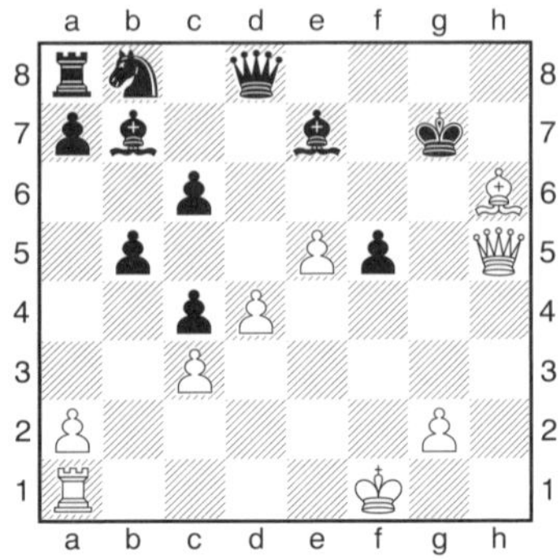

17. ♖h7+ ♔xh7 (auf 17... ♔g8 entscheidet 18. ♕h3 19. ♕h6) **18. ♕h5+ ♔g7 19. ♕h6+ ♔g8 20. ♗xg6 fxg6 21. ♕xg6+ ♔h8 22. ♕h6+ ♔g8 23. g6 ♖f7 24. gxf7+ ♔xf7 25. ♕h5+ ♔g7 26. f5 exf5 27. ♗h6+** ➤

In dieser Stellung gab Schwarz auf; nach 27. ... ♔h7 28. ♗f4+ ♔g7 29. ♕h6+ ♔f7 30. e6+ ♔g8 31. ♕g6+ ♔h8 32. ♔e2 greift der Turm auf a1 entscheidend ein, z. B. 33. ♖h1+ ♗h4 34. ♗e5+ usw.

Lösung zu Nr. 45

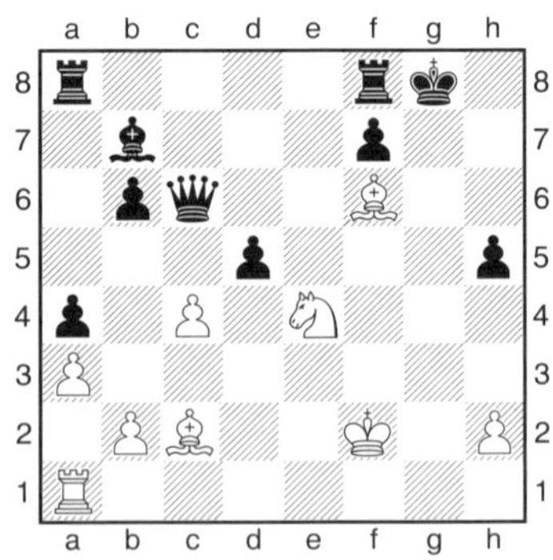

Mit dem folgenden Damenopferzug wird eine tödliche Mattfalle zuschnappen:

26. ♕h5 (droht Matt auf h8 oder h7 bzw. beantwortet 26. ... gxh5 mit 27. ♗h7#; deshalb bleibt Schwarz nur ein Gegenangriff) **26. ... ♗xf2+ 27. ♔xf2 ♘e4+** (weil 27. ... ♕c5+ 28. ♔g2 dxc4 +/d4+ 29. ♔f1/♔g3 auch keine Rettung bringt) **28. ♘xe4** (notwendig, weil 28. ... ♕xf6 + drohte) **gxh5** ➤

29. ♖g1+ ♔h7 30. ♘c5+ und Schwarz gab auf wegen 30. ... ♔h6 31. ♗g7#.

Lösung zu Nr. 46

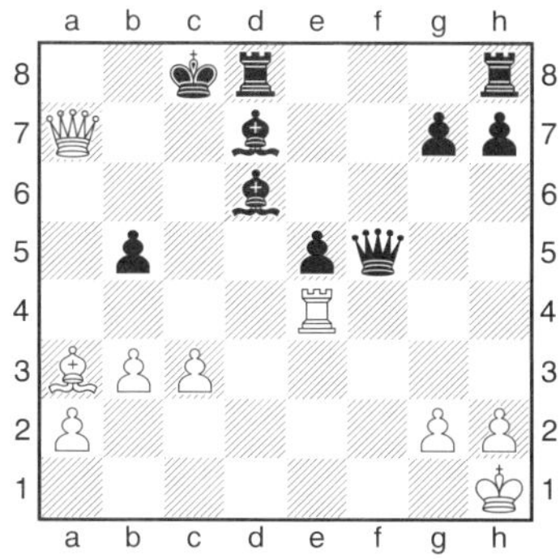

Nur ein kleiner Läuferschritt ist notwendig, um Schwarz den Gnadenstoß zu versetzen:

25. ♗b5 und Schwarz gab auf, weil er nach 25. ... cb5:... ➤

... mit **26. ♕a6+ ♔b8/♔c7 27. ♗xd6** mattgesetzt wird.

Lösung zu Nr. 47

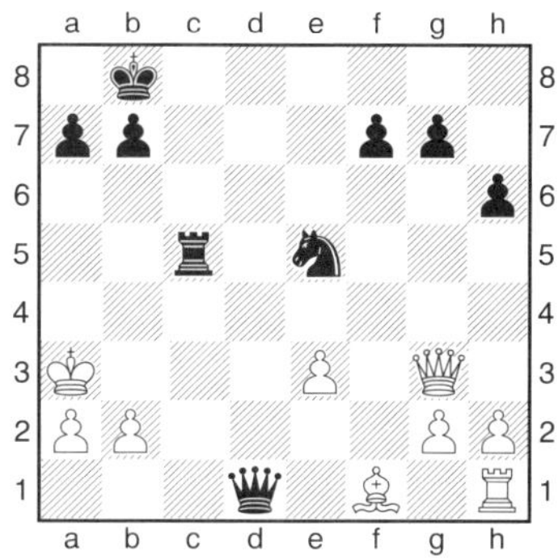

Selbstverständlich war der Damentausch nur durch den dazwischenziehenden Springer, verbunden durch Abzugsschach des Turms, zu vermeiden:

22. ... ♘e5+ 23. ♔b3 ♕d1+ 24. ♔a3 ♖c5 ➤

Weiß gab auf, weil der weiße König mattgesetzt wird:

25. b4 ♖c3+ 26. ♔b2 ♕c1#, oder **25. ♔b4 ♕d2+ 26. ♔xc5 b6+ 27. ♔b5 ♕a5#.**

Lösung zu Nr. 48

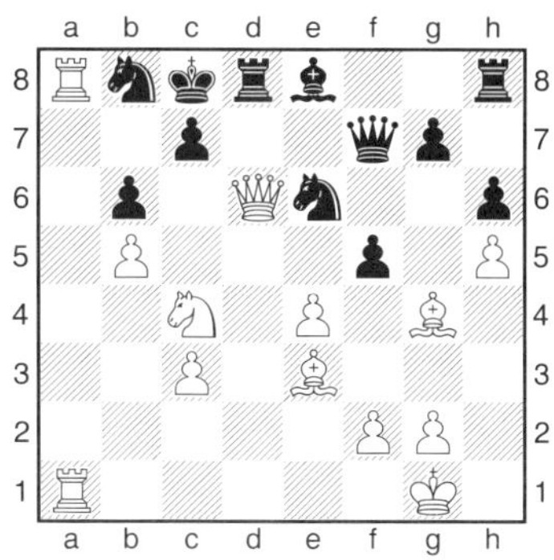

Ein Damenopfer bester Qualität zertrümmert die schwarze Königsstellung:

28. ♕xd6 (Die Dame ist wegen 28. cxd6 29. ♘xd6+ ♔b8 30. ♖b7# tabu.) **f5 29. ♖a8+ ♘b8** ➤

30. ♘5xb6+ und Weiß setzt mit dem nächsten Zug matt.

Lösung zu Nr. 49

Ein Damenopfer erzwingt die Freilegung der f-Linie, die dann dem schwarzen König zum Verhängnis wird:
17. ♕e8+ ♖xe8 18. fxe8 ♕+ ♗xe8 ➤

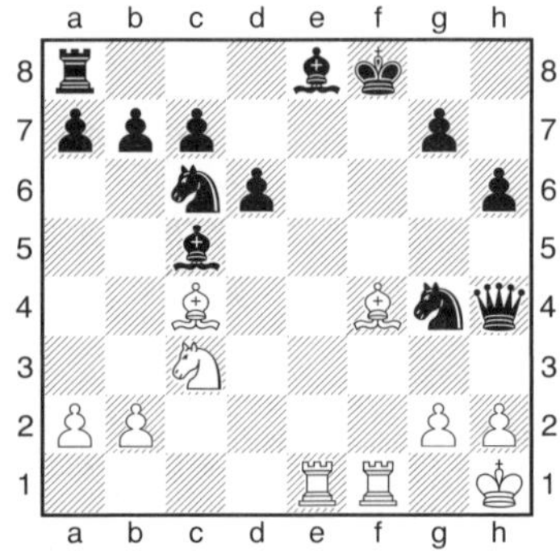

19. ♗xd6; Doppelschach und Matt.

Lösung zu Nr. 50

Die Entfernung des zentralen schwarzen Springers lässt die Stellung zusammenbrechen:
22. ♖xd5 ♕xc4 (oder 22. ... cxd5 23. ♕e8+ ♖f8 24. ♗xd5+ usw.) ➤

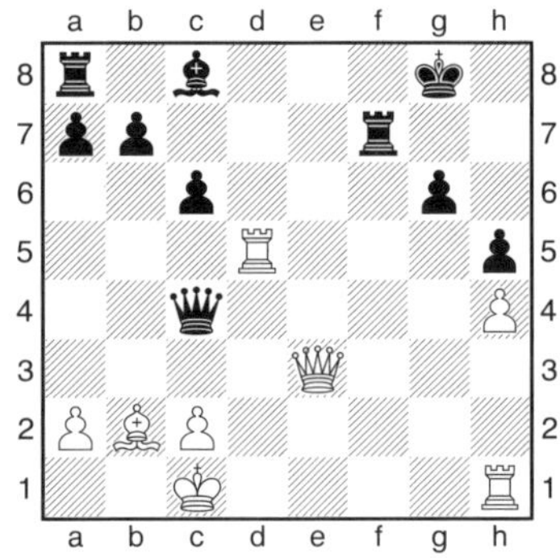

23. ♕e8+ ♖f8 24. ♕xg6#.
Eine der schönsten Partien, die je gespielt wurde.